V&R

Vivat!
Huldigungsschriften am Weimarer Hof

Im Auftrag der Klassik Stiftung Weimar /
Herzogin Anna Amalia Bibliothek
herausgegeben von
Claudia Kleinbub und Johannes Mangei

Mit 78 Abbildungen

Vandenhoeck & Ruprecht

Diese Veröffentlichung ist zugleich Katalog der gleichnamigen Ausstellung in der Herzogin Anna Amalia Bibliothek in Weimar, die vom 6. Februar 2010 bis 6. März 2011 im Renaissancesaal des Historischen Bibliotheksgebäudes gezeigt wird.

Bibliografische Information der Deutschen Nationalbibliothek
Die Deutsche Nationalbibliothek verzeichnet diese Publikation in der Deutschen Nationalbibliografie; detaillierte bibliografische Daten sind im Internet über http://dnb.d-nb.de abrufbar.
ISBN 978-3-525-35894-8
Umschlagabbildung: Joachim Fuhrmann

Satz und Litho: Schwab Scantechnik, Göttingen
Druck und Bindung: Memminger MedienCentrum, Memmingen

Inhalt

Vorwort . . . 9

Einleitung . . . 13

Treue, Untertänigkeit und Herrscherlob . . . 18
Huldigungen in Weimar – Eine Einführung
Jan Brademann

Verpflichtendes Fürstenlob . . . 26
Wielands aufklärerische Huldigungspoesie an den Weimarer Hof
Wolfgang Albrecht

Huldigungsformeln für den richtigen Augenblick . . . 32
Goethes und Schillers Dichten bei Hofe
Gert Theile

»Wo man beglückt, ist man im Vaterlande« . . . 40
Schillers ›Huldigung der Künste‹ zwischen allegorischer Gelegenheitsdichtung und ästhetischer Theorie
Jan Andres

Von Ehrungen und Komplimenten . . . 46
Huldigungsschriften für Herzogin Anna Amalia
Angela C. Borchert

»Vergnuegter Wilhelm Ernst!« . . . 51
Zur bildlichen Ausstattung von Weimarer Huldigungsschriften
Claudia Kleinbub

Buntpapiere in Weimarer Huldigungsschriften . . . 58
Matthias Hageböck

Trichter und Würfel 64
Huldigungsschrift und Buchstabenmechanik
Frank Sellinat

Zur Sammlung und Erschließung der Weimarer Huldigungsschriften 73
Karin Sellge und Angelika von Wilamowitz-Moellendorff

Sissi – Kinojahre einer Kaiserin 82
Huldigungsszenen in Historienfilmen
Tobias Nanz und André Wendler

Katalog 89

Literaturverzeichnis 212

Autorenverzeichnis 219

Abbildungsnachweis 220

Personenregister 221

Vivat!

Durchlauchtigster!

So wie das Hertz bedenckt So klingt das Freudenspiel
So Vater, Herzog, Fürst, so schreibt auch unser Kiel,
Den uns die zarte Treu, die fromme Kinder zieret
Mit Demuth nehmen heisst, und selbst in Demuth führet,
Der DIR, weil uns ein Trieb zur achten Tugend treibt
Ein heisses Wünschgebet in reiner Einfalt schreibt.
Denn so soll man DEIN Fest, mit Beten und mit Flehen
Vor DEIN erhabnes Wohl mein Herzog recht begehen.
DU aber zürne nicht, vergieb der kühnen That
Wenn sich ein blödes Hertz zu DEINEM Scepter naht,
Da unsre Kindheit sich doch eher fürchten sollte
Als dass sie ihre Treu durch schwache Reimen zollte

Tafel 1: Kalligraphischer Textbeginn der Huldigungsschrift von Johann Adam Großbauer für Herzog Ernst August von 1746 (HAAB, Signatur: Huld gr G 16, Kat. 23)

Vorwort

Zuletzt hat eine Huldigungsschrift aus dem Bestand der Herzogin Anna Amalia Bibliothek im Sommer 2005 Aufsehen erregt. Damals war in einem gedruckten Glückwunschgedicht zum 52. Geburtstag von Herzog Wilhelm Ernst von Sachsen-Weimar am 30. Oktober 1713 eine Notenbeilage aufgefallen: *Alles mit Gott, nichts ohn ihn*, so lauteten die Anfangszeilen der handgeschriebenen Arie. Sie stammt von keinem Geringeren als Johann Sebastian Bach, wie die Experten des Leipziger Bach-Archivs nachweisen konnten. Die Musik war bis dato völlig unbekannt, trägt nun aber die Bach-Werke-Nummer 1127 und liegt in mehreren CD-Einspielungen vor.

Solch sensationelle Entdeckungen sind unter den übrigen 1316 Huldigungsschriften, die in der Herzogin Anna Amalia Bibliothek verwahrt werden und meist aus der Zeit des 17. und 18. Jahrhunderts stammen, nicht unbedingt zu erwarten. Aber der Fund hat doch unsere eigene Aufmerksamkeit für diese lange Zeit vergessene Schriftengattung verstärkt und uns eine eigene Ausstellung erwägen lassen. Die Objekte sind für eine Präsentation außerordentlich attraktiv. Denn fast alle Huldigungsschriften, die in der Regel nur wenige Seiten umfassen, wurden typographisch anspruchsvoll gedruckt sowie mit originellen Bildbeigaben und wertvollen Einbänden geschmückt.

Es gibt also etwas zu sehen, aber durchaus auch etwas zu lernen. Huldigungsschriften verraten viel über den, der die Huldigung darbringt, und jenen, der die Huldigung annimmt. In der kulturgeschichtlichen Forschung werden die Formen literarischer, sozialer und kultureller Interaktion an den frühneuzeitlichen Höfen heute sehr gründlich untersucht. Die Buch- und Kunstgeschichte beginnt, sich intensiver mit den in künstlerischer und technischer Hinsicht bemerkenswerten Bronzefirnis-, Brokat- oder Marmorpapieren als Einbandmaterial zu befassen. Wenn die Huldigungsschriften auch noch aus handschriftlichen Texten oder Noten bestehen oder ihnen solche beigegeben sind, ist höchste Aufmerksamkeit geboten – wie im Fall von Herzog Wilhelm Ernst und Bach.

Die Erstkatalogisierung des Bestandes an Gelegenheitsschrifttum, zu dem die Huldigungsschriften zählen, erfolgte in den Jahren 2001 bis 2003 mit finanzieller Unterstützung der Deutschen Forschungsgemeinschaft. Die Finanzierung von Ausstellung und Katalog übernahm dankenswerterweise erneut unser Freundeskreis, die Gesellschaft Anna Amalia Bibliothek e.V. Ohne die Gesellschaft wären öffentlichkeitswirksame Projekte der Bibliothek gar nicht möglich, denn Haushaltsmittel sind dafür im Etat nicht vorgesehen.

Kompliment und Dank gehen an das hauseigene Ausstellungsteam. Die Verantwortung für die Konzeption lag bei Johannes Mangei und Claudia Kleinbub. Zum Ausstellungsteam gehörten auch Beate Block, Matthias Hageböck und Nadine Ratz. Für die Vorbereitung der Stücke und die Einrichtung der Vitrinen ist unsere Werkstatt für Buchrestaurierung und -konservierung verantwortlich, insbesondere Petra Krause und Marion Rößler. Für die Abbildungsqualität steht die Fotothek mit ihrem Leiter Olaf Mokansky ein.

Ihnen allen und den engagierten Autoren, die zum Gelingen des Ganzen einen Katalogaufsatz beigesteuert haben, ist für ihre Mitwirkung herzlich zu danken.

Michael Knoche
Direktor der Herzogin Anna Amalia Bibliothek
im Herbst 2009

Tafel 2: Der Einzug Carl Friedrichs und Maria Pawlownas in das Schloss zu Weimar, Friedrich Preller d. Ä., 1849, Öl auf Leinwand, Klassik Stiftung Weimar

Einleitung

Vivat! Ein Freuden-volles Vivat, so wurde den Weimarer Herzögen in Huldigungsschriften des 17. bis frühen 20. Jahrhunderts immer wieder zu Anlässen wie Herrschaftsantritt, Hochzeit oder zum Einzug in ihre Schlösser, Residenzen oder Städte gehuldigt.[1] »Er lebe hoch!« würde man dafür nach heutigem Sprachgebrauch sagen. Doch nicht nur die lateinische Form *Vivat* ist uns fremd geworden;[2] auch das Phänomen der Huldigung – zumindest im eigentlichen historischen Sinne – spielt heute keine Rolle mehr. So möchte diese Veröffentlichung und die Ausstellung, die vom 6. Februar 2010 bis zum 6. März 2011 im Renaissancesaal der Herzogin Anna Amalia Bibliothek gezeigt wird, dazu beitragen, dieses früher bedeutende Phänomen und die in diesem Zusammenhang entstandenen prachtvollen Huldigungsschriften in Erinnerung zu bringen.

Wenn man der Frage nachgeht, was unter »Huldigung« zu verstehen ist, so liegt es scheinbar nahe, von der Gegenwart ausgehend Parallelen zum modernen »Starkult«, zur »Huldigung« für Künstler, Sportler und andere Prominente zu ziehen. Genau dieser Versuchung sollte aber widerstanden werden, denn – obwohl gewisse Ähnlichkeiten nicht zu leugnen sind – führen solche Vergleiche in die Irre und tragen wenig zum Verständnis des historischen Gegenstandes bei. Statt dessen erscheint es zweckmäßiger, sich mit Fragen wie den folgenden an das Thema anzunähern: Wer huldigte in der Vergangenheit eigentlich wem? Warum geschah das? Wie kann man sich solch eine Huldigung konkret vorstellen? Welche Rolle spielten dabei Huldigungsschriften? Ohne dass eine Katalogpublikation Fragen wie diese in umfassendem Sinne beantworten könnte, soll versucht werden, zumindest einiges zu ihrer Beantwortung beizusteuern.

Zunächst zu den Akteuren: Wer huldigte wem? Dazu ist der Blickwinkel in chronologischer und sachlicher Hinsicht bis zurück in die Rechtsgeschichte des Mittelalters zu erweitern. Die Fürsten waren damals wie in der Frühen Neuzeit in verschiedener Hinsicht auf ihre Untertanen angewiesen und umgekehrt: Zum einen bestand eine wirtschaftlich-finanzielle Abhängigkeit: So entrichteten die Untertanen Steuern und Naturalabgaben, die maßgeblich zur Deckung des Finanzbedarfs im Fürstentum beitrugen. Zum anderen bestanden gegenseitige Schutz- und Treueverhältnisse. In diesen Zusammenhang gehören mehrfache und gegenseitige Bindungen beziehungsweise Verpflichtungen zwischen den Herren und ihren Untertanen: So waren die Untertanen verpflichtet, ihren Grundherren zu huldigen, Lehnsnehmer (Vasallen) mussten ihrem Lehnsherrn in Form einer Huldigung ihre Treue und Gefolgschaft versichern. Im Spätmittelalter kamen sogenannte Landeshuldigungen dazu: Die Herrschaft eines Fürsten war nur gültig und rechtens, wenn ihm die Huldigung der Stände entgegengebracht worden war. Für den Ablauf der Huldigung gab es feste Formen, an die sich Fürst und Stände zu halten hatten, damit die gegenseitigen Verpflichtungen tatsächlich rechtskräftig waren. Im Umfeld dieser eigentlichen Huldigungen im engeren rechtsgeschichtlichen Sinne gruppieren sich nun Treueschwüre, Gefolgschaftszusagen, Gratulationen, Widmungen und Glückwünsche, die sich außer auf die ursprünglichen Anlässe wie Herrschaftsantritte auch auf Jubiläen, Geburtstage, Taufen, Genesung von Krankheiten und vieles mehr bezogen. Einem Fürsten wurde also von seinen Untertanen gehuldigt – vom Schüler über den Soldaten bis zum Universitätslehrer und Schriftsteller, Männer und Frauen aller Stände, jedes Alters und aus den unterschiedlichsten sozialen Milieus.

Es ist die Frage erlaubt: Wie wurde gehuldigt? Und hier zeigt sich: Je mehr die Huldigung als juristischer Akt in der Moderne an praktischer Bedeutung verliert, desto bunter wird die Vielfalt an Formen und Zeremonien: Künstlerische, theatralische, musikalische und literarische Mittel werden eingesetzt. Immer mehr verwischen auch die Grenzen zwischen den verschiedenen Arten von Huldigungsschriften. In Briefen und Artikeln für Zeitschriften wie für das *Journal des Luxus und der Moden* wird über Huldigungen berichtet. Eine lebhafte Beschreibung von der Huldigung für Maria Pawlowna bei deren Einzug in Weimar liefert Luise von Göchhausen, eine Hofdame von Herzogin Anna Amalia, in einem Brief vom 14. November 1804:[3]

> *Ihr Einzug Nachmittags am 9. war prächtig durch die unglaubliche Volksmenge, die in geordneten Scharen zu Pferde und zu Fuß festlich ihr entgegenwallten. Acht der schönsten Isabellen zogen ihren Wagen, Musik erfüllte die Luft, und alle Herzen schlugen. Beim Aussteigen wurde sie mehr getragen, als daß sie gehen konnte, und oben an der Treppe des Schlosses empfing sie Segen und Liebe in unsern beiden Fürstinnen … Sie grüßte mit der ihr nur einzig eigenen Grazie, und Tausende mit Herz und Mund riefen ihr: »Lebe lange, lebe hoch!«*

Göchhausen war Augenzeugin der Feierlichkeiten und berichtete nicht zuletzt auch von der Aufführung der *Huldigung der Künste*, die Friedrich Schiller zu diesem Anlass verfasst hatte.[4] Neben Schiller treten auch andere Autoren der Weimarer Klassik mit Huldigungsschriften hervor. Wielands *Wahl des Herkules*[5] oder Goethes Huldigungsgedichte[6] zum fünfzigjährigen Regierungsjubiläum Carl Augusts am 3. September 1825 sind dafür bekannte Beispiele. Betrachtet man die Handschriften und frühen Einzelausgaben dieser klassischen Autoren im Vergleich mit den Huldigungsschriften des Offiziers, der Gymnasiasten oder der Armbrustschützen, so fällt die äußerliche Schlichtheit der Wieland-, Goethe- oder Schiller-Drucke auf. Der Betrachter mag zu dem Schluss kommen, die literarisch anspruchsvolleren Texte hätten den glitzernden Dekor und die aufwändige Gestaltung nicht im selben Maße nötig gehabt, wie die zum Teil holprigen Verse der Laienschriftsteller.

Nicht erst seit dem 20. Jahrhundert wird auch Bürgerlichen »gehuldigt«: Künstlern und Wissenschaftlern wird auf diese Weise Respekt gezollt, und häufig fällt eine Abgrenzung von ähnlichem Schrifttum, das sind vor allem die verschiedenen Arten von Gelegenheitsschriften, zunehmend schwer. Gewidmete Werke, Gratulationen, Personalschriften – eine bunte Fülle von zumeist wenig umfangreichen und in kleinen Auflagen gedruckten oder als Unikate von Hand geschriebenen Schriften gehen in die Sammlungen und Bibliotheken ein. Zu den Gelegenheitsschriften gehören auch so wichtige Gattungen wie Leichenpredigten, die als Quellen zur Lebensgeschichte der betrauerten Person sowie zu vielen anderen Fragestellungen als historische Zeugnisse dienen können. Mit dem Übergang der Herrschaft vom verstorbenen Fürsten auf dessen legitimen Nachfolger begegnet dann wieder ein Szenario, wo die Huldigung für den neuen Herrn erfolgt: »Der König ist tot, es lebe der König!« Wollte man das Verhältnis von Gelegenheitsschriften und Huldigungsschriften auf einen Nenner bringen, so wären die Huldigungsschriften als ein Fall, als eine Form der Gelegenheitsschriften neben anderen anzusprechen.[7]

Worin besteht der spezifische Wert, die Relevanz der Huldigungsschriften für die Forschung? Für die Beantwortung dieser Frage sind die Huldigungsschriften in ihrem kulturgeschichtlichen Kontext zu betrachten; dann stellen sie einen bei weitem noch nicht ausgeschöpften Quellenfundus dar: Kunstgeschichtliche Untersuchungen können die äußere Form und die Gestaltung der Werke in den Blick nehmen. In der Literaturgeschichte können Studien zum literarischen Leben des 16. bis 18. Jahrhunderts nur unter Einbeziehung dieser Gattung im umfassenden Sinn gelingen. Musikgeschichtliche Arbeiten erkennen in den musikalisch gestalteten Huldigungen bisher unbekannte Werke bekannter wie unbekannter Komponisten und relevante Beispiele für die historische Aufführungspraxis; und nicht zuletzt stellen die beteiligten Personen für Genealogie, Familienforschung und Personengeschichte einen Gegenstand mit sozialgeschichtlicher Aussagekraft dar, zu dem gerade im Fall der Huldigenden häufig weitere Quellen fehlen. Dazu treten mit der Sozial-, Landes- bzw. Regionalgeschichte historische Disziplinen, die schon seit Längerem den Wert dieser Zeugnisse erkannt haben: Huldigungsschriften dokumentieren in ihrem pragmatischen Bezug auf die realen Herrschaftsverhältnisse bedeutende Aspekte der Alltagshistorie und können auch als Quellen höfischer und staatsgeschichtlicher Zusammenhänge ausgewertet werden.

Mit der vorliegenden Publikation wird der Versuch unternommen, die Huldigungen für Angehörige des Weimarer Herzogshauses vom 17. bis 19. Jahrhundert an Hand von repräsentativen Beispielen darzustellen. Im Mittelpunkt stehen dabei Handschriften und frühe Drucke, die dem ursprünglichen Anlass von Huldigungen noch möglichst eng verpflichtet sind. »Paradebeispiele« sind daher Drucke und Handschriften anlässlich des Herrschaftsantritts oder solche, die auf Einzüge, Amtsübernahmen, Hochzeiten, Geburten und Jubiläen Bezug nehmen. Auch manches Unerwartete wird berücksichtigt, etwa Huldigungsschriften, die sich auf einen Anlass wie die Genesung einer kranken Herzogin oder Ähnliches beziehen. Beispiele von Huldigungen für Musiker oder Gelehrte wurden dagegen ebenso wenig aufgenommen wie Leichenpredigten und andere Gelegenheitsschriften, die es selbst wert wären, mit eigenen Ausstellungen bedacht zu werden.

Das vorliegende Buch ist zweiteilig angelegt; es besteht aus Aufsätzen, die viele der bereits angesprochenen Aspekte von Huldigung und Huldigungsschriften genauer in den Blick nehmen, und einem Katalog mit zahlreichen Einzelbeispielen. Der Aufsatz von Jan

Jan Brademann

Treue, Untertänigkeit und Herrscherlob

Huldigungen in Weimar – Eine Einführung

Anders als im heutigen Sprachgebrauch war ›Huldigung‹ ursprünglich kein Begriff der Ästhetik und Literatur. Huldigungen sind als die »rechts- und verfassungsgeschichtliche Konstante der vormodernen Herrschaftswelt« bezeichnet worden.[1] Die Forschung hat bisher an Weimarischen Huldigungen – abgesehen von wenigen Ausnahmen – besonderes Interesse entwickelt,[2] weswegen im Folgenden lediglich ein allgemeiner Überblick gegeben werden kann. Auf wenige Nachrichten zu diesen Ritualen bis um 1600 (I.) folgt ihre nähere Beschreibung zur Blütezeit der Untertanenhuldigung im 17. Jahrhundert (II.). Daran anschließend werden Indizien für ihren grundlegenden Wandel im 18. Jahrhundert (III.) aufzeigt.

I.

Weimar entwickelte sich im Spätmittelalter zu einer teilautonomen Stadt. Erkennbar ist dies vor allem an der Ausbildung eines Ratskollegiums, das eigenständig die Ordnung der Stadt gestaltete, und an stadtherrlichen Privilegierungen. In der Kodifikation von Rechtsgewohnheiten (Satzung 1348), der Stadtrechtsverleihung (1410) und der Erlangung der niederen Gerichtsbarkeit (1431) erfuhr diese Entwicklung eine Verdichtung.[3] Von Anfang an blieb das Ausmaß an Autonomie der aus dem *suburbium* der Dynastenburg hervorgegangenen und ökonomisch auf den Nahmarkt ausgerichteten Stadt begrenzt, doch prägte sich hier jene Konstellation aus, wie sie in den Huldigungen auch anderswo greifbar ist. Dabei verband sich beim Herrschaftsantritt der Treueid der Bürger gegenüber dem neuen Stadtherrn, der eigentlichen Huldigung, mit dessen Zusage, die Stadt zu schützen und ihre Privilegien zu erhalten. Erstmals erhielt die Stadt Weimar 1482 aus diesem Anlass ihre Rechte, Freiheiten und Gewohnheiten bestätigt.[4] Mit der Huldigung wurde die Stadtherrschaft in persönlicher Anwesenheit des Herrn als ein wechselseitiges Treueverhältnis konstituiert. Auch den sich ausbildenden Ständen (Prälaten, Ritterschaft und Städte) wurden zumeist aus gleichem Anlass die Privilegien bestätigt. Dies geschah auf einem Huldigungslandtag, auf dem die Weichen für das Verhältnis zur Landesherrschaft gestellt wurden.[5] Über den Ablauf der Rituale, der für Städte wie für die Stände nicht schmückendes Beiwerk, sondern Teil ihrer Rechte, ihres ›alten Herkommens‹ war, erfahren wir zu dieser Zeit noch nichts.

Im Lauf des 16. und 17. Jahrhunderts verschob sich mit der Territorialisierung der Fürstenherrschaft der Sinn der Huldigung: Sie wurde zur Pflicht. Nach den Beamten und dem

Hof waren die *getrewen*, die Ritterschaft, aufgefordert, in der Residenz oder bestimmten Amtsstädten *zu recht früer tagzeit*, wie es in den Befehlen zur Huldigung Herzog Friedrich Wilhelms (1562–1602) am 30. Mai 1586 heißt, *vnaussenbleiblich zu erscheinen*. 1643, bei der nach der Landesteilung vom 16. September 1641 nötig gewordenen Huldigung Herzog Wilhelms (1598–1662), konnten sie sich bereits *durch ewren hierzu gnugsam Gevollmächtigten* vertreten lassen, um die *Erbhuldigung Pflicht... geburlich [zu] leisten und [zu] erstatten*.[6] Ausnahmslos jeder Untertan hatte zu schwören, dem Herrn *unterthenigst*, *getreu*, *gehorsamb*, *gefolgig und gewertig [zu] sein*, Schaden und Nachteil von ihm abzuwenden, im Todesfall den Leiberben oder den gemäß Erbverbrüderung festgelegten Sukzessoren, so heißt es 1605, ebenso gehorsam zu sein. Kurfürst Christian II. von Sachsen (1583–1611) ließ sich in diesem Jahr in Vormundschaft der Söhne des verstorbenen Herzogs Johann von Sachsen-Weimar (1570–1605) huldigen. Der Weg der ›Huldigungskommission‹ führte vom 23. Februar bis 23. März von Ichtershausen, Reinhardsbrunn, Mühlberg über Weimar, Jena, Eisenberg und Altenburg nach Saalfeld, Kahla und Dornburg.[7] Die Untertanen hatten jeweils nachzusprechen:

> *Alles was mir itzo ausgedruckten vernehmlichen Wortten fürgesatzt worden, das will ich stet, vest, vnverbrüchlich, treülich vnd ohne gefehrde halten, so war mir GOTT helffe durch JHESUM CHRISTUM seinen Sohn, unsern Erlöser vnnd Seligmacher. Amen.*[8]

Die Huldigung wirkte mit einer Vielzahl von Eiden als »verhaltensregulierender Zugriff auf das Gewissen seiner Untertanen«. Mit ihnen übte der frühmoderne Staat vor dem Hintergrund des Glaubens an Gott als allgegenwärtige Sanktionsgewalt eine Art »metaphysischer Gewalt« aus.[9]

II.

Am 30. Mai 1643 zog Herzog Wilhelm acht Uhr morgens in Begleitung der Herzogin, des Kanzlers, der Räte, der Prinzen, *einer zimblichen anzahl vom Adell* und Offizieren vom Schloss zur Schlosskirche. Hier hielt der Hofprediger *nach gehaltener statlicher Music*, vermutlich einer Huldigungskantate, eine Huldigungspredigt, die den Sinn des Rituals biblisch begründete. Nach nochmaliger Musik und dem Segen zog sich der Fürst in sein *Gemach* zurück. Die übrige Gesellschaft sowie der Rat der Stadt versammelten sich *vfm großen Saal: die Bürgerschafft aber vndt Ambts Unterthanen im Schloß Hof*.[10] Nach einer Rede des Kanzlers taten die im Saal Versammelten in einer der ständisch-fürstenstaatlichen Rangordnung entsprechenden Reihenfolge (Kanzler, Räte, Ritterschaft und Adel, geistliche und weltliche Diener, Offiziere, *Besetzer der Freÿ heußer* und die drei Weimarer Ratsmittel) *mit vndertheniger ehrerbietung den Handschlag*. Diese besondere Ehrbezeugung geschah zusätzlich zu dem danach erfolgenden Treueschwur. Anschließend versprach der Herzog, die Privilegien der Stände, insbesondere die Augsburgische Konfession (die grundlegende lutherische Bekenntnisschrift), zu schützen. Danach ging der Fürst ins Gemach zurück; dort hat man *die Fenster hochgemacht, die Ambts Vnderthanen vnd Bürgerschafft näher herbeÿ zu treten.* Kammersekretär und Kanzler traten *vff den Steinern gang am VffRitt* dem Fenster gegenüber, wo der Sekretär den Eid[11] vorlas, welchen *alle insgesamt mit lawter heller stimme, vnd vfgereckten zweÿen Fingern nachgesprochen, geschworen, und also die Erbhuldigung beschlossen worden.*[12] An diesen offiziellen Teil schlossen sich wahrscheinlich Feierlichkeiten an, bei denen sich der Fürst freigiebig zeigte, und Adelige, Honoratioren sowie Hofangehörigen ihre Verbundenheit und ihren sozialen Status zum Ausdruck bringen konnten. Dabei wurde die soziale Ordnung erfahrbar, vergewisserte sich die Stadtgesellschaft, wie in anderen Festen auch,[13] ihrer selbst. Auch das bacchantische Element durfte nicht fehlen.

Auch in den Städten wandelte sich die Huldigung von einer Voraussetzung der Herrschaft zu einer Folge von Untertänigkeit.[14] Der Einfluss der Stadtherren hatte in Weimar schon mit der Verstärkung ihrer Präsenz seit Mitte des 15. Jahrhunderts zugenommen.[15] Seit 1572 (Erfurter Teilung) war die Stadt ständige Residenz des Herzogtums. Die Privilegien aus Anlass des Regierungsantritts eines Stadtherrn wurden 1486, 1533, 1554 und noch einmal 1575 bestätigt. (Spätere Privilegien- und Statutenbestätigungen 1586, 1670, 1693, 1702 und 1736 stehen in keinem Zusammenhang mit einem Regierungsantritt, und der 1643 gegebenen Zusage an die Stände folgte längst kein eigener Huldbrief mehr für die Stadt).[16] Dass aus den Huldigungen die rechtlich-politische Vertraglichkeit verschwand, war konsequent, denn der Rat wurde im 16. und 17. Jahrhundert mehr und mehr in eine vom Landesherrn kontrollierte Ordnung integriert.[17] Trotz gelegentlicher Verfahrens- und Kompetenzkonflikte stieß der fürstliche Herrschaftsanspruch, wie es scheint, auf Akzeptanz. Für das Gros der Bürger überwogen die Chancen der Residenzbildung die Autonomieverluste; Stadt und Hof wurden soziokulturell integriert. Dafür sind nicht nur die Besetzung von Ratsstellen durch Hofleute und die Herkunft von landesherrlichen Räten aus der Bürgerschaft,[18] sondern auch die Position des Rates im Huldigungszeremoniell Ausdruck. Der Rat, so war sichtbar, hob sich von den Einwohnern ab und war Teil der höfisch-ständischen Gesellschaft. In dieser Kultur waren Huldigungen nicht durch konfrontative Aushandlungen gekennzeichnet; eine stärkere Prägung des Zeremoniells durch autonomes Handeln des Rates, wie sie eine Huldigung im Rathaus bedeutet hätte, war undenkbar. Hier herrschten Bedingungen, die zur Übernahme höfischer Handlungsmuster anregten und die Repräsentation sozialen Vorrangs in den Vordergrund drängten.[19]

III.

Das 18. Jahrhundert bildete den Höhepunkt dieser Entwicklung. Von der Zeremonialwissenschaft theoretisiert,[20] wurde die Huldigung zum barocken, auf den Fürsten ausgerichteten Fest. Die Huldigungen der Stände auf den Landtagen wurden bis ins Detail von Seiten

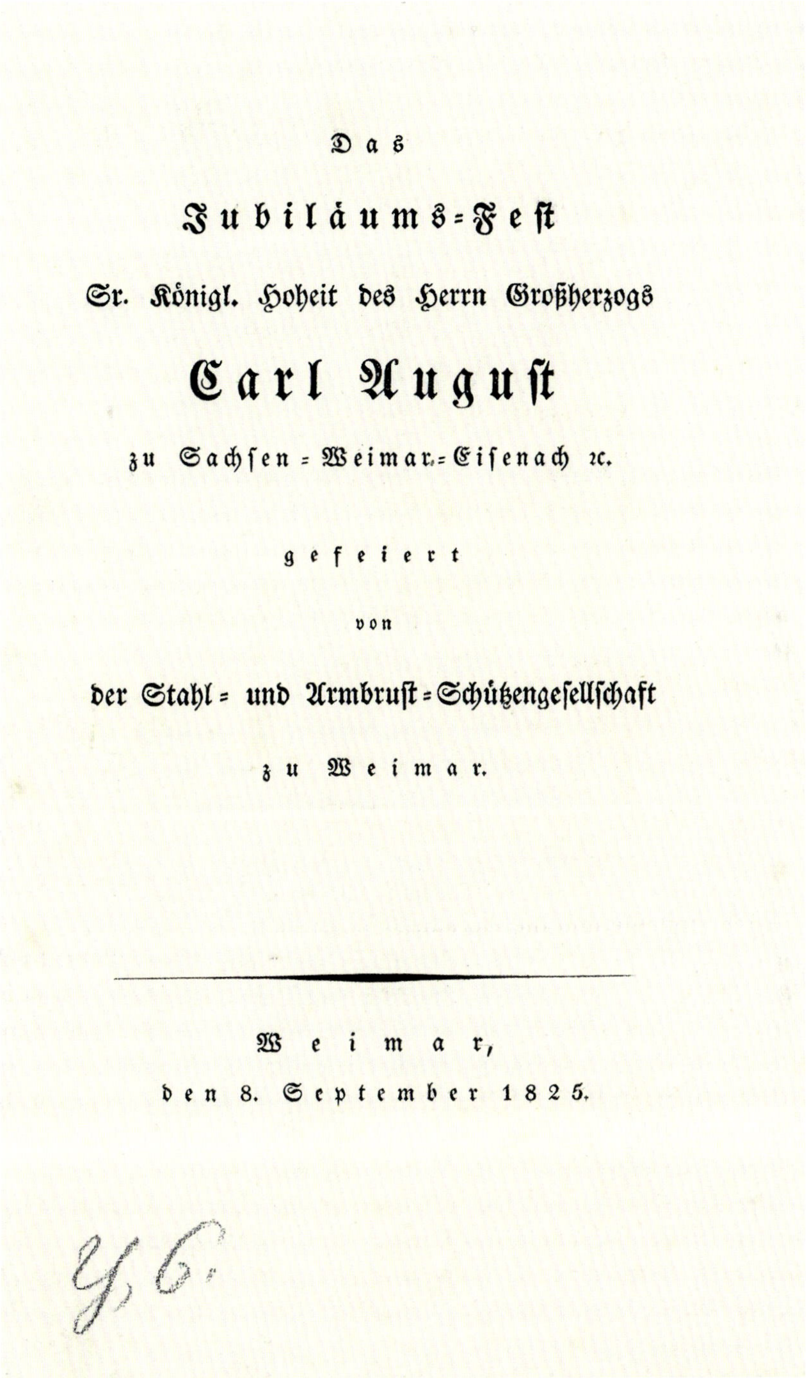

Das

Jubiläums-Fest

Sr. Königl. Hoheit des Herrn Großherzogs

Carl August

zu Sachsen-Weimar-Eisenach ꝛc.

gefeiert

von

der Stahl- und Armbrust-Schützengesellschaft

zu Weimar.

Weimar,

den 8. September 1825.

Tafel 3: Huldigungsschrift der Stahl- und Armbrust-Schützengesellschaft für Großherzog Carl August (HAAB, Signatur: Huld Y 6, Kat. 44)

der Fürsten reguliert und über Druckmedien einer überregionalen Öffentlichkeit kommuniziert.[21] Das Zeremoniell wandelte sich dabei auch hier vom »symbolischen Vollzug einer Vertragsgemeinschaft von Fürst und Ständen als zweier unabhängiger, eigenberechtigter Instanzen« zu einem auf den Fürsten ausgerichteten höfischen Fest, in dem das »Ideal einer harmonisch … zusammenwirkenden Einheit von Fürst und Ständen« facettenreich zum Ausdruck gebracht wurde.[22] Die Residenzstadt bildete hierfür die Bühne. Der rechtliche Charakter der Huldigungen ging nach und nach zurück, während die Panegyrik (Lobrede) in den Vordergrund rückte. Dass die Germanistik mit Huldigungen und Huldigungsgedichten ein breites Spektrum von epischen und lyrischen Formen des Fürstenlobes analysiert, die nicht unbedingt mit einer Huldigung im rechtlichen Sinn, sondern häufig mit Jubiläen in Verbindung standen, verweist auf den finalen semantischen Wandel dieses Rituals.[23] In diesem Zusammenhang stehen auch die Weimarer ›Huldigungsschriften‹ als eine Form der *Casualcarmina*.[24]

Herzog Ernst August II. Constantin (1737–1758) bat den Weimarer Rat am 8. März 1756, man möge bei seinem Einzug in die Residenz auf Lobreden, wie sie ihm beim Antritt der Regierung zuteil geworden waren, verzichten.[25] Stand dahinter bereits ein grundsätzlicher Einstellungswandel? Mit der Aufklärung verloren diese Formen des Herrscherlobs an Bedeutung, allerdings nur sehr langsam. Stärker unter Legitimitätsdruck geriet das didaktisch motivierte Zeremoniell, und erhebliche Zweifel wurden am Sinn und der Verlässlichkeit des Eides laut.

Die Huldigung für Herzog Carl August (1757–1828) im Jahr 1775 ist in mehrfacher Hinsicht aufschlussreich. Die Regierung akzeptierte, dass sie in den Ämtern und Gerichtsherrschaften nach am jeweiligen Herkommen orientierten Modalitäten abgenommen wurde, was als ein Defizit an frühmoderner Staatlichkeit angesehen worden ist.[26] Auf die Huldigung der Landleute (Hintersassen) wurde verzichtet; im Amt Bürgel z. B. schworen lediglich der Amtscommissarius, die Schultheißen, Gerichtsschöppen sowie der Stadtrat von Bürgel.[27] Die Zeremonie selbst spielte in den herzoglichen Verlautbarungen keine Rolle.[28] Dies lag weniger daran, dass der Fürst bereits nach seiner Geburt eine *Eventualhuldigung* erhalten hatte.[29] Im Befehl vom 4. September heißt es schlicht, dass die *gedachten getreuen Stände, Vasallen und Unterthanen insgesamt uns den gebührenden Gehorsam, Treue und Folge leisten*.[30] Bei den *Feyerlichkeiten* am 3. September war die Eidleistung in den Status einer Formalität herabgesunken. Beim Akt der Regierungsübernahme im Landschaftshaus (das Schloss lag in Trümmern) waren weder Vertreter des Rats noch der Stände anwesend. Nur die Räte huldigten per Handschlag.[31] Im Mittelpunkt der öffentlichen Feierlichkeiten stand die mit der Erteilung der kaiserlichen *concessio veniae aetatis* (Volljährigkeitserklärung) verbundene Regierungsübernahme des Fürsten und mit ihr Festmähler und öffentliche Aufzüge[32] sowie die Möglichkeit für höherrangige Untertanen zu Huldigungen im Sinne einseitiger Untertänigkeitsbezeugungen. In den bei solchen und anderen Gelegenheiten von Adel und städtischen Oberschichten gemeinsam getragenen, an der Flüchtigkeit des Ereignisses ebenso wie an der (fiktiven) Rezeption durch einen breiten Kreis von »Sekundärrezipienten« orientierten Dichtungen korrespondierte die Überhöhung des Herrschers zumeist mit einer starken Selbstherabsetzung des Autors.[33] Carl August wurde durch die *unterthänigsttreugehorsamste [!] sämmtliche Kaufmannschaft* Weimars als Beglücker der Untertanen verherrlicht, auf den man lange gewartet habe.[34] In seiner Devotionsschrift wünschte sich der Rat von Apolda, gegenüber dem Fürsten, an dessen Regiment man mit Gottesfurcht und Philanthropie durchaus Forderungen band, in den Zustand permanenter Huldigung einzutreten.[35]

Zur Verdrängung der Huldigung in der Moderne trug vor allem der Siegeszug des Konstitutionalismus bei.[36] Die »Verfassung in actu«, wie André Holenstein die Huldigung genannt hat, wurde durch die schriftliche Verfassung abgelöst. Doch erst mit erheblicher Verzögerung, die sich nur partiell mit anhaltender zeremonieller Instrumentalisierung erklären lässt,[37] verschwand sie. Das Großherzogtum Weimar verfügte seit 1816 über eine Verfassung. Gemäß einer Verordnung aus dem gleichen Jahr waren jedoch von den Gemeinden aus dem Kreis angesehener Familienväter Huldigungsdeputierte zu wählen und in die Residenzstadt zu schicken. Im Thronsaal des Schlosses hatten sie für sich und ihre Gemeinden dem auf dem Thron anwesenden Großherzog die Treue zu schwören. Das Staatsoberhaupt hatte seine Kopfbedeckung zu ziehen und zu danken. Anschließend folgte ein festliches Mahl der Deputierten mit dem Fürsten und dem Hofstaat.[38] Die rechtlich-transzendente Wirkkraft des Eides war längst in den Hintergrund getreten, die einstige Wechselseitigkeit kaum mehr spürbar. Die Teilnahme blieb aber ein Ausweis gesellschaftlichen Ranges ebenso, wie sie neue Kontaktmöglichkeiten eröffnete, weswegen sie, wie Hubertus Büschel anhand der Weimarer Erbhuldigung 1816 zeigen konnte, umkämpft blieb.[39] Huldigungen waren zuletzt primär Gelegenheiten des Adels und der Honoratioren zur Betonung ihrer gesellschaftlichen Sonderstellung (Sozialdistinktion). Deshalb verteidigten sie diese rechtlich weitgehend entleerten Traditionen als Privileg und umgingen Verordnungen, nach denen auf unnötigen zeremoniellen Aufwand verzichtet werden sollte, gekonnt.[40]

Anmerkungen

1 Holenstein 1991, S. 5.

2 Die Forschung nimmt verstärkt höfische Repräsentationsformen in den Blick, setzt dabei den Akzent auf die medial vermittelte Ausstrahlung der Residenz in klassischer Zeit sowie auf an der Hochkultur orientierte Fragestellungen. Vgl. Ries 2007, S. 305–354; Ehrlich (Hrsg.) und Schmidt (Hrsg.) 2008; Ausstellungskatalog »Ereignis Weimar« 2007; Ventzke 2002; Ries (Hrsg.) 2007.

3 Blaha 1999, S. 43–59; Eberhardt 1976, S. 65–138; Flach 1956.

4 Burckhardt 1883–1885, Tl. 1, Nr. 49.

5 Zur der wegen zahlreicher Teilungen und Mutschierungen komplizierten Geschichte des Ständewesens ist Müller 2008, S. 51–138, auf dem neuesten Stand der Forschung, wenngleich mehrere Jahresdaten offensichtlich falsch sind. Siehe dort besonders das Zeremoniell des Huldigungslandtages in Jena 1699, S. 89–93. Ventzke 2005, S. 41–55, hier: S. 46, betont die Ausbildung »territorialen Sonderbewusstseins« der Stände der ernestinischen Territorien, das sich m. E. gerade an Huldigungen untersuchen ließe.

6 Thüringisches Hauptstaatsarchiv (künftig: ThHStA) Weimar, Fürstenhaus A, A 1933 (*Miscellanea betr. die Erbhuldigung und die Streitigkeiten des Hauses Weimar … 1567–1643*), fol. 31r und 245r.

7 Die Amtsmittelpunkte Oldisleben, Allstedt, Königsberg (Sotterhausen) und Hardisleben sollten erst nach Ostern nachfolgen. Vgl. ThHSA Weimar, Fürstenhaus A, A 1934, fol. 21r–25v: *Reisezettel zur Erbhuldigung Ao. 1605*.

8 Ebd., fol. 9r.
9 Holenstein 2001, hier S. 58 und 61.
10 ThHStA Weimar, Fürstenhaus A, A 1933, fol. 400r–402r: *Registrirter Erbhuldigungs Actus den 30 Maÿ 1634 zu Weimar vffm Fürstlichen Schluß zu halten.*
11 *Also begeren sie hiernegst gnedig, Jhr sollet geloben und schwern, das Ihr Ihrer Fgn. [= Fürstlichen Gnaden; JB] und dero Manliche leibes Erben alß ewren rechten Erbhern und Landesfürsten, vnderthenig, getrew, gehorsamb vnd gewertig sein* werdet. Ebd., fol. 402r.
12 Ebd., fol. 401v–402r.
13 Deile (Hrsg.) 2003; Freitag (Hrsg.) und Minner (Hrsg.) 2004.
14 Vgl. allgemein Brademann 2006, S. 67–73.
15 Streich 1989, S. 282ff.
16 Vgl. Flach 1956, S. 187f.
17 Nach dem Erlass einer noch konservativen Stadtordnung 1530 gestalteten die Statuten von 1590 die Ordnung unter Einbezug von Teilen der fürstlichen Landesordnungen um. Im 17. Jahrhundert griff der Landesherr in Ratswahlen ein, besetzte Ratsstellen, setzte Bürgerrechtsvergaben durch, erließ Ordnungen, kontrollierte Stadtrechnungen. 1759 wurde der Rat einer Polizeikommission untergeordnet; in der zweiten Hälfte des 18. Jahrhunderts wurde die (völlig verschuldete) Stadt faktisch von den fürstlichen Behörden regiert. Vgl. Flach 1956, S. 167ff., 172, 176; Naake 1976; Müller 1976, S. 159f.; Henning, 1976, S. 240f.; Huschke 1986; Huschke 1973.
18 Zu den fundamentalen sozioökonomischen und kulturellen Wandelungsprozessen der Residenzbildung sowie zur Durchdringung von Stadt und Hof vgl. Meinhardt 2006, S. 45f., 49, 53 u. ö.; Blaha, 1999, S. 50, 53f.; Flach 1956, S. 171; Huschke, 1958; Ries (Hrsg.) 2007; sowie die einschlägigen Beiträge in Dicke (Hrsg) und Dreyer (Hrsg.) 2006. Eine Einordnung in die Sozial- und Kulturgeschichte der thüringischen Residenzen insgesamt bieten Klinger und Ventzke 2004, hier: S. 126–128.
19 Brademann 2006, S. 100f.; Brademann 2007.
20 Holenstein 1992. Das maßgebliche *Theatrum ceremoniale historico-politicum* von Johann Christian Lünig (1719) schöpft zum Teil aus Weimarischen Quellen, jedoch nicht in Bezug auf Huldigungen.
21 Vgl. Müller 2008, S. 69, und die Übersicht über die Landtage in Weimar 1572–1809, S. 111–118, in der allerdings nur drei Huldigungslandtage (1615, 1683 und 1750) nachgewiesen sind; Müller 1997, mit Beispielen aus dem späten 18. und vor allem 19. Jahrhundert.
22 Müller 1997, S. 136.
23 Vgl. Holenstein 1991, S. 454f., der auf die Ahistorizität dieser Begriffsverwendung hinweist.
24 Schubert 1999, S. 135–148; Weinhold 2008; Borchert 2002.
25 Mentz 1936, S. 36.
26 Ventzke 2004, S. 28–31; Ventzkes Vermutung, man habe »in der Vergangenheit sowohl auf fürstlicher als auch auf Untertanenseite dem Homagium und der Lehnsverpflichtung keine große rechtliche oder moralische Bedeutung beigemessen« (S. 28), ist spekulativ, weil sie nur auf dem Bericht von 1775 beruht, der die lokalen Gewohnheiten erfassen sollte.
27 Vgl. ThHStA, Fürstenhaus A, A 1927c, fol. 40r–42r; vgl. auch Amt Buttelstedt 16. 4. 1776 (Akte nicht durchgehend foliiert).
28 Vgl. ThHStA Weimar, Fürstenhaus A, A 1926, 1927, 1927a–c; Zitat A 1927c *(Reg. Acten die Resignation auf die Regierung Seiten der Herzogin Amalia u.d. Übergabe der Regierung 1775–76* betreffend*)*, fol. 3v.
29 Darauf nehmen mehrere Berichte aus den Ämtern Bezug; vgl. etwa ebd., Buttelstedt 16. 4. 1776.
30 ThHStA Weimar, Fürstenhaus A, A 1927c, fol. 3v–4r.
31 Vgl. Ventzke 2004, S. 27f.
32 Vgl. z. B. den Hinweis auf den Zug der *neugekleidete[n] Reitergarde* zum Schloss bei Lyncker 1997, S. 39.
33 Vgl. Berns 1997, hier S. 504, 506.
34 ThHStA, Fürstenhaus A, A 1927a *(Druckschriften zum Regierungsantritt 1775)*, fol. 32r–33v: *Als der Durchlauchtigste Fürst und Herr, Herr Carl August, Herzog zu Sachsen…, die höchsterwünschte Regierung Höchst-Dero angebornen Fürstenthümer und Lande zu Freude aller getreuesten Diener und Unterthanen antrat, legte dieses Opfer der Freude und Ehrfurcht zu HöchstDero Füssen in tiefster Unterhänigkeit nieder HöchstDero unterthänigsttreugehorsamste sämmtliche Kaufmannschaft der fürstl. sächs. Residenz Stadt Weimar*, Weimar 1775: *[…] Voll Hoffnung sahn wir Ihm entgegen, Dem frohen Tag, und unser Flehn Stieg auf zu GOtt; bat ihn zu sehn, Und bat für ihn um Heil und Seegen. […] Gott! welch ein Glück läßt du uns sehen! Der Beste Fürst, den Weisheit schmückt, Dem du dein Bild ins Herz gedrückt, Wird Seines Volkes Wohl erhöhen. Ja, bester Fürst! durch weise Thaten, Durch Gnade und Gerechtigkeit Schaffst Du den Flor von Deinen Staten Und Segen und*

Zufriedenheit [...] (fol. 33r). Ventzke 2004, S. 20, deutet die Schrift als Indiz für eine »hohe Erwartungshaltung der Untertanen in ihren neuen Fürsten«.

35 Vgl. ebd., fol. 15r–16v: *Dem Durchlauchtigsten Fürsten und Herrn Carl August Herzog zu Sachsen... bezeigte hierdurch bei dem höchsterfreulichen Antritt der Landesregierung seine unterthänigste Freude und Devotion der StadtRath zu Apolda, Jena 1775: »[...] Eilt! schwört ihm Treue, frohe Zahl! O! kaum war Carl August gebohren, So war ihm diese schon geschworen – Wir huldigen dir abermahl. HErr! tausendmahl Dir Treu zu schwören, Wär unserm Eifer kaum genung [!]. Wir wollen jeden Tag verehren Als einen Tag der Huldigung. Glanz blendet unser Angesicht. Was hält umfassend jede Stütze Von dem erhabnen Fürsten Sitze? Die Gottesfurcht, der Wahrheit Licht, Gerechtigkeit und Menschenliebe Sinds, die bey Carlens Throne ruhn, Carls sanftes Auge strahlet Triebe: Ein Fürst zu seyn, um wohl zu thun. [...]* (fol. 15v–16r).

36 Vgl. Holenstein 1992, S. 37ff.

37 Schwengelbeck 2007; Büschel 2006, S. 91–118 u. ö.; Andres 2005.

38 Vgl. Büschel 2006, S. 108f. und 234.

39 Vgl. ebd., S. 234f.

40 Vgl. dazu den Fall des Regierungsjubiläums Carl Augusts 1825, das der Weimarer Rat trotz gegenteiliger Anweisungen zu umfangreichen Illuminationen nutzte; siehe Büschel 2006, S. 255, 279–281.

Wolfgang Albrecht

Verpflichtendes Fürstenlob

Wielands aufklärerische Huldigungspoesie an den Weimarer Hof

Der Vorgang ist wohl kein Einzelfall, aber auch im Zeitalter der Aufklärung gewiss kein Regelfall gewesen: dass ein Schriftsteller nach einer Buchveröffentlichung zum Prinzenerzieher berufen wird. So geschehen im Herzogtum Sachsen-Weimar-Eisenach. Christoph Martin Wieland legte zum Frühjahr 1772 seinen vierbändigen Roman *Der goldne Spiegel oder Die Könige von Scheschian* vor. Darin lässt er, an einen fiktiven orientalischen Schauplatz verlegt und mit ironisch gebrochenem Handlungsgeschehen, den weise-gütigen Philosophen Danischmend aufklärerische Vorstellungen über monarchische Herrschaft und Staatslenkung entwickeln. Zu den besonders interessierten Erstlesern des Romans gehörte die regierende Weimarer Herzogin Anna Amalia. Nicht zuletzt unter ihrem starken Lektüreeindruck machte sie wenig später den Autor zum Erzieher des 15jährigen Erbprinzen Carl August. Wie sehr auch dieser das Werk schätzte, zeigt sich daran, dass er seinen zukünftigen Lehrer brieflich als sehr erwünschten Danischmend ansprach:

> *Es erfreuet mich sehr wenn der Antrag meiner Frau Mutter bey uns als Philosoph, u. Leib Danischmende zu kommen, Ihnen gefällig gewesen ist. (Diese letztere Stelle wünschte ich ganz besonders daß Sie diese bey mir in eterna tempora bekleiden möchten).*[1]

Die Gleichsetzung von Autor und überragender Hauptgestalt legt nahe, auf Vertrauen und Wertschätzung zurückzuschließen.

Es ergab sich folgerichtig eine mannigfache Wechselbeziehung zwischen der Herzogsfamilie und Wieland. Vor und (ab 1775) neben Goethe spielte er lebenslang eine geachtete Rolle im kulturellen Alltag des durch ihn mitgeprägten aufklärerisch-klassischen Weimarer »Musenhofes«.[2] Vielfältig bereicherte er mit literarischen Beiträgen höfische Feste, Geselligkeiten, Aufführungen. Dazu gehörten nach altüberliefertem Brauchtum auch Huldigungen an die Herrscher. Wie er nun Traditionen vorwiegend schmeichlerischen Fürstenlobs von seiner aufklärerischen Warte her erneuerte und perspektivreich abwandelte, zeigen exemplarisch ein an Carl August gerichtetes Herkules-Stück und Anna Amalia gewidmete Gedichte *An Olympia*. All diese Dichtungen hat Wieland, ihren Stellenwert sinnfällig hervorhebend, in seine *Sämmtlichen Werke* (Leipzig 1794–1811) aufgenommen, die sein von ihm selbst für gültig erachtetes Schaffen vereinen.

Offenbar wohlüberlegt war gleich der 16. Geburtstag des Erbprinzen am 3. September 1773 Wieland ein willkommener Anlass für ein (durch den Weimarer Kapellmeister Anton Schweitzer vertontes) kleines Singspiel, *Die Wahl des Herkules. Ein lyrisches Drama.*

Die

Wahl des Herkules.

Ein

lyrisches Drama.

Personen.

Herkules als Jüngling. Die Wollust.
Die Tugend.

Der Schauplatz stellt einen Wald vor. Die Handlung beginnt Abends, und endet sich bald nach der Sonnen Untergang.

Herkules allein.

O! nehmt mich auf, ihr stillen Gründe!
Gewogne Schatten, hüllt mich ein!
Hier athm' ich wieder frey, empfinde
Des Daseyns Werth, bin wieder mein!

A 2 Ich

Tafel 4: *Die Wahl des Herkules* von Christoph Martin Wieland zum 16. Geburtstag des Erbprinzen Carl August, 1773 (HAAB, Signatur: Wiel 341 S3)

Gemäß seiner Grundabsicht, kurzweilig und nicht etwa trocken zu belehren, bearbeitete er das antike, zuerst im 5. Jahrhundert v. Chr. ausgestaltete Sujet von *Herkules am Scheidewege*, wonach der große Mythenheld und Halbgott allen Verlockungen der Göttin der Wollust widersteht und sich einem Tätigkeits- und Kampfesethos der Göttin der Tugend verpflichtet.

Wielands noch sehr jugendlichem Herkules eignet angeborener und durch Erziehung bestärkter Tatendrang. Zudem ist ihm – erster Anklang an ein aufklärerisches Bezugsgefüge – selbständiges Denken und Wollen beigebracht worden. Aber noch sucht er nach einem klaren Lebensziel: *Wer bin ich? – Diese Gluth / In meinem Busen, diese Ungeduld / Nach Thaten, dieses unaufhaltbare Streben, / Nach einem unbekannten Ziel [...].*[5] In einen inneren Zwiespalt hat ihn die Liebe gestürzt, die er mit seinem Drang nicht zu vereinbaren vermag: *Ich sollte Amors Ketten tragen? / Die Thorheit schleppte mich an ihrem Siegeswagen? / Ein feiger Sklave sollt' ich seyn? / Beym Himmel! Nein!* So steht er den Göttinnen der Wollust und der Tugend als ein zwar unentschiedenes, jedoch nicht willenloses Wesen gegenüber und ist kein bloßes Objekt ihres Streites um ihn. Schmeichlerisch und verführerisch tritt jene erste Göttin auf, eitel Freude und erfülltes Liebesglück verheißend. Sie vermittelt ein einseitig geschöntes Trugbild von einer wollüstig genießenden Götterwelt, das bei Herkules Zweifel weckt: *Du sagst mir, Göttin, nur, was Deine Freunde / Genießen; sage mir auch, was sie thun! / Womit verdienen sie, so schön belohnt zu werden?* Anwort hierauf erhält er erst am Schluss und durch die Tugendgöttin, die sich jeglicher Verlockungen enthält. Ungeschönt spricht sie von der Mühsal gemeinnütziger irdischer Existenz, die die eigentliche göttliche oder gottgewollte Bestimmung des Menschen sei:

Nichts Gutes geben
Den Sterblichen die Götter ohne Mühe.
Soll dir die Erde ihre Schätze zollen,
Du mußt sie bauen! Soll
Dein Vaterland dich ehren,
Arbeit' für sein Glück, für seinen Ruhm.
Soll Fama deinen Namen
Den Völkern und der Nachwelt nennen,
Verdien's um sie! Sey ein Wohlthäter
Der Menschheit, lebe, schwitze, blute
In ihrem Dienst.

Herkules scheut solch wohltätige Anstrengung keineswegs, nur zögert er, der in Aussicht stehenden Liebeslust zu entsagen. Doch die Tugendgöttin (mit untergründiger Rücksicht auf den minderjährigen Hauptadressaten des Stückes sittenstreng moralisch argumentierend) *leidet keine Nebenbuhlerin* und gewinnt ihn endgültig für sich.

Was hier als Menschenbestimmung umrissen wird, zielt über den antikisierenden und mythologisierenden Fiktionszusammenhang des Dramoletts hinaus. Angesprochen sind alle Zuschauer der höfischen Bühnenvorstellung, insbesondere die Mitglieder der Herzogsfamilie und ganz zuvörderst natürlich der Erbprinz Carl August. Ihnen allen vermittelt der Autor Anregungen, die bereits zu jenem Zeitpunkt weithin theoretisch akzeptierte Grundprinzipien aufklärerischen Wirkens und Leitsätze für ein Regieren im Sinne der Aufklärungsbewegung waren: Gemeinsinnigkeit, demgemäße Tätigkeit und praktizierte Humanität, Verbesserungsbestreben, Menschenglück oder (wie man es nannte) *Glückseligkeit*. Zu Recht verehrenswert erscheinen die Götter und zeitgenössischen Herrscher, die dementsprechend denken und handeln. Als ihre Repräsentantin und zugleich als entschiedenste Gegenspielerin der personifizierten *wollüstigen Untätigkeit* erklärt die Tugendgöttin Herkules resümierend:

Sie lebten einst, wie du, in irdischer Gestalt,
Doch nicht sich selbst,
Sie lebten bloß der Erde wohl zu thun.
[...]
Der goldne Friede, mit der ganzen Schaar
Der Künste, die er nährt, der Überfluß
Mit seinem Füllhorn, alles, was
Das Leben adelt, schmückt, beseliget,
Es war ihr Werk!

Von dieser Warte her parallelisiert Wieland seinen Zögling Carl August mit dem Halbgott Herkules. Aus aufklärerischer Sicht wandelt sich das überkommene Gottesgnadentum irdischer Fürsten und Monarchen zu einer göttlich hohen Verpflichtung, für das Allgemeinwohl zu wirken. Statt dem Erbprinzen zeremoniös zu huldigen, zeichnet Wieland ihm poetisch komprimiert eine Lebensaufgabe vor, mit der er ihm aufrichtig höchstes Vertrauen und Wertschätzen bezeugt. Es klingt nach in einer viel konventionelleren Kantate auf den Regierungsantritt am 3. September 1775, bejubelt als Heil und Segen bringender Freudentag[4]:

O Du, zu segnen, zu beglücken
Dies Land, dies Volk, von Gott erkohren,
Amalia, Dir danken wir
Den großen Wonnetag, die allgemeine Lust!
Du hast den Göttersohn gebohren!
Gebohren unsern Carl August!
[...]
Ja, bester Fürst, Du wirst, indem Du uns beglückest,
Der Glücklichste von Allen seyn!

Carl August hat die in ihn gesetzten Erwartungen auf seine Weise (bei der Genuss und Liebesfreuden übrigens nicht zu kurz kamen) gerechtfertigt. Im Lichte der neuesten Aufklärungsforschung wird er als ein – von seiner Mutter unterstützter – aufgeklärter Reformer eingeschätzt.[5]

Die Herzoginmutter Anna Amalia wurde von Wieland stets als seine Muse verehrt. Wiederholt hat er der – von ihm auch *Schutzgöttin meines Musenspiels* genannten[6] – Begründerin des Weimarer »Musenhofes« poetisch antiksierend als einer Halbgöttin gehuldigt, der er (gleich anderen Zeitgenossen) den Ehrennamen Olympia gab, anspielend auf die altüberlieferte Benennung der Erdgöttin Gaia und der Göttermutter Hera. Zwischen 1777 und 1791 widmete er seiner Gönnerin mehrere *Gedichte an Olympia*, eine Folge von Geburtstagsversen, aus denen *Zweyerley Götterglück. Am 24. Oktober 1777* herausragt.[7] In diesem dreiteiligen Gedicht werden zwei gelangweilte Götter einander kontrastiert; Zeus, der Vergnügen suchend sich in Schwanengestalt zu Leda verfügt, und Apollo, der sich nach Thessalien begibt, wo er menschliche Freuden kennenlernt und die Menschen seinerseits auf eine höhere, harmonische Daseinsstufe leitet:

> *Und wer war glücklicher als er!*
> *Wie lieben alle nun den Schöpfer ihrer Freuden!*
> *[...]*
> *Apoll behielt in seinem Hirtenstande*
> *Vom Gott allein des Wohlthuns edle Macht.*
> *[...]*
> *Der holde Geist der Eintracht schlingt*
> *Sein goldnes Band um alle, stimmt die Herzen*
> *Zu sanften Freuden, süßen Schmerzen [...]*

Derart beschwingte Verse lassen eine Schäferidylle entstehen, in der sich antike Bukolik (Hirtendichtung) und modisches Rokoko mischen. Hinter aller Unbeschwertheit und Idealisierung der Verhältnisse bleibt jedoch der im Herkules-Stück näher ausgeführte Kerngedanke der Menschenbeglückung und Humanisierung erkennbar, der im Schlussteil direkt auf Anna Amalias Tiefurter Hof übertragen wird, wo nach Überzeugung des Dichters eine berufene Nachfolge der Taten Apollos besteht:

> *Der Ruhm dieß Wunder zu erneu'n,*
> *Olympia, der seltne Ruhm, sey Dein!*
> *Der schönste aller Deiner Preise!*
> *Wohl Dir, die in dem Weihrauchkreise*
> *Der Erdengötter nicht den hohen Sinn verlor*
> *Für Freyheit und Natur [...].*
> *O Fürstin, fahre fort aus Deinem schönen Hain*
> *Dir ein Elysium zu schaffen!*
> *Was hold den Musen ist soll da willkommen seyn!*

Mit der Huldigung der in eine Naturidylle hineinversetzten Musenschützerin und Kunstfördererin verengt sich denn doch merklich die auf eine größere Gemeinschaft, auf ein Volk bezogen gewesene Perspektive von Apollos Handeln. Das durch ihn vollbrachte – von

Wieland ohnehin schon idealisierte – *Wunder* erneuert sich trotz aller Lobsprüche kaum außerhalb eines kleinen Hofkreises. Die Tendenz, Ruhm und Ehre der geschätzten Gönnerin literarisch zu mehren, wächst in den weiteren Gedichten *An Olympia*. Dennoch hat Wieland insgesamt gesehen – und erst recht mit seinen Vorläufern verglichen[8] – höfische Konventionalität und Unverbindlichkeit mittels Sinnvertiefung und poetischer Überhöhung nicht unbeträchtlich hinter sich gelassen, so wie auch Goethe und Schiller in ihren Huldigungsdichtungen.[9] Beharrlich hat Wieland der Herzoginmutter und dem regierenden Herzog immer wieder nahegelegt, beispielgebendes Humanitätsdenken zu verwirklichen.

Als Carl August 1775 seine Regierung antrat, setzte er Wieland eine lebenslange Pension aus; sieben Jahre später ließ Anna Amalia Wielands Büste im Tiefurter Park aufstellen. Auch dies keine alltäglichen Formen öffentlicher Achtung, Ehrung und Huldigung in der höfischen Sphäre des Aufklärungszeitalters. Lessing beispielsweise, um nur den berühmtesten Gegenfall zu erinnern, sind sie nicht zuteil geworden.

Anmerkungen

1 Wielands Briefwechsel, Bd. 4, S. 582.

2 Es ist eine zählebige verengende Charakterisierung, hinsichtlich des späten 18. Jahrhunderts vom »klassischen Weimar« zu sprechen. Wieland gehört, wie übrigens auch Herder, zu den herausragenden Repräsentanten der deutschen Aufklärungsbewegung, vgl. Albrecht 1988, S. 25–60. Auch der Begriff des »Musenhofs« ist zu relativieren, vgl. dazu Berger 2003.

3 Das Stück wird zitiert nach: Wielands gesammelte Schriften, Bd. 9, S. 415–434.

4 Cantate auf den neunzehnten [eigentlich: achtzehnten] Geburtstag und Regierungs-Antritt des Herzogs von Sachsen-Weimar und Eisenach. In: Wielands gesammelte Schriften, Bd. 12, S. 21–22.

5 Vgl. u.a.: Ausstellungskatalog »Ereignis Weimar« 2007, S. 91–99: Aufgeklärte Reformpolitik. Carl Augusts erste Regierungsjahre.

6 So in den Eingangsversen zur Sammlung der *Gedichte an Olympia* innerhalb seiner selbst veranstalteten letzten Werkausgabe; hier zitiert nach: Wielands gesammelte Schriften, Bd. 12, S. 279.

7 Ebenda, S. 279–285.

8 Schubert 1993, S. 51–61. Resümierend wird festgestellt (S. 59): »Die […] Huldigungen sind sozusagen genormt, nach einer Schablone produziert, […]. barocke […] Tradition wird künstlich am Leben erhalten, […] eine Märchenwelt, die nichts gemein hat mit der unmittelbaren Wirklichkeit. […] Kein Wort, kein Begriff und keine sprachlichen Bilder sind vorhanden, die wirklich treffen.«

9 Zum Kontext vgl. Weinhold 2008.

Gert Theile

Huldigungsformeln für den richtigen Augenblick

Goethes und Schillers Dichten bei Hofe

»Unsicher schwankend zwischen der Bewahrung von Altem und der Hoffnung auf Neues, der Verachtung behaglicher Sicherheit und der Furcht vor Anarchie«, so zeigt sich das Goldene Zeitalter der deutschen Literatur in seiner Alltagsrealität[1]. Es ist das janusköpfige Gesicht einer Epoche, der sogenannten Goethezeit, das noch begriffen ist im Zurückschauen auf die kulturellen Normative und Regularien einer höfisch-ständischen Gesellschaft, aber auch schon den Horizont bürgerlicher Selbstverantwortlichkeit aufklärerisch absucht. Und auf dem sich der Ausdruck einer *Kunstperiode* widergespiegelt findet, deren ästhetische und poetische Neuerungen eben jene Zwieschlächtigkeit zeitlicher Verwurzelung in sich bergen. So ist es auch mit der Art Huldigungspoesie der Dichter Johann Wolfgang Goethe und Friedrich Schiller bestellt, die im engeren Sinne den normativen Regularien dieser aus dem Barock überkommenen Gattung nicht mehr entspricht, aber doch schon als Form einer im weitesten Sinne als »Gelegenheitsdichtung« zu begreifenden Gattung, die tradierten Elemente des Rühmens und der Huldigung als begleitende, gestaltende und kommentierende Versatzstücke in eben jene neue Art von Kasualpoesie überführt, welche die herkömmlichen Verhältnisse des Huldigungsaktus umkehrt: Die Gelegenheit des poetischen Sichaussprechens gründet nunmehr im Verlangen des lyrischen Dichter-Ich, entweder aufgrund eines institutionalisierten Anlasses der eigenen Intention gerecht zu werden (Schiller, *Die Huldigung der Künste*) oder, angeregt durch ein persönliches herausragendes Erlebnis, die Würdigung selbstbewusst-emanzipatorisch in das biographische Fazit zu bauen (Goethe, *Ilmenau*, *Venezianische Epigramme*, Nachlass) bzw. den zwingenden sozialen Kontext spielerisch zu unterlaufen (Goethe, *Im Namen der Bürgerschaft von Carlsbad*). Im poetischen Gebrauch der Huldigungsformeln artikulieren ihre Verfasser eher ihre subjektiven Belange, als dem Ritual des Fremdlobs zu entsprechen und hinter die Aufgabe zurückzutreten. Da solche ›modernen‹ poetischen Zurichtungen der Huldigungspraxis für gewöhnlich unter dem Allgemeinbegriff »Gelegenheitsdichtung« subsumiert wurden, verursachte das sich daraus zwangsläufig ergebende Verhältnis von poetisch zweifellos innovierender Dichtung bei Gelegenheit (als Grundmuster der sogenannten »Erlebnisdichtung«) und höfischem Verhaltenskodex im konkreten Rahmen der Weimarer Klassik oft unangenehmen Erklärungsbedarf. Wenn dem allgemeinen Verständnis von Kasualpoesie entsprechend, wo ein »herausragender, oft institutionalisierter Anlass im Leben eines einzelnen oder einer Gemeinschaft dargestellt und einem bestimmten Adressaten zugeordnet« wird,[2] die verschiedensten, an Personen gerichteten und zu bestimmten Gelegenheiten verfassten Dichtungen Goethes[3] und auch Schillers lyrisches Spiel *Die Huldigung der Künste*[4] im Lichte von Fürstenlob und Hofpoeterei betrachtet wurden, war Germanisten zu jeder Zeit das

Heikle einer Situation bewusst, in der Vertreter jener Weimarer Klassik, deren Programm Kunstautonomie hieß, als Verfertiger vermeintlich funktionaler Hofpoesie agierten. Dem Verdachtsmoment des Fürstendienstes standen zwar diverse Selbstzeugnisse der Dichter entgegen, wie etwa Goethes Zeilen an Schiller über seinen *Maskenzug zum 30. Januar 1798*, in denen er seiner Hoffnung Ausdruck verleiht, mit dieser *größten Pfuscherey in dem gedankenleersten Raum die zerstreutesten Menschen zu einer Art Nachdenken zu nöthigen*[5], oder Schillers Bemerkung, seine in vier Tagen eilig verfertigte *Huldigung der Künste*, sei ein *Machwerk*[6]. Andererseits aber wurde das Gelegenheitsgedicht noch vom späten Goethe mit starken Worten aufgewertet, wenn er es im Sinne ureigener poetischer Konfession adelte[7]. Auch hatten seine für den Weimarer Hof verfassten *Maskenzüge* schon im Jahre 1808 als eigene Rubrik Aufnahme in der ersten Cottaschen Werkausgabe gefunden.[8] Angesichts solcher sich vermeintlich widersprechender Befunde ist es nicht von der Hand zu weisen, dass in der germanistischen Frage nach der Dichterei bei Hofe immer auch ein klein wenig Angst mitschwingt, das alte Börnesche Diktum von Goethe als dem *gereimten Knecht*[9] könnte wieder erinnerlich werden. Und so erbrachte auch eine vorerst letzte analytische Neuausleuchtung von etwa siebzig Gelegenheitsarbeiten Goethes als »Weimarer Hofpoet« nichts weniger als »programmatische Neubestimmungen der Gelegenheitsdichtung im Spannungsfeld von höfischer Repräsentation und künstlerischer Selbstdarstellung«.[10]

Wird die Neubestimmung einer Gattungsspezifik durch einen Dichter, der sich zwischen den Polen höfisch-normierten Sozialverhaltens und künstlerischem Selbstausdruck bewegt, als zielsetzend und vorbildhaft eingeschätzt, erstickt solch ein Innovationsschub jegliches Bedenken hinsichtlich etwaiger Fürstendienste bereits im Ansatz. Vor allem aber fällt der strategische Anspruch in der Bewertung auf, sind hier doch zwei Dinge unter einen akademischen Hut gebracht: Das poetische Innovationspotential des Dichters wie auch seine Kunstprogrammatik werden beide (obwohl oder gerade weil) im Zeichen höfischer Dienstleitung für das Gesamtbild Goethe ›gerettet‹. Ob nun die Gelegenheitsdichtungen weimarisch-klassischer Provenienz als Randerscheinungen dichterischer Produktion oder als normsetzende Neuerungen im poetischen Gattungsgefüge verstanden werden: Immer handelt sich um Festlegungen, die in der Nähe des zweifelhaften Geschäftes mit der ästhetischen Wertung angesiedelt sind[11]. Deshalb scheint es ratsamer, auch im Falle der Poesie von Goethe und Schiller bei Hofe, die Dichtungen aus der künstlerischen Strategie heraus zu begreifen, die ihnen zugrunde liegt, also aus dem dichterischen Selbstverständnis ihrer Verfasser.

Bei Schiller gestaltet sich die Sache aufgrund seiner Biographie von Anbeginn einfacher: Wer als Karlsschüler die permanenten Huldigungszeremonien eines Landesvaters auszuhalten und mitzugestalten hat, wie Carl Eugen sie pflegte, mag persönlich durchaus zum großen Stil neigen (wie der an antiker Rhetorik geschulte Pathetiker Schiller) – zum individualisierten Lobpreis aber sicher nicht. Deshalb dürfte es bestimmt so falsch nicht sein, mit Blick auf das in Schillers Werk fehlende Fürstenlob eine gewisse psychische Reserviertheit in Sachen panegyrischer Paternalismus anzunehmen. Ganz anders dagegen der Frankfurter Patriziersohn Goethe: Als literarischer »Shooting Star«, der mit dem *Werther* reüssiert, wird er vom jungen Weimarer Fürsten geradezu umworben. So gibt es von Anfang an keinerlei Berührungsängste, wie den amüsierten bis verstörten Berichten über das frühe Geniegebaren Goethes in den höfischen Kreisen Weimars zu entnehmen ist. Und Goethe ist zudem der jugendliche Gefährte Carl Augusts. Im zu dessen Geburtstag 1783 entstandenen Gedicht *Ilmenau* setzt er dann eine Huldigung an den fürstlichen Genossen fern aller höfischen Etikette in der intimen Runde einer biwakierenden Gesellschaft in Szene. Das Lob, die Mahnung und die glückliche Prophezeiung für das Schicksal von Herrscherhaus und Land lässt der Dichter aus der Selbstreflexion beschaulich erwachsen. Nicht als Impromptu für die Huldigung des Geburtstagskindes sind die vorangegangenen Strophen voll Natur- und Selbstreflexionen sowie die Gefährtenporträts zu lesen. Innige Naturschau verschränkt er mit Reminiszenzen des sozialen Weltenlaufs und erinnerten Jugenderlebnissen, in deren poetischer Abfolge e r es ist, der dem Gefährten Carl August einen Platz zuweist. Erst nach dem Vorstellen der Gefährten und der poetischen Selbstdarstellung stehen jene Verse an den Fürsten, die das Gedicht beschließen. Aus ihrer Verschränkung von philosophischer und persönlicher Welthaltigkeit wird hier ein Dichter-Lob gebildet, dessen mahnender Unterton die Huldigungsgeste beinahe beeinträchtigt:

So mög oh Fürst der Winkel deines Landes
Ein Vorbild deiner Tage sein!
Du kennest lang die Pflichten deines Standes
Und schränkest nach und nach die freie Seele ein.
Der kann sich manchen Wunsch gewähren,
Der kalt sich selbst und seinen Willen lebt
Allein wer andre wohl zu leiten strebt
Muß fähig sein viel zu entbehren.

So wandle du, der Lohn ist nicht gering,
nicht schwankend hin wie jener Sämann ging
Daß bald ein Korn des Zufalls leichtes Spiel
Hier auf den Weg, dort zwischen Dornen fiel
Nein streue klug wie reich mit männlich steter Hand
Den Segen aus auf ein geackert Land,
Dann laß es ruhn die Ernte wird erscheinen
Und dich beglücken und die Deinen.[12]

Zweifellos erkennt der Leser das Gedicht zuallererst als Selbstbilanz Goethes, der persönliche Rückschau hält über einen Lebensabschnitt. Denn wie strahlend das Gedicht im Dur-Akkord des Fürstenlobs noch ausklingen mag, in der retrospektiven Gesamtschau der Verse gibt die Figur Carl Augusts nicht mehr als Staffage, in diesem Fall den Anlass für die Dichtervision, her. Zu eng sind Naturgefühl und erinnerte Emotionen an das lyrische Ich gebunden, als dass ausreichend Raum bliebe für ein relativ souveränes Herrscherporträt. Der Herzog von Weimar, so das Fazit des Rezipienten, gehört ebenso zu diesem Lebensabschnitt des Dichters Goethe wie die Gegend um Ilmenau und die Gefährten Seckendorff und Knebel samt der erinnerten gemeinsamen Jugenderlebnisse.

Persönlich geprägt bleibt das Verhältnis Goethes zum Landesfürsten, dem er in *Ilmenau* noch in einer gewissen tradierten Weise, nämlich geburtstäglich, Wunsch und Ratschlag erteilte, über die Jahre hinweg. Der selbstreflexive Zuschnitt sogenannten Fürstenlobs spricht sich später bar jeglicher barocken Huldigungsgeste in Versen aus, die schließlich den *Venezianischen Epigrammen* hinzugefügt wurden:

Klein ist unter den Fürsten Germaniens freilich der meine;
Kurz und schmal ist sein Land, mäßig nur, was er vermag.
Aber so wende nach innen, so wende nach außen die Kräfte
Jeder; da wär's ein Fest, Deutscher mit Deutschen zu sein.
Doch was priesest du Ihn, den Taten und Werke verkünden?
Und bestochen erschien deine Verehrung vielleicht;
Denn mir hat er gegeben, was Große selten gewähren,
Neigung, Muße, Vertraun, Felder und Garten und Haus.
Niemand braucht' ich zu danken als ihm, und Manches bedurft ich,
Der ich mich auf den Erwerb schlecht, als ein Dichter, verstand.
Hat mich Europa gelobt, was hat mir Europa gegeben?
Nichts! Ich habe, wie schwer! Meine Gedichte bezahlt.
[…]
Niemals frug ein Kaiser nach mir, es hat sich kein König
Um mich bekümmert, und Er war mir August und Mäzen.[13]

Das Bedürfnis des Fürstenpreisens äußert sich als rein persönliches Verlangen des Dichters, Carl August für sein Kunstmäzenatentum zu danken. Goethes ausgeübter Verzicht auf die traditionelle veräußerlichte Huldigungsituation zugunsten einer persönlichen Dankesgeste aber entspricht hier einer Idee von der Kunst und Literatur, die – analog der antiken Poesie – zuallererst ein Rühmen ist. Jenes Defizit, das Goethe im Gedicht an der Welt erkennt, ist zwar ein Ressentiment, und damit – nach Karl-Heinz Bohrer – immer verantwortlich dafür, dass die ursprüngliche Idee von ruhmrediger Kunst und Literatur zur Idee von Kunst und Literatur als Kritik entsteht[14]. In Goethes Gedicht aber wird das Ressentiment gegenüber der Welt von der Ruhmesrede auf den mäzenatischen Carl August übertönt. Womit der Klassizist Goethe der Tradition Pindarschen Rühmens entspricht, welche das Gegenteil von Kritik darstellt, nicht instrumental ist und unideologisch.[15]

Goethes Gebrauch der Huldigungsformeln ist vielfältig und zeugt von Virtuosität. Ein artifizielles Wechselspiel von »hochzeremoniösen«[16] und doppeldeutig-intimen Versifikationen bietet die Gedichtsammlung *Im Namen der Bürgerschaft von Karlsbad*, die verschiedene Huldigungsgedichte Goethes aus den Jahren 1810 und 1812 an die kaiserlichen Majestäten Maria Ludovica und Franz I. von Österreich sowie Marie Louise von Frankreich vereint. Längst ist die Verachtung über die vermeintlich »devoten, glatten und kalten Strophen, die er an regierende Häupter gerichtet hat«[17], einer Wertschätzung des Sprachvirtuosen Goethe gewichen, der auf hohem poetischem Niveau »perfekte Artigkeit« und »maskenhafte Ehrerbietung«[18] zu mischen versteht mit subtiler Metaphorik, die dem eingeweihten Leser das

»zarte Ineinanderschweben frei schweifender Sympathien signalisieren«.[19] Nämlich derjenigen Goethes, des Mannes von sechzig Jahren, und jener der jungen Kaiserin Maria Ludovica. Denn: *Rein auszusprechen, was wir rein empfinden,/ Ist für den Dichter selbst vergeblich Streben*[20], deutet nicht nur die soziokontextuelle Einschränkung für einen über seine Standesgrenzen hinaus liebenden Dichter zwischen Ausdruckswillen und Beschreibungsohnmacht an. Für Goethe stellt das rhetorisch-poetische Spiel, Regeln zu entsprechen und sie gleichzeitig zu unterlaufen, auch eine Herausforderung an sein Selbstwertgefühl als »Dichter-Fürst« dar. Der Hinweis einer Gedichtinterpretation, dass sich im Falle Goethes und der Kaiserin »zwei Gestirne erster Ordnung aus zwei höchst verschiedenen Systemen« einander näherten[21], charakterisiert pointiert das Selbstbewusstsein des Dichters, der Monarchin auf Augenhöhe zu begegnen. Damit entspricht Goethe auch als Kreativer dem eigenen künstlerischen Selbstverständnis: »Die Bindung des Werks an eine ›occasio‹ stellt das autonomieästhetische Postulat, das dem Kunstcharakter der Werke die Freiheit der Kunst zur Bedingung macht, noch nicht notwendig in Frage […] solange sie einem freien Entschluss des Künstlers entspringt.«[22]

Am freien Entschluss Goethes wurde vor allem angelegentlich seiner Maskenzüge gezweifelt, die bis zu Wolfgang Hechts Aufsatz aus dem Jahre 1968 immer im Geruch kunstloser Hofpoesie standen. Seit Hechts Analyse ist nicht nur unbestritten, dass sich Goethes Maskenzüge nicht nur formal wie inhaltlich »deutlich vom höfisch-barocken Lob- und Huldigungsgedicht abheben«[23]; jene Weimarer Gelegenheitsarbeiten hat Goethe – ungeachtet der eingestreuten Verse auf verschiedene gekrönte Geburtstagskinder – über die Jahre als gleichsam spielerische Umsetzung seiner Idee von Literatur und Kunst verstanden. Sie sollten erzieherische wie unterhaltende Aspekte dieser Kunstanschauung leicht umsetzen helfen, der Auseinandersetzung mit Neuem (Romantik) dienen und die Verteidigung des Klassischen im Sinne von »Selbstverteidigung«[24] leisten. So ist ihre Aufnahme in die erste Cottasche Werkausgabe begründbar, was wiederum von einem Werkbegriff kündet, der sich auch gewiss aus Goethes zeitlicher Verhaftetheit erklärt:

> »Goethes Erlebnisdichtung prägt das datierbare Gefühl, die Okkasionalpoesie der datierbare Anlass. Sie deshalb abzuwerten, gibt es keinen Grund. Bis in Goethes Jugend hinein hatte Dichtung ihren festen gesellschaftlichen Ort, ihren Sitz im Leben. Die Tradition hat Goethe als letzter Hofdichter mit Hingabe fortgeführt; eine Trennung von wahrer und bloß okkasioneller Poesie verbietet sich da«,

lautet ein aktuelles Urteil.[25] Gerade weil sich der Dichter der Zwieschlächtigkeit seiner Zeit, in die er situativ-biographisch eingebunden ist, mit seinen Mitteln zu stellen hat, funktioniert er die Prämissen und Formalien der alten höfischen Huldigungspraxis im Sinne eines hochreflektierten künstlerischen Selbstverständnisses um. So lässt er nicht selten den datierbaren offiziösen Anlass mit dem seiner Meinung nach für ihn subjektiv-richtigen Augenblick *(kairos)* produktiv zusammenfallen, was einem kreativen Zusammenspiel von gesellschaftlicher Pflicht und individueller Neigung, der Goetheschen Maxime, der Forderung des Tages zu entsprechen, gleichkommt.

Prolog und Epilog

zum Festspiel:

Die Huldigung der Künste.

Am

Funfzigjährigen Erinnerungsfeste des feierlichen Einzugs

Ihrer Kaiserlichen Hoheit

der

Frau Grossherzogin-Grossfürstin

MARIA PAULOWNA.

Neunten November

1854.

WEIMAR.

[Verf.: Adolf Schöll.]

Tafel 5: Schillers *Huldigung der Künste* (1804) für Maria Pawlowna wurde 1854 erneut für eine Huldigung verwendet (HAAB, Signatur: Sch Qu 78, Kat. 54)

Fragt man nun, wozu sich der hoch ambitionierte Ethiker Schiller in einem derart veräußerlichten Spiel, wie *Die Huldigung der Künste* eines ist, diverser Huldigungsformeln bedient, gibt es zwei Möglichkeiten zur Beantwortung. Die einfache Erklärung lautet, er habe Goethe, dem als Leiter des Hoftheaters die Aufgabe zugekommen wäre, zur Ankunft der mit dem Erbprinzen von Weimar vermählten Zarentochter Maria Pawlowna am 9. November 1804 etwas Dramatisches zu schreiben, mit seiner Erfindungskraft ausgeholfen.[26] Tiefere Einsicht zielt auf die versteckte Dichterintention, welche die neuere Forschung dahingehend beantwortet, dass Schiller mit der Verfertigung des Stücks die »Verkündigung des ›ästhetischen Staats‹ im höfischen Theater« beabsichtigte.[27] Den günstigen Augenblick des Einzugs einer Fürstin nutzend, illustriere er mit seinem Widmungsspiel gleichsam seine Überlegungen zur ästhetischen Erziehung des Menschen, die Maria Pawlowna als idealtypische Vertreterin einer ästhetischen Bildung »im Bedingungsrahmen des ›positiven‹ oder ›dynamischen‹ Staats Weimar« umzusetzen aufgerufen wird.[28]

Es ist die strategische Versiertheit beider Dichter, jeweils den günstigen, den richtigen Augenblick mit den ihnen geeignet scheinenden künstlerischen Mitteln mnemotechnisch aufzubereiten. Zu poetisch gestalteten Szenerien geronnen, sind diese flüchtigen Momente und ephemeren Ereignisse auf eine Nachwelt gekommen, die sich stets weniger für den (zumeist) konkret auszumachenden Anlass interessierte, als für die gelungene künstlerische Ausformung des vom Dichter erfüllt empfundenen Augenblicks.

Anmerkungen

1 Schulz 1983, S. 4.
2 Vgl. Drux 1998, S. 330.
3 Vgl. Drux 1998; Stockhorst 2002, S. 307–312 (Quellenübersicht: Goethes Gelegenheitsdichtungen für den Weimarer Hof). Die Wissenschaftskritik hat hier Einschränkungen vorgeschlagen (vgl. dazu die Rezension von Andrea Heinz in: Goethe-Jahrbuch 120 (2004), S. 360–361), was sich niederschlägt in: Stockhorst (2004/2005), S. 173–195.
4 Vgl. Schiller, NA, Bd. 10, S. 279ff.
5 An Schiller, 26.01.1798; in: Goethe, WA, IV, 13, S. 36.
6 NA Bd. 32, S. 170.
7 Zu Eckermann, am 17., notiert am 18.09.1823: *Alle meine Gedichte sind Gelegenheitsgedichte, sie sind durch die Wirklichkeit angeregt und haben darin Grund und Boden. Von Gedichten, aus der Luft gegriffen, halte ich nichts* (Goethe, MA, Bd. 19, S. 44).
8 Vgl. Stockhorst 2004/2005, S. 186.
9 Börne, Schriften. Bd. 2, S. 838.
10 Vgl. Stockhorst 2002, S. 21.
11 Vgl. dazu: Theile (Hrsg.) 2003.
12 Goethe, FA, I,1, S. 268.
13 Goethe, FA, I,2, S. 216.
14 Vgl. Bohrer 2007, S. 84.
15 Ebd., S. 95.
16 Goethe, FA I,2, S. 1028.
17 Vgl. Enzensberger 1984, S. 118.
18 Vgl. Fussenegger 1992, S. 278.

19 Vgl. ebd., S. 280.
20 Goethe, FA I,2, S. 431.
21 Fussenegger 1992, S. 280.
22 Lohmeier 1996, S. 204. – Ähnlich motiviert schätzt Bernhard Fischer Goethe angelegentlich der Dedikation seines Briefwechsels mit Schiller an König Ludwig von Bayern im Oktober 1828 ein. Goethes Widmung zeuge von »eine[r] geradezu symbiotische[n] Durchdringung der fürstlich-repräsentativen und der bürgerlich autonomen Kunst«, wobei neben der vom Dichter mit seiner Widmung verfolgten funktional-programmatischen Absicht auch der (gleichsam stilistisch-spielerisch arrangierte) Aspekt der persönlichen Gleichwertigkeit von Fürst und Dichter eingebracht sei. Zitiert nach: Fischer, Bernhard: Literaturpolitik und pietas. Zum Hintergrund der Erstausgabe des ›Briefwechsels zwischen Schiller und Goethe‹ bei Cotta (1828/29) [Ms.]; erscheint in: Der Briefwechsel zwischen Schiller und Goethe. Hrsg. von Bernhard Fischer und Norbert Oellers. Berlin 2010.
23 Vgl. Hecht 1968, S. 133.
24 Ebd., S. 140.
25 Neuhaus 2007, S. 314.
26 Vgl. dazu den Beitrag von Jan Andres im vorliegenden Band.
27 Dazu Vom Hofe 1990, S. 168–183.
28 Ebd, S. 179ff.

Jan Andres

»Wo man beglückt, ist man im Vaterlande«

Schillers ›Huldigung der Künste‹ zwischen allegorischer Gelegenheitsdichtung und ästhetischer Theorie

Die Huldigung der Künste ist die letzte abgeschlossene Arbeit Schillers.[1] Ihr kommt aber nicht nur deshalb ein besonderer Status im Gesamtwerk zu. Denn es handelt sich zudem um eine Gelegenheitsdichtung, um Kasualpoesie, die bei Schiller eine Ausnahme darstellt. Der offizielle Anlass für die *Huldigung* war die Feier der Hochzeit von Erbprinz Carl Friedrich von Sachsen-Weimar-Eisenach (1783–1853) mit der russischen Zarentochter, der Großfürstin Maria Pawlowna (1786–1859), und deren Ankunft in Weimar.[2] Schiller hat also ein Stück geschrieben, um einen politischen Anlass ästhetisch zu gestalten: Die *Huldigung* gehört zur Gattung des Herrscherlobs, ist Repräsentationsdichtung mit der symbolischen Funktion der Gabe. Die Benennung als *Huldigung* darf nicht darüber hinwegtäuschen, dass es sich um keine Huldigung im verfassungsrechtlichen Sinn handelt. Das Stück feiert die Ankunft des Herrscherpaares bzw. der neuen Fürstin in Weimar. Huldigungen im engeren Sinn waren aber Treueschwüre der Stände anlässlich des Herrschaftsantritts eines neuen Regenten. Es waren im Mittelalter und in der Frühen Neuzeit gleichsam verfassungsrechtliche Handlungen, die die Legitimität der Herrschaft sicherten. Zu diesen feierlichen Zeremoniellen gab es ebenfalls begleitende, gestaltende und kommentierende Literatur, vor allem Huldigungsgedichte. Schiller verwendet den Begriff der Huldigung jedoch freier, er bezieht sich auf die symbolische Geste der Ehrerweisung, die das Herrscherlob allgemein charakterisiert. Er will das Paar, vor allem die neue Fürstin, durch sein Stück begrüßen – in diesem Sinn huldigt er.

Am 3. August 1804 hatte die Hochzeit von Carl Friedrich mit der gerade 18-jährigen Maria Pawlowna im St. Petersburger Winterpalast nach langen Verhandlungen durch den Weimarer Minister Wilhelm von Wolzogen (1762–1809) stattgefunden. Am 7. Oktober reiste das Paar nach Weimar ab, wo es am 9. November eintraf.[3] Das Ereignis wurde in den folgenden Wochen auf Bällen, mit Illuminationen, Empfängen, durch die Oper und eben auch das Theater gefeiert. Die Hochzeit war ein europäisches höfisches Ereignis ersten Ranges, das entsprechend symbolisch-repräsentativ in Szene gesetzt wurde.

Schiller selbst hatte im Vorfeld weder an ein Gedicht noch gar an ein Stück für Maria Pawlowna gedacht, wie er an Cotta schrieb.[4] Da Gelegenheitsdichtung an den Höfen für wichtig gehalten wurde, sollte ursprünglich Goethe ein Bühnenstück verfassen. Er hatte Erfahrung mit der Gattung,[5] und er war als Direktor des Weimarer Hoftheaters auch offiziell zuständig.[6] Aber weder er noch Schiller zeigten Interesse. Als der unlustige Goethe schließlich musste, habe er Angst bekommen, da ihm nichts eingefallen sei, wie Schiller an Körner schrieb. So habe er »aushelfen« müssen und in nur vier Tagen die *flüchtige Arbeit* der *Huldigung* verfasst – seiner Meinung nach ein *Machwerk* im Sinn des raschen

Gemacht-Seins.[7] Er hat vom 4. bis 8. November an dem Stück geschrieben, am 12. November wurde Maria Pawlowna ein handschriftliches Manuskript Schillers überreicht. Am gleichen Abend fand mit großem Erfolg die Uraufführung statt.[8] Das kleine Stück war der Prolog zu einer Inszenierung von Racines *Mithridate*. Es ist spekuliert worden, ob Schiller seine Aufgabe als lästige Pflicht[9] gesehen habe oder ob er nicht vielmehr die Hoffnung gehabt habe, die neue Fürstin gewogen zu machen und sie durch das Stück als Mäzenatin der Weimarer Künstler zu gewinnen.[10] Im Nachhinein ist ihm das gelungen, wobei es sicher eine Rolle gespielt hat, dass Maria Pawlowna schon in Russland eine große Verehrerin Schillers gewesen ist. Sie kannte seine Schriften, vor allem die Dramen, und war über die *Huldigung* sehr erfreut. Arbeiten von Goethe kannte die junge Fürstin hingegen bei ihrer Ankunft nicht.[11] Ihm hat sie sich erst später angenähert, als sie sich als die erhoffte Förderin der Künste erwies. Schiller seinerseits hatte ebenfalls eine hohe Meinung von Maria Pawlowna. An Cotta schrieb er am 21. November, sie sei ein *guter Engel, liebenswürdig, verständig, gebildet*.[12]

Die Huldigung der Künste lässt sich nur schlecht einer Gattung zurechnen. Schillers Untertitel benennt sie als *lyrisches Spiel*, in Briefen schrieb er gelegentlich von einem *Vorspiel*,[13] womit er auf die Prolog-Funktion bei der Racine-Inszenierung anspielt. Körner hat Schiller gegenüber die Zugehörigkeit des Textes *zur oratorischen Classe* betont, er habe nur eine *poetische Aussenseite*.[14] Körner weist damit auf den Ursprung herrscherlobender Texte aus der Rhetorik und Oratorik, auf antike und barocke Traditionen der Panegyrik hin. Die Forschung hat sich auf die Bezeichnung »lyrisches Dramolett« verständigt.[15] Für die Deutung und die Funktion des Stücks muss, unabhängig von der Gattungsfrage, immer berücksichtigt werden, dass die *Huldigung* in erster Linie Kasualdichtung ist, ein literarischer Text zur Gestaltung eines höfischen Anlasses. Erst nach dieser grundlegenden Definition, die den Text in eine literarische Tradition des Herrscherlobs seit der Antike mit einer Blüte im Barock stellt und ihn auf die Aufgabe des Lobpreises festlegt, kann man weitergehen und die *Huldigung* auch als allegorischen Text mit Verweisen auf die ästhetische Theorie ihres Autors lesen.[16] Es ist ein »öffentliches Festspiel im Medium der Allegorie«[17] für Maria Pawlowna, das die Idee der Möglichkeit einer ästhetischen Erziehung zeigt, wie sie Schiller in der Brieffolge *Ueber die ästhetische Erziehung* skizziert hatte. Schließlich kann man das Dramolett auch als Appell an eine künftige Mäzenatin lesen, fast eine Art Fürstenspiegel. Das kleine Stück hat also Aspekte und Funktionen der Gelegenheitsdichtung, die repräsentativ sind; es ist eine symbolische Handlung zur Ehrung, eine Gabe und in diesem weiteren Sinn Huldigung; es ist ein praktischer Beitrag Schillers zu seiner eigenen ästhetischen Theorie und letztlich auch ein Text, der der Geehrten implizit Forderungen und Aufgaben stellt.[18]

Der Text selbst hat drei Teile mit je unterschiedlichen Funktionen. Der erste Teil zeigt eine idyllisch-bukolische Landszene mit einer Gruppe von Landleuten und Hirten, die einen Baum pflanzen. Diese Szene liest sich allegorisch, da sich der Orangenbaum leicht mit Maria Pawlowna identifizieren lässt – das passiert im Text auch explizit –, die gleichsam nach Weimar *umgepflanzt* und freundlich aufgenommen wird. Es folgt als zweiter Teil ein musikalisches Zwischenspiel in einem *edleren Styl*,[19] wie Schiller in einer Regieanweisung

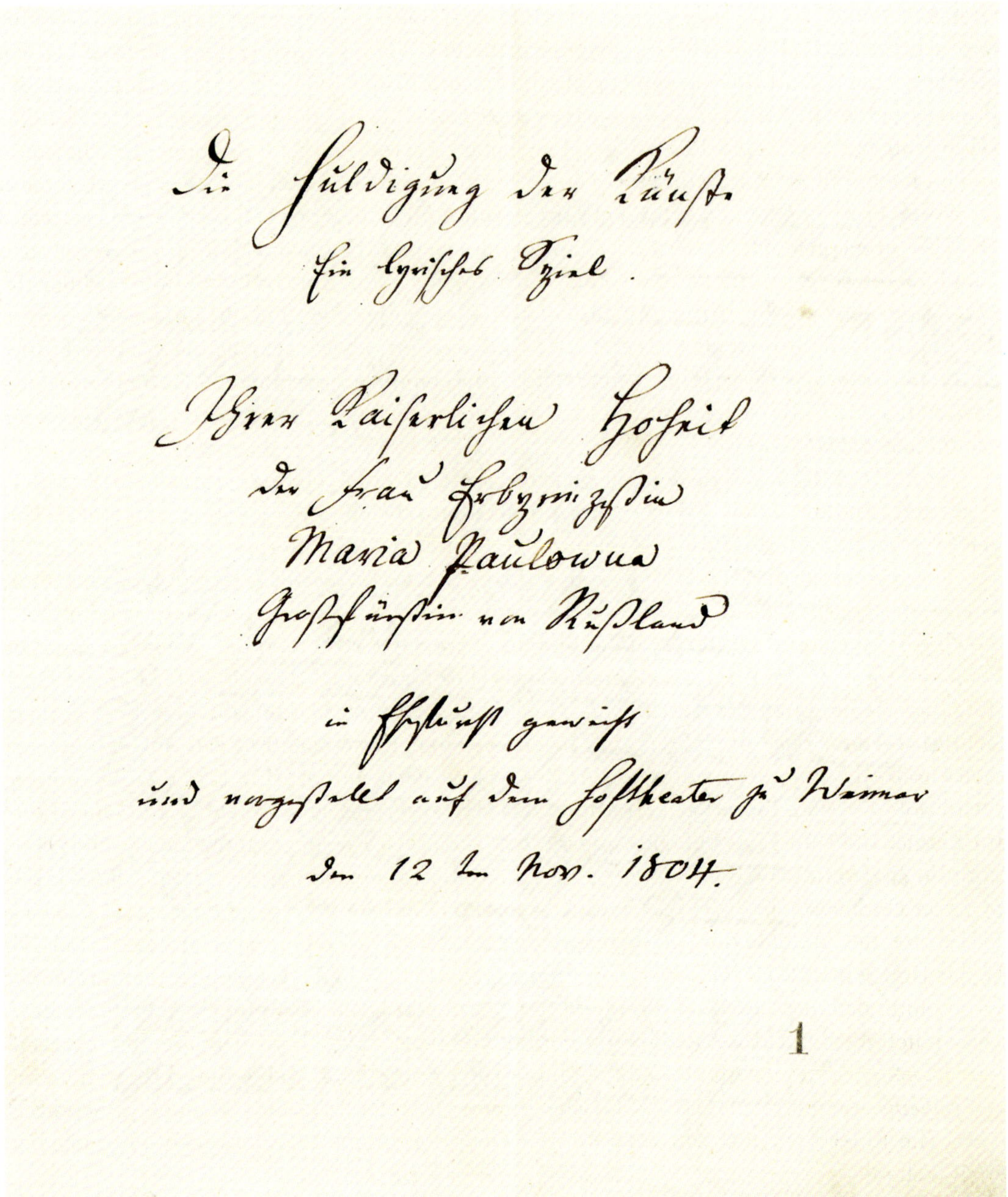

Die Huldigung der Künste
ein lyrisches Spiel.

Ihrer Kaiserlichen Hoheit
der Frau Erbprinzessin
Maria Paulowna
Großfürstin von Rußland

in Ehrfurcht gewidmet
und vorgestellt auf dem Hoftheater zu Weimar
den 12ten Nov. 1804.

1

Tafel 6: Autograph von Schillers *Huldigung der Künste* (1804) für Maria Pawlowna, Handschrift: Klassik Stiftung Weimar, Goethe Schiller Archiv, Signatur: GSA 83/55,1

schreibt, in dem ein Genius mit sieben Göttinnen erscheint und sich in der Mitte der Bühne aufstellt. Im dritten Teil werden die Göttinnen, die die Künste verkörpern, einzeln vorgestellt.

Der erste Teil stellt den Bezug des Dramoletts auf den Anlass her, die Hochzeit und den Einzug Maria Pawlownas. Durchaus traditionell benutzt Schiller das Mittel der Allegorie, indem er den Orangenbaum mit der Fürstin identifiziert. Ein Jüngling erklärt den Sinn der Pflanz-Szene: *Fesseln möchten wir sie gerne / An das neue Vaterland.*[20] Auch der zweite Teil bleibt allegorisch. Die sieben Göttinnen bilden den Chor der Künste, sie stellen sich in der Tradition der sieben artes liberales, der freien Künste, dar: drei bildende (Architektur, Skulptur, Malerei) und vier sprachlich-musikalische Allegorien (Poesie, Musik, Tanz, Schauspielkunst), die auf der Suche nach einer bleibenden Heimat sind. Die Gleichsetzung der freien mit den schönen Künsten war zu Schillers Zeit durchaus üblich und spiegelte die Gliederung der mittelalterlichen Fakultät in Trivium (Rhetorik, Grammatik, Dialektik) und Quadrivium (Geometrie, Musik, Astronomie, Arithmetik) wider.[21] Der Auftritt von Genius und Göttinnen erinnert an das barocke allegorische Spiel und zeigt eine Epiphanie, das Erscheinen von Göttern.[22] Den dritten Teil der Vorstellung leitet der Genius ein, der im Kreise der Künste, die ihre Attribute vorzeigen, nun die im Publikum sitzende Fürstin direkt anspricht. Die zu ehrende Hauptperson ist nicht nur Thema des Dramoletts und Adressatin der Gelegenheitsdichtung. Sie wird als Person ins Spiel einbezogen, wenn sich ihr Bühnen-Gefolge erklärt und präsentiert. Schiller verwischt hier die Grenze von theatralem Spiel und Oratorik. Der Genius zeigt sich im Folgenden als »Dolmetscher« für die naiven Hirten, die nun auch in die Rolle eines Publikums rücken.[23] Die Künste treten einzeln auf und stellen sich vor, wobei Architektur und Skulptur offen auf ihre Rolle in Marias Heimat Russland hinweisen. Alle personifizierten Künste deuten in ihren Monologen auf die anthropologische Dimension hin, die die Kunsterfahrung in Schillers ästhetischer Theorie zugesprochen bekommt – Kunst betrifft für ihn menschliche Grundbedürfnisse.[24] Diese Theorie stellt für den zweiten und den dritten Teil insgesamt die Basis. Gerade der Auftritt von Genius und Künsten verweist direkt auf den 27. der Briefe *Ueber die ästhetische Erziehung*, der 1795 erstmals veröffentlicht wurde: »Die Formulierungen des 27. Briefs der Folge ›Ueber die ästhetische Erziehung des Menschen‹ [lesen sich] wie ein Kommentar zum Schluß der Huldigung der Künste«,[25] die knapp zehn Jahre später entsteht. In der *Huldigung* heißt es, die Fürstin könne als Gebieterin der dienenden schönen Künste *eine Welt des Schönen* schaffen.[26] In der Tat erinnert diese Formulierung stark an jenes *Reich des schönen Scheins*, das der ästhetische Staat am Ende einer erfolgreichen ästhetischen Erziehung durch die Kunst ist.[27] Die *Huldigung* zeigt gewissermaßen prototypisch den Vorgang der ästhetischen Erziehung, wobei die Fürstin selbst das Muster einer erfolgreichen Erziehung abgibt. Sie ist als »Exempelfigur« die »Repräsentantin eines ›ästhetischen Staats‹«.[28] Da sich Genius und Künste nur den naiv-unschuldigen Hirten zeigen und ihnen zum Führer ins Reich des Schönen werden wollen, betont die *Huldigung* zudem die für Schiller wesentliche Verbindung von Naivität und ästhetischer Erfahrung.

Die *Huldigung* ist also erstens eine Gabe für Maria Pawlowna und daher Gelegenheitsdichtung. Sie ist aber auch eine Huldigung für die Künste selbst, deren pädagogisches

Potential vorgeführt wird. Insgesamt ist sie eine Art Anleitung für ein Reich des Schönen, das die neue Fürstin in Weimar realisieren soll.[29] Maria Pawlowna hat damit eine Doppelrolle: Sie ist die Fürstin des realen Weimarer Staates, aber im Text auch die Herrscherin eines ästhetischen Staates. So kombiniert Schiller Gelegenheitsliteratur, ästhetische Theorie und konkrete Politik, denn das Herrscherlob wird zum Fürstinnen-Spiegel, der Maria mit einem Auftrag entlässt. Durch die implizite Präsentation seiner Idee der ästhetischen Erziehung und des ästhetischen Staates weist Schiller nachdrücklich auf die Verbindung von Ästhetik, Moral und Politik hin: Der ästhetische Staat soll keine Utopie, keine bloße Theorie sein, er wird fast ein realpolitischer Auftrag an die Herrscherin.

Die Huldigung der Künste wurde für eine Begrüßung verfasst. Wie jede Gelegenheitsdichtung ist auch dieses Dramolett eine repräsentativ-symbolische Handlung der Ehrung. Nur geht Schiller über die pragmatisch-höfische Funktion des Herrscherlobs noch hinaus und macht aus dem Text eine Art hintergründige Programmschrift für die kommende Herrschaft der Fürstin.[30] Von der gedruckten Erstausgabe sind keine Rezensionen bekannt, allerdings gibt es Berichte von der Uraufführung, z. B. in der Leipziger *Zeitung für die elegante Welt* vom 20. November 1804 oder in dem Berliner Blatt *Der Freimüthige oder Ernst und Scherz* Nr. 235 und 239 – beides typisch für Texte, die an einen Anlass gebunden sind.[31] Im *Journal des Luxus und der Moden* wurde die Huldigung durchaus treffend als *sinnreich-allegorische[s] Vorspiele* bezeichnet, das *Kränze poetischer Immortellen* dargeboten habe.[32] Goethe wies auf die *Huldigung* im *Epilog zu Schillers Glocke* hin, vielleicht auch, weil er die weitergehende Funktion des Textes erkannt hatte. Nach der Uraufführung wurde das Stück nur noch ein Mal, zum 50. Jahrestag der Ankunft am 9. November 1854, gespielt.[33] Das Versinken in der Literaturgeschichte wiederum ist ein Schicksal, das die *Huldigung* mit fast aller anlassgebundenen Gelegenheitsliteratur teilt.

Anmerkungen

1 Vgl. Seifert 2004, S. 39.
2 Alt 2000, 2. Bd., S. 586.
3 Seifert 2004, S. 11, 13, 5; auch Alt 2000, S. 587.
4 Seifert 2004, S. 14.
5 Dazu Stockhorst 2002.
6 Alt 2000, S. 587. Vergleiche dazu auch den Beitrag von Gerd Theile im vorliegenden Band.
7 Vgl. Schiller, Friedrich: Die Huldigung der Künste. Anmerkungen. In: Schiller, NA, Bd. 10, S. 532.
8 Vgl. Alt 2000, S. 587.
9 So Luserke-Jaqui 2005, hier S. 236.
10 Vom Hofe 1990, hier S. 170.
11 Seifert 2004, S. 76.
12 Schiller, NA, Bd. 10, S. 531.
13 Vgl. ebd., S. 533.
14 Nach Seifert 2004, S. 41 und Schiller, NA, Bd. 40/1, S. 263.
15 So bei Alt 2000, S. 587 und Luserke-Jaqui 2005, S. 236.
16 Luserke-Jaqui 2005, S. 238.
17 Alt 2000, S. 590.

18 Ähnlich auch Alt 2000, S. 590.
19 Schiller, NA, Bd. 10, S. 284.
20 Ebd., S. 286.
21 Alt 2000, S. 588; vom Hofe 1990, S. 174.
22 Vom Hofe 1990, S. 176.
23 So Alt 2000, S. 588.
24 Vgl. ebd., S. 589.
25 Vom Hofe 1990, S. 179.
26 Schiller, NA, Bd. 10, S. 291.
27 Vgl. Schiller, NA, Bd. 20, S. 411 und Alt 2000, S. 590.
28 Vom Hofe 1990, S. 180.
29 Alt 2000, S. 589.
30 Vgl. Seifert 2004, S. 42.
31 Vgl. Luserke-Jaqui 2005, S. 237 und Schiller, NA, Bd. 10, S. 539f.
32 Zitiert nach: Schiller, NA, Bd. 10, S. 539.
33 Vgl. Kat. 54, HAAB, Signatur Sch Qu 78 und Signatur Huld II 59 [d].

Angela C. Borchert

Von Ehrungen und Komplimenten

Huldigungsschriften für Herzogin Anna Amalia

Herzogin Anna Amalia (1739–1807) hat ihr Leben lang zu verschiedenen Anlässen Widmungsschriften erhalten. Dabei lassen sich zwei Arten unterscheiden. Die einen entstanden auf die Gelegenheit hin, die anderen aus der Gelegenheit heraus. Der Großteil der überlieferten Schriften sind Kasualschriften, die in das höfische Zeremoniell gehören. Ein besonderes Ereignis im Leben der Herzogin ist Anlass für Herrscherlob. Aus der Gelegenheit heraus verfasste Schriften oder Okkasionaldichtung, können auch der Herzogin huldigen, stehen aber eher am Rande der Repräsentation. Sie entwickeln sich vorwiegend am Hof der Herzogin nach der Regentschaft, um sie zu ehren und um sie in einem kleinen, exklusiven Zirkel zu unterhalten. Beide Arten von Gelegenheitsdichtungen erfüllen die Funktion eines Komplimentes, mit dem der Verfasser *Ehrerbietung und Hochachtung*[1] gegen die Herzogin äußert. Sie garantieren dem Autoren die für den Gunsterweis notwendige Aufmerksamkeit und vermehren bis heute den Nachruhm der Herzogin. Nach einem Überblick zu den Kasualschriften für die Herzogin, folgt die Darstellung einer der Geselligkeit zuzuordnenden Huldigung.[2]

Kasualschriften: Lobpreis der Herzogin zur höfischen Repräsentation

Um die Herzogin mit einer Huldigungsschrift zu ehren, nutzen ihre Untertanen einen offiziellen, dem Zeremoniell zugehörigen Anlass. Diese Anlässe lassen sich in vier Kategorien aufteilen. Ereignisse können für die Dynastie des Herzogtums wichtig sein, wie die Hochzeit Anna Amalias mit Ernst August II. Constantin (1737–1758) oder die Geburt des Thronfolgers Carl August (1757–1828). Als Anlass gelten auch zweitens politische, rechtliche und administrative Handlungen der Herzogin gegenüber ihren Untertanen, so wie etwa 1759 ihr Regierungsantritt. Drittens feiern Huldigungen das politische Wirken der Regentin auf der zwischenstaatlichen Ebene, so zum Beispiel 1763 der Hubertusburger Frieden. Die vierte Gruppe von Texten entsteht zur höfischen Unterhaltung, dem *Divertissement*, wie bei theatralen Aufführungen. Von den vier Anlassarten wiederholen sich am ehesten solche aus der ersten für die Darstellung der Dynastie wichtigen. Daher sind auch Reden, Gedichte und Libretti zu Geburtstagfeiern am häufigsten überliefert.

Nach dem Muster eines verbalen Komplimentes innerhalb der Hofberedsamkeit ist die Hauptaufgabe der Kasualschrift, auf den sozialen Rang der Adressatin zu verweisen und damit die Werte des aufgeklärten Absolutismus in Sachsen-Weimar-Eisenach zu bestätigen. Zur darstellenden Rede gehörend, wandeln sich die Kasualschriften im Grundschema wenig.[3] Gleich welche Gattung gewählt ist, wie kunstvoll der Autor die Form ausführt, ob eher mit barocken, aufklärerischen oder klassizistischen Zügen, basieren die Huldigungen meistens auf vier Fundorten. Der erste Schritt behandelt den Anlass und den Affekt, den die Gelegenheit auslöst. Die Geburt des Erbfolgers wird so zum *allererfreulichsten, würdigsten glorreichen Tage*[4] und die poetisch umschriebenen Anlässe lösen meistens *hilaritas* (lat. Heiterkeit)[5] aus. Der zweite Schritt bezieht sich auf die Adressatin, vor allem auf ihre soziale Stellung als »Fürstin«[6] und auf ihre tugendhafte Wesensart, »Amalia, die Beste, die Gerechte«.[7] Der dritte Schritt befasst sich nicht nur mit der positiven Bilanz des Vergangenen und Gegenwärtigen, sondern leitet daraus auch Wünsche für die Zukunft ab: Gott *wird unser Glück erheben,/ Durch das Glück, das Sie [Anna Amalia] umgiebt.*[8] Diese Bitten leiten den vierten Schritt ein, der den Gedanken der Beziehungsherstellung und Festigung ausdrückt: *Resta eterna in mezzo al petto,/ La memoria del diletto/ Che ci fece un di provat.* (Sie bleibt ewig in der Mitte des Busens/ Das Gedächtnis an das Vergnügen/ Lasst uns [es] bezeugen.)[9] Die Untertanen bitten im Gegenzug zum Treuegelöbnis um die Erhaltung der Gunst der Herzogin.

In dieses Muster schreibt sich der Verfasser mit der Wahl eines interessanten, der Situation angemessenen, Genres und dekorativen Bildes ein und macht so generell sein Selbstverständnis als Autor sichtbar. Mit Allegorie- und Metaphorisierungstechniken, Stillagen, Reimarten etc. stellt er sein gesellschaftliches Ansehen und seinen poetischen Ruf durch seine Kunstfertigkeit unter Beweis, und erhöht damit die Bedeutung der Huldigung. Die Verfasser, soweit ermittelt, sind – mit Ausnahme von Johann Wolfgang Goethe (1749–1832) und Christoph Martin Wieland (1733–1813) – keine Dichter von Beruf, sondern eher gebildete Männer mit einer soliden zeitgemäßen rhetorischen Schulung. Sei es der geburtsadelige Regierungsbeamte, bürgerliche Prinzenerzieher, Direktor oder Schüler des Weimarer und Eisenacher Gymnasiums oder sei es ein Autor im Auftrag der Innungen und Vereine der Städte Weimar und Eisenach, sie sind alle direkt oder indirekt vom Hof abhängig und suchen mit ihrem Werk, die Gunst der Herzogin zu erhalten und zu bewahren.

Üblicherweise überreichen die Autoren oder ihre Auftraggeber der Herzogin ihre oft repräsentativ ausgestattete, beispielsweise auf Seide gedruckte, mit einer Goldborte verzierte Kasualschrift im Rahmen des Zeremoniells. Diesem performativen Huldigungsakt vor der herzoglichen Familie, dem Hof und dem städtischen Publikum korrespondiert ein für eine erweiterte Öffentlichkeit gedachter Druck des Huldigungstextes. Generell wirken durch diese mediale Vermittlung die Kasualschriften über die zeitlichen und räumlichen Grenzen des Ereignisses hinaus. Neben dem Einzeldruck und der Veröffentlichung in lokalen Zeitungen, wie die *Weimarer Wöchentlichen Anzeigen*, ist für die Anna Amalia huldigende Dichtung besonders wichtig, dass sie in herausragenden Fällen als Publikation in überregional rezipierten Zeitschriften, wie dem *Teutschen Merkur*, oder später in den Werkausgaben von anerkannten Dichtern erschienen ist. Eine derartige weitreichende Öffentlichkeit ist die Voraussetzung, dass solche Kasualschriften, wie Wielands Gedichte *An Olympia* oder Goethes *Nekrolog*, zum Entstehen des Bildes eines Musenhofes um Herzogin Anna Amalia beigetragen haben.

Okkasionalschriften: Kompliment und Unterhaltung der Herzogin im Rahmen der Geselligkeit

Als Unterart von Kasualschriften lassen sich Okkasionalschriften begreifen. Das Ziel der Huldigungen, die aus der Anregung eines glücklichen Umstandes vorwiegend nach dem Ende ihrer Regentschaft entstehen, bleibt die Anerkennung des sozialen Ranges der Adressatin und somit die Gunsterhaltung. Nun gewinnt jedoch vor einem geselligen, eher privaten Erwartungshorizont, die Huldigung einen raffinierten, unterhaltenden und anspielungsreichen Charakter, der den elaborierten Geschmack der Herzogin ehrt und zu befriedigen sucht. Diese für den Nachruhm bedeutenden Okkasionalschriften finden sich insbesondere zwischen 1778 und 1783 in Ettersburg und Tiefurt.

Als Beispiel für eine derartige Kunstfertigkeit kann eine *Nachricht* mit dem Titel *Der Ritter Eckbert von Tiefurt* gelten. Sie huldigt Anna Amalia anonym im März 1782 und nimmt das ganze 24. Heft des handschriftlich reproduzierten, einer exklusiven Öffentlichkeit zugänglichen *Journal von Tiefurt* (1781–1783) ein.[10] Die erhoffte Geburt eines Thronfolgers ist Anlass für eine artistische Rückprojektion ins 12. Jahrhundert. Sie ergibt die Möglichkeit, auf höchst indirekte Weise, die Gefühle der Herzoginmutter zum Ausdruck zu bringen.

Der tugendhafte Ritter Eckbert, der die Gesangskunst der Meistersinger schätzt, sitzt gesellig in seiner Laube in Tiefurt. Er klagt aber etwas empfindsam über sein trauriges Schicksal, ohne Erbe sterben zu müssen. Um dem Wunsch Eckberts, in die Zukunft zu blicken, stattzugeben, geht die rückwärtsgewandte Chronik in ein vorausblickendes Feenmärchen über. Ein Zauberspiegel modernster Form, eine *laterna magica*, bringt die *Schatten künftiger Zeiten* zum Sprechen.[11] Zeitraffer, Aufzählungen und Reihungen von schnell wechselnden Bildern verquickt mit langsamen poetischen Beschreibungen ergeben eine minutiös zusammengesetzte Sequenz. Nachdem die Ästhetik und Genese des jüngst im englischen Stil angelegten Landschaftsgartens Tiefurt Gestalt geworden ist, kommt Anna Amalia selbst in direkter Rede zu Wort. Sie blickt auf ihre erreichten Ziele zurückt: *Süß ist die Erinnerung erfüllter theuerer Pflichten. Meine Söhne erwachsen, ich von Unterthanen geliebt, von Fremden geehrt! Der halbverloschene Stamm erhielt durch mich grünende Sprossen!*[12] Indem die Schrift Anna Amalia explizit als Ahnherrin der Dynastie und als aufgeklärte Regentin huldigt, trägt sie den Anforderungen der Kasualschrift Rechnung.

Die Ehrung der erfüllten Erwartungen wird nun geschickt mit Anna Amalias in der Muße nach der Regentschaft gepflegten kulturschaffenden Fähigkeiten verknüpft. Eckbert sieht wie Anna Amalia in seiner Laube in Tiefurt sitzt. Mal befasst sie sich mit Musik, mal zeichnet sie, mal interessiert sie sich für Literatur. Vor dem imaginativen Auge Eckberts erbaut Anna Amalia den »Musen einen kleinen Tempel« und stattet ihn mit einem allegorischen Bildprogram aus. Im Tempel stellen *Göthe das Bild der Phantasie, Wieland die Bilder der Gratzien, Herder die Bilder der Weisheit und Tugend* (1744–1803) auf. Caroline Herder (1750–1809), Prinz August von Sachsen-Gotha (1771–1806), Carl Sigismund von Seckendorff (1744–1785) und Hildebrand von Einsiedel (1750–1828) schmücken ihn mit *Gefühl, Geist, Laune und Witz.* Anna Amalia fügt *Psychen und Amor* hinzu. Letzteres ist der Schlüssel für die imaginäre Architektur *an ungesehenem stillen Ort.*[13] Der Tempel in Tiefurt ist in

24 Stück

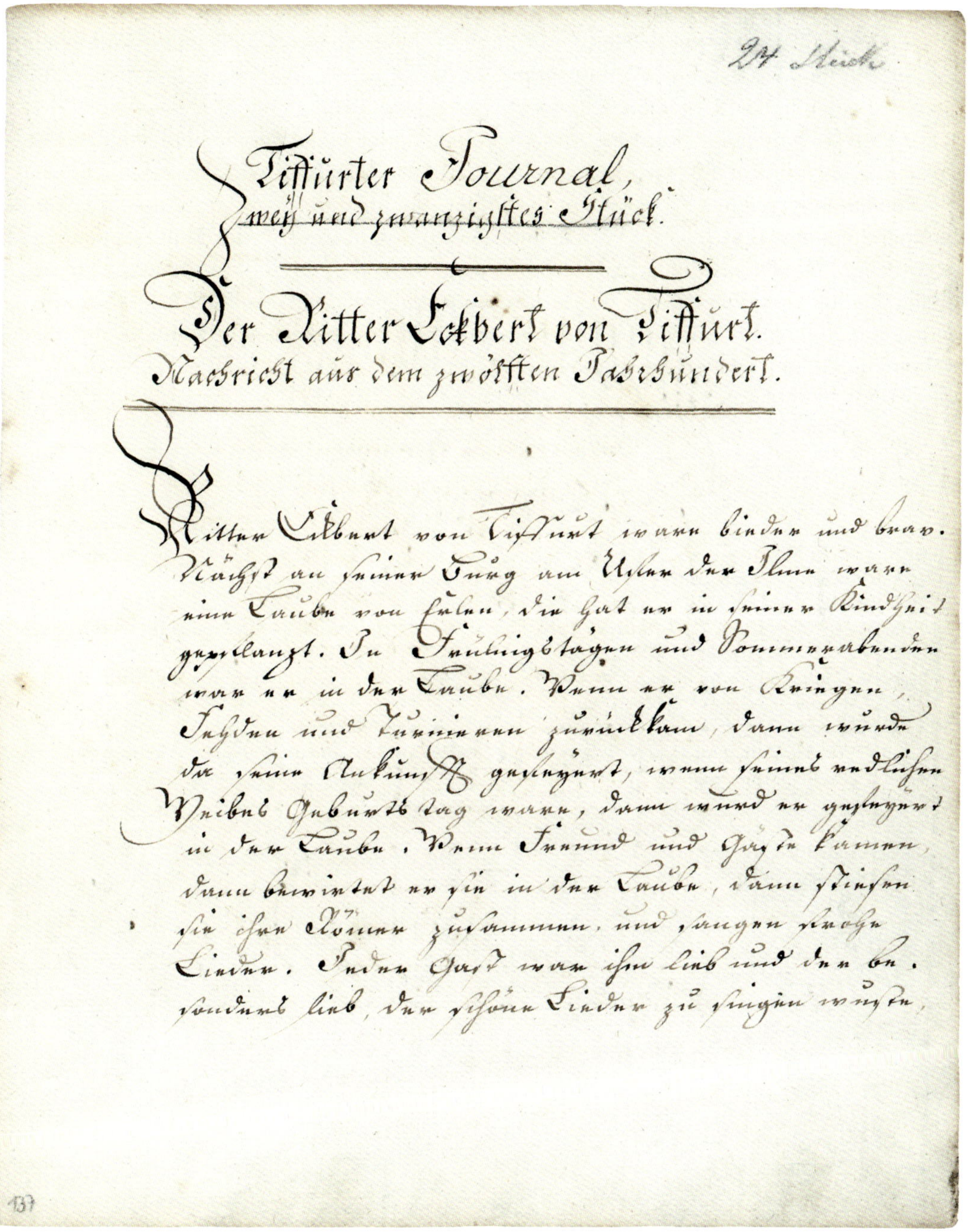

Tiffurter Journal,
~~zwey und zwanzigstes Stück.~~

Der Ritter Eckbert von Tiffurt.
Nachricht aus dem zwölften Jahrhundert.

Ritter Eckbert von Tiffurt war bieder und brav. Nächst an seiner Burg am Ufer der Ilm war eine Laube von Erlen, die hat er in seiner Kindheit gepflanzt. In Frühlingstagen und Sommerabenden war er in der Laube. Wenn er von Kriegen, Fehden und Turnieren zurückkam, dann wurde da seine Ankunft gefeyert, wenn seines edlen Weibes Geburtstag war, dann wurde er gefeyert in der Laube. Wenn Freunde und Gäste kamen, dann bewirtet er sie in der Laube, dann stießen sie ihre Römer zusammen, und sangen frohe Lieder. Jeder Gast war ihm lieb und der besonders lieb, der schöne Lieder zu singen wußte.

137

Tafel 7: Tiefurter Journal: *zweyundzwanzigstes Stück*, *Der Ritter Eckbert von Tiffurt*, Handschrift: Klassik Stiftung Weimar, Goethe Schiller Archiv, Signatur: GSA 06/2730

Wahrheit nur eine metaphorische Bezeichnung für das *Journal von Tiefurt*. Anna Amalia hat hierzu eine Übersetzung des antiken Märchens beigetragen. Das Bildprogram des imaginären Tempels ist also ein Werkprogram, in dem nur ein Werk fehlt, das der Autorin, Luise von Göchhausen (1752–1807)[14].

Die Gesellschafterin präsentiert Anna Amalia aus der Gelegenheit heraus eine Okkasionalschrift, die diplomatisch die Elemente der Kasualschrift in ein ästhetisch anspruchsvolles anspielungsreiches Kompliment einbindet. Sie formuliert in der aktuellen Form des Feenmärchens die Wünsche und Vorlieben der Herzogin, um mit der Hoffnung auf Erben abzubrechen. Die Okkasionalschrift fächert somit einen Reigen der Huldigungen auf: Anna Amalia huldigt den Musen, die wiederum ihr huldigen; der Geselligkeitskreis in Tiefurt huldigt der Herzogin, den Musen und vergisst darüber nicht sich selbst. Auch solche Gelegenheitsdichtungen prägen das Bild eines Musenhofes um Anna Amalia.

Anmerkungen

1 Rohr 1733 (1989), S. 40.
2 Vgl. ausführlich Borchert 2010.
3 Heldt 1997. Vgl. Schubert 1993.
4 Müller, Carl Gotthelf: *Dem allererfreulichsten Tage*... Jena 1757 (Herzogin Anna Amalia Bibliothek, Signatur Huld F 17, Kat. 30).
5 Wernsdorf, Johann: *Oratio panegyrica* ... Helmstadt 1756 (HAAB, Signatur Huld F 17 und Dd 1 : 30 [b], Kat. 30 und Kat. 29).
6 *Der Durchlauchtigsten Fürstin ... Nach Erwünschter Genesung* [ca. 1786].
7 *Abendmusik der Durchlauchtigsten Fuerstin und Frauen, Frauen Annen Amalien*... Weimar 1774 (HAAB, Signatur Huld L 11, Kat. 31).
8 Ebd.
9 *Nella Partenza Da Dresda di Sua Altezza Serenissima Anna Amalia Duchessa Vedova Di Weimar*... 1803 (HAAB, Signatur 19 A 5138, Kat. 34).
10 Tiefurter Journal 1892, S. 179–185.
11 Ebd., S. 182.
12 Ebd., S. 184.
13 Ebd., S. 184–185.
14 Kord 2000.

Claudia Kleinbub

»Vergnuegter Wilhelm Ernst!«

Zur bildlichen Ausstattung von Weimarer Huldigungsschriften

Die als Handschrift oder als Druck überlieferten Huldigungsschriften unterliegen wie jedes künstlerisch bearbeitete Schriftzeugnis verschiedenen Gestaltungskriterien. Formal betrachtet handelt es sich dabei um Kategorien, die unter anderem das Blattformat, den Einband, die Kalligraphie[1] oder die bildliche Ausstattung betreffen. So kann der Umschlag aus Papier[2], der Einband aus Brokat gefertigt oder das Blatt aus handgeschöpftem Papier mit Seide kaschiert worden sein. Nicht zuletzt geben Schriften, die mit gemalten oder gezeichneten Illustrationen ausgeschmückt sind, einen sehenswerten Einblick in die Geschichte dieser Schriftkultur. Während es sich bei den Geschenken für Wilhelm Ernst (1662–1728) und Ernst August I. (1688–1748) noch um opulent ausgestattete Ausgaben handelt, hat man es bei einer zweiten Gruppe mit Exemplaren zu tun, die in der äußeren Form eher schlicht erscheinen. Diese wurden beispielsweise für Carl August (1757–1828) oder Maria Pawlowna (1786–1859) angefertigt und von Christoph Martin Wieland (1733–1813) oder Friedrich Schiller (1749–1832) verfasst (vgl. Kat. 36 und Kat. 46).

Illustrierte Huldigungsschriften, die zu Gelegenheiten wie Geburtstag oder Regierungsantritt entstanden, sind als Unikate anzusehen, die in Inhalt und Ausführungsform stark variieren: Diese Vielfalt lässt sich auf die Person des Huldigenden zurückführen, der handwerklich ausgebildet, künstlerisch ambitioniert oder Schriftsteller sein mochte, ebenso aber auch in seiner Funktion als Pate, Diener, Lehrer oder Student dem Herzogshaus huldigte.

Im Folgenden sollen drei Werke der Weimarer Sammlung vom Ende des 17. und aus der Mitte des 18. Jahrhunderts vorgestellt werden, die durch ihre ganzseitigen Illustrationen herausragen. Diese Bilder sind dem Text meist vorgeschaltet und übernehmen also die Funktion eines Titelbildes oder Frontispizes. Gehen Kalligraphie und bildliche Darstellung eine Einheit ein, kann man von einer repräsentativen Schmucktitelseite sprechen. Die textspezifisch in die Gattung der Huldigungspoesie gehörenden Werke sind über einen inhaltlichen Aspekt miteinander verbunden: Sie stellen einen bildlichen Bezug zwischen der gehuldigten Person (Huldigungsempfänger) und dem Residenzsort her, wie zwischen Wilhelm Ernst und der Wilhelmsburg in Weimar (vgl. Kat. 3) oder Ernst August I. und Wilhelmsthal bei Eisenach (vgl. Kat. 19).[3]

Die in Weimar gedruckte und Herzog Wilhelm Ernst gewidmete Glückwunschschrift von 1697[4] (vgl. Kat. 3) wurde aus Anlass des Namenstages von Wilhelmus, der jährlich am 28. Mai begangen wird, angefertigt. Als Autor des Textes ist Elias Binder überliefert, als Maler Johann Ernst Rentsch d. Ä. (gest. 1723) und als Drucker Johann Andreas Müller. Sie enthält eine Guaschmalerei[5], die als handgemaltes Frontispiz den Drucklagen beigegeben ist. Durch den klar strukturierten Aufbau wird sich das Bild dem zeitgenössischen und mit

Tafel 8,1: »Lebensuhr« von Herzog Wilhelm Ernst, Johann Aßmann, 1706, Detail, Klassik Stiftung Weimar

Tafel 8,2: Zum Namenstag für Wilhelm Ernst, 1697 (vgl. Kat. 3), Ausschnitt, HAAB, Signatur Huld C 50

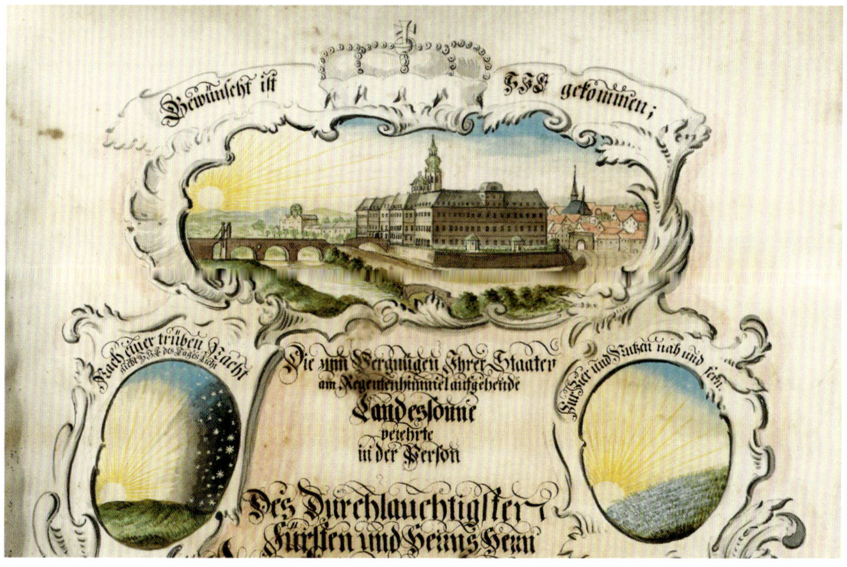

Tafel 8,3: Zum Geburtstag für Ernst August Constantin, 1752, Ausschnitt, HAAB, Signatur Huld gr J 2

Allegorien vertrauten Betrachter, also dem Adressaten, schnell erschlossen haben. Als Leitspruch steht im Zentrum der Illustration:

> *Durchlauchtster Wilhelm Ernst! versterntes Licht der Sachsen! Vergönne, daß mein Kiel von deiner Tugend schreibt. Die Aussicht schaut den Glanz in goeld=ner Hoheit wachsen, Und wie er seine Pracht den Sternen einverleibt…*

Der Konvention entsprechend, ist der Herzog durch sein Monogramm vertreten, das sich etwa in der Bildmitte auf einer von zwei nackten Engeln aufgespannten Banderole und vor einem Triumphbogen befindet. Das schlicht gehaltene Bauwerk, bei dessen Gestaltung der Künstler auf architektonische Raffinessen verzichtet hat, wurde in feinen goldenen Buchstaben zum Sitz der Tugenden *(sedes virtutum)* erhoben. Der Bogen gibt den Blick aus Nordosten auf die Wilhelmsburg frei, die Wilhelm Ernst als Residenz und als Wohnschloss diente. Im Bildvordergrund, links und rechts, noch vor dem Toren der Stadt, haben sich die weiblichen Gestalten der personifizierten Tugenden wie zu einem Reigen versammelt. Während Glaube (Kreuz) und Liebe (flammendes Herz) die Attribute himmelwärts schwingen, stützt sich die Hoffnung auf ihren Anker, und weist die Treue auf ihr Erkennungsmerkmal, das kleine Lamm (Tafel 8,2). Über dem irdischen Schauplatz thront die Sonne auf einer Himmelsbank und hält das goldene Zepter, als dirigiere sie das Quartett. Das hochgegürtete Kleid mit Umhang als Attribut von Himmelsgöttern, der Herrscherstab sowie der feine goldene Strahlenkranz rufen die Assoziation an das religiöse Motiv der in den Wolken sitzenden Muttergottes wach. Weit oben rechts im Bild fliegt ein Ruhmesengel, um als Fama mit zwei Geradtrompeten von Wilhelms Beständigkeit Kunde zu tun, wie es die lateinische Inschrift besagt *(in secula durat)*.

Die Malerei konzentriert den Kern des sechs Seiten umfassenden Huldigungstextes in einer Qualität, die an Miniaturen der Buchmalerei erinnert: Die feinmalerische Durchgestaltung tritt vor allem in Partien wie den Gesichtern oder Kleidern hervor und wird durch Höhungen in Gold in der Garderobe, der Schrift und der Turmspitze gesteigert. Einen Kontrast zu der in feinen Pinsel- und Federstrichen ausgeführten Szenerie bilden die eher flächig angelegte Mauer mit dem Rundbogen und das Wolkengebirge. Auf dem hochformatigen und bis an die Ränder bemalten Blatt dominieren im Bildvordergrund die Farbtöne Blau, Rot, Grün und Gelb, um mit den grauen Farbpartien des Mittelgrundes zu korrespondieren. Signiert ist die Guasch unten rechts durch Johann Ernst Rentsch d. Ä. *(Rentsch delineavit pinxit 1697)*. Der als Hofmaler tätige Rentsch ist auch als Künstler eines Porträts von Wilhelm Ernst überliefert, das sich auf dem Pendelkasten seiner mit einem komplizierten Werk versehenen Lebensuhr befindet und, ebenfalls unten rechts, signiert wurde *(J E Rentsch pinx.)*. Das Bildnis zeigt den Herzog dort mit Harnisch und Perücke inmitten seiner Vorfahren. Seinem Status entsprechend, hatte sich der Herzog in einem Palmblattornament und als Brustbildnis (35 x 21,5 cm) wirkungsvoll in Szene setzen lassen (Tafel 8,1): Die für den Landesherrn im Jahre 1706 vom Hofuhrmacher Johann Aßmann (um 1666–1730) gefertigte Standuhr ist eng mit der Geschichte der Bibliothek verknüpft und mit einem vielfältigen Programm beweglicher Bilder eingerichtet.[6] In der Ausführung der beiden Bilder gut vergleichbar sind die Frauen auf der Guasch mit den wappentragenden Engeln auf dem Pendel der Uhr, da alle Figuren einen sich entsprechenden Rock mit kurzem Überkleid und ähnliche Frisuren tragen.

Die Titelseite der Schrift, die als Bildschmuck nur die beiden Initialen des Gehuldigten enthält (die Majuskeln W und E sind in ein Bildfeld eingefügt), wiederholt das Thema der Tugendhaftigkeit: Wilhelm Ernst erwarb sich beispielsweise Verdienste bei der Entwicklung des Schulwesens (deshalb wurde die Stadtschule 1817 in Wilhelm-Ernst-Gymnasium umbenannt) sowie der Herzoglichen Bibliothek, die sich unter seiner Regierung zu einer Institution von Bedeutung entfalten konnte. Das Motiv für die Öffnung der fürstlichen Bibliothek habe sich im Wunsch des Herzogs ausgedrückt

> *daß auch Uns als dem Stifter und Vermehrer davon ein beständiger Nachruhm und ewiges Andenken bey unserem Fürstl. Haus und der sowohl in- als auswärtigen gelehrten Welt beygeleget und bestätiget bleibe.*[7]

Wenngleich sich das Interesse des Landesherrn nicht nur aus einer großen bibliophilen Neigung gespeist haben wird, war es doch sein Anspruch, die Residenzstadt zu einem kulturellen Zentrum auszubauen, sie zu einem Teil der *res publica literaria* zu machen.[8] Große Bedeutung maß er außerdem der Förderung des Musiklebens bei.

Der *Keys(erlich) Edelgekr(önte) Poet* Binder hat den anspruchsvollen Text dieser Schrift für Wilhelm Ernst verfasst und mit einem Fußnotenapparat versehen. Gedruckt wurde die Ausgabe von Johann Andreas Müller in der Fürstlichen Sächsischen Hofbuchdruckerei. Die Lagen sind in einen Umschlag aus Bronzefirnispapier, der Vögel und Blüten zeigt, lose eingelegt. Da der flexible Einband die Seiten nicht vollständig umschließt – etwa ein Zentimeter der Seiten des bemalten Blattes ragt über den Rand hinaus – ist im Laufe der Jahre am vergoldeten Vorderschnitt eine Bruchkante entstanden. Vermutlich wurden die mit dem Text bedruckten Lagen bereits vom Buchbinder zu stark beschnitten, wofür auch der geringe Abstand zwischen Textspiegel und Rand sprechen würde. Insgesamt betrachtet befindet sich die Huldigungsschrift aber in einem sehr guten Zustand.

Auch mit der von Christian Friedrich Schnauß verfassten und Ernst August I. gewidmeten Huldigungsschrift[9] ist in der Sammlung ein Beispiel erhalten, das durch seine bildliche Ausstattung bemerkenswert ist und auf die Person Ort Konstellation verweist (vgl. Kat. 19). Anlass für das Geschenk von Schnauß an den Regenten, Neffen und Mitregierenden von Wilhelm Ernst war dessen Geburtstag am 19. April. Zu unbekanntem Zeitpunkt ist die Jahreszahl 1729 als vermutliches Entstehungsdatum auf dem vorderen Spiegel mit Bleistift eingetragen worden. Die mit großer Sorgfalt am unteren Rand ausgeführte Vedute lässt jedoch die Vermutung zu, dass die Entstehung der Schrift nach 1741 anzunehmen ist: Die minutiös geschilderte Landschaft zeigt einen mit Schiffen befahrenen See, Spaziergänger am Ufer und ein Gebäudeensemble, bei dem es sich um Schloss Wilhelmsthal handelt[10], das ab 1699 durch Johann Wilhelm von Sachsen-Eisenach (1666–1729) ausgebaut[11], aber erst nach 1741 durch Ernst August I. umgestaltet wurde.[12] Für eine spätere Datierung würde auch sprechen, dass mit Schnauß der 1722 geborene Christian Friedrich Schnauß (gestorben

1797) gemeint ist, der ab 1772 mit der Oberaufsicht der Herzoglichen Bibliothek und dem Münzkabinett betraut war.[13]

Die Handschrift wird durch einen edlen grauen Einband aus Brokatstoff geschützt, der mit Silberfäden durchwirkt ist. Der Spiegel ist in roter Seide gearbeitet, und auch das Papier der vier Textseiten wurde mit Seide kaschiert. Die kleinen Guaschen und Schriftzeichen der Schmucktitelseite sind vermutlich mit einer Feder auf die Seide gemalt und gezeichnet worden. Während sich das Gold in den Buchstaben hervorragend erhalten hat, sind vom Silber nur noch Reste zu sehen, wie am Wasserfall der Grotten. Dem freudigen Ausruf in Reimform *Heut ist der frohe Tag. Heut blüht des Landes Lust. Heut jauchzt und rufft das Volck, es lebe Ernst August* wird durch die spielerische Form und die leuchtende Farbigkeit Rechnung getragen: Auf dem Blatt treten die Farbtöne Rot, Blau und Gold hervor und erinnern in Verbindung mit der äußerst feinen und sorgfältigen Ausführung wiederum an Buchmalerei. Das Text und Bild verschmelzende Schmuckfeld der Titelseite wird von einem Rahmen begrenzt, der sich insgesamt ganz im spielerischen Stil des Rokoko entfaltet, Darstellungen von Kriegstrophäen, wie Fahnen, Rüstungen und Lanzen enthält und außerdem den Äskulapstab. An der oberen Blattkante ist das christliche Symbol für Gottvater zu sehen, das Auge in einer von Strahlen umgebenen Sonne. Das bis an den Blattrand reichende Dekorationsprinzip ist insgesamt durch kleinteilige Verzierungen, verschnörkelte Linien, Grotten,- Muschel- und Buchstabenwerk geprägt. Zierliche Figürchen wurden locker über das ganze Blatt verteilt. Sie finden sich auch in den auslaufenden Bögen der historisierten Initialen des in goldener Tinte geschriebenen und mit blauen Girlanden geschmückten Namenszuges von Ernst August I., der die Mitte des Bildes bestimmt. Sie können als Wappenhalter links (E) fungieren, wie auch als allegorische Figuren rechts (A), wo für Liebe (Herz) und wo für Ruhm (Trompete) der Buchstabenkörper der bewohnten Initiale als Sitzfläche dient. Begleitet werden sie durch kleine nackte Engel, die sich in den Kelchblütenranken der Zierbuchstaben tummeln und auch das Füllhorn ausschütten (A). Über den mit Bildern kombinierten Text werden Wünsche transportiert, die Macht und Ruhm ebenso einschließen wie Liebe und Glück.

Aus Anlass des Geburtstages entstand eine Glückwunschschrift, die dem erst fünfzehnjährigen Ernst August Constantin (1737–1758) von August Carl Bernhard Temler, seinem Diener und Paten, gewidmet wurde.[14] Die Dekorfelder zeigen detailgetreue Ansichten des Weimarer Schlosses (oben, Tafel 8,3) und der Wartburg bei Eisenach (unten). Die farblich gefassten Spiegel sind mit Sinnsprüchen versehen, die, im Wort auf Gott vertrauend, beispielsweise Hoffnung versprechen: *Nach einer trüben Nacht sieht Gott des Tages Licht.* In den umliegenden Feldern, die in ihrer Gesamtform ein Oval bilden, sind der Morgenstern und auch die aufgehende Sonne zu sehen, wobei Text und Bild eine Sinneinheit ergeben. So wird Ernst August Constantin im Text als *Die zum Vergnügen Ihrer Staaten am Regentenhimmel aufgehende Landessonne* angesprochen, die über Weimar und Eisenach scheint (vgl. auch Kat. 8). Die mit Rocaillen verzierten Bilder sowie Muster erinnern formal an die in Barock und Rokoko bevorzugte Wand-, Rahmen- und Deckengestaltung und lassen inhaltlich an den Kosmos einer in einfachen Bildern dargestellten, aber universal aufgefassten, Welt denken.

Der Umschlag der Schrift in Großfolio besteht aus grünem Bronzefirnispapier, auf dem das Gold teilweise noch erhalten ist. Da das Papier durch Tintenfraß[15] beschädigt ist, kann sie in Ausstellungen nicht gezeigt werden.

Betrachtet man die Kunstform der bebilderten Huldigungsschriften aus heutiger Sicht, erinnern sie in ihrem Erscheinungsbild an Maler- und Künstlerbücher, die als Collagen, Hefte oder lose Blätter ab den 1920er Jahren aufkamen, als Künstler verschiedener Genres begannen, mit der traditionellen Form des Buches zu experimentieren und dieses selbst zu gestalten.

Anmerkungen

1 Zur Kalligraphie vgl. den Beitrag von Frank Sellinat im vorliegenden Band.

2 Zu historischen Buntpapieren vgl. den Beitrag von Matthias Hageböck in diesem Band.

3 Vgl. auch die Huldigungsschriften, die für Ernst August Constantin zum Geburtstag 1752 (HAAB, Signatur Huld gr J 2, außer Katalog) und 1750 angefertigt wurden (HAAB, Signatur Huld gr H 37, Kat. 25). Abgebildet werden die Wartburg bei Eisenach und Schloss Belvedere bei Weimar.

4 1697, Einband 31,5 x 18,5 cm; Guasch 31,5 x 19,5 cm, HAAB, Signatur Huld C 50.

5 Malerei mit deckenden Wasserfarben, die mit Weiß vermischt und mit einem harzigen Bindemittel (Gummi arabicum) versetzt sind. Die Farbschicht ist vergleichsweise dick, hellt nach dem Trocknen auf und wird sehr spröde. In der Wirkung ist die Guaschmalerei der Pastellmalerei verwandt. Vgl. Wörterbuch der Kunst 1995, S. 327. Für ihre Hinweise danke ich Petra Krause und Cornelia Ripplinger, Abteilung Bestandserhaltung, Herzogin Anna Amalia Bibliothek.

6 Standort: Herzogin Anna Amalia Bibliothek, Historisches Gebäude, Kunstkabinett. Ursprünglich war die Uhr im Schloss (Marmorsaal) aufgestellt, gelangte nach 1802 in die Bibliothek, wurde 1923 in das Schlossmuseum überführt und befindet sich seit Oktober 2007 wieder in der Bibliothek. Vgl. Ulferts 2007, S. 162. Zur Lebensuhr vgl. ausführlicher Krause 2008, S. 1–9.

7 Vgl. Knoche 2001, S. 18.

8 Vgl. Weber 1999, S. 39–40.

9 1729 (?), 37 x 24 cm, HAAB, Signatur Huld D 45, Kat. 19.

10 Für diesen Hinweis auf Wilhelmsthal danke ich Jens Riederer, Leiter des Stadtarchivs Weimar und Johannes Mangei.

11 Zwischen 1710 und 1729 wurde der Schlosskomplex weiter ausgebaut und durch Aufschüttung eines Dammes entstand der Wilhelmsthaler See. Vgl. Bergmann 1994, S. 358.

12 Am 26. Juli 1741 erfuhr Ernst August, dass Herzog Wilhelm Heinrich von Eisenach verschieden und *ihm dessen Land, …, als Erbherr zugestorben sey*. Vgl. Storch 1837, S. 541.

13 Vgl. ADB 1891, Bd. 32, S. 84.

14 1752, 47 x 30,2 cm cm, HAAB, Signatur Huld gr J 2.

15 Beim Tintenfraß handelt es sich um die Versprödung und Zersetzung von Papier; durch Eisengallustinte beispielsweise kann der Beschreibstoff bis zur völligen Auflösung angegriffen werden. Vgl. Jakobi-Mirwald 2008, S. 110 und S. 118.

Matthias Hageböck

Buntpapiere in Weimarer Huldigungsschriften

Buntpapier ist ein Sammelbegriff für alle Papiere, deren Oberflächen mit Farben und Mustern unter Zuhilfenahme verschiedenster Werkzeuge und Techniken gestaltet werden. In Europa beginnt die Geschichte des Buntpapiers im Mittelalter, aus dem Rezepte für Farben überliefert sind, mit denen weiße Papiere einfarbig gestrichen, also nachträglich gefärbt wurden. In Asien und dem Orient waren dagegen schon Marmoriertechniken bekannt, die erst im 16. Jahrhundert nach Europa gelangten, dann aber schnell Verbreitung fanden. Bei der Herstellung von Marmorpapieren (vgl. Tafel 9,1) werden Farben mit einem Pinsel auf einen Schleimgrund getropft und anschließend mit verschiedenen Substanzen und Werkzeugen bearbeitet. Zusätze wie Ochsengalle erzielen beispielsweise den Effekt, dass die auf dem Schleimgrund treibenden Farben verdrängt werden. Andere Zusätze lassen die Farben in runder Form auseinander treiben und durch das Auseinanderziehen der Farben mit Kämmen oder anderen Werkzeugen können unterschiedlichste Muster erzeugt werden. Ist das Muster fertig, wird ein Blatt Papier auf den Schleimgrund gelegt, das die Farben aufnimmt und dann vom Grund abgezogen werden kann. Die gestalterischen Möglichkeiten sind dabei nahezu unbegrenzt, weshalb Marmorpapiere in unterschiedlichsten Erscheinungsformen auftreten und mit Sortenbezeichnungen wie Kammmarmor, Schneckenmarmor oder Tigeraugenmarmor voneinander unterschieden werden.[1]

Den Sortenreichtum einer anderen im 17. Jahrhundert aufkommenden Buntpapierart, dem Kleisterpapier (vgl. Tafel 9,2), deuten Bezeichnungen wie Wolkenkleister, Abziehkleister oder Herrnhuter Kleister an. Die Farben werden hierbei mit Kleister vermischt und beispielsweise mit Schwämmen oder verschiedenen Stempelformen direkt auf das Papier gebracht. Mit Kämmen, Fingern und anderen Hilfsmitteln lassen sich anschließend weitere Musterungen erzeugen.[2]

Einfarbig gestrichene Papiere, Marmorpapiere und Kleisterpapiere sind die ersten Buntpapierarten, die in nennenswerter Zahl ab dem 16. Jahrhundert als Einbandmaterial am Buch verarbeitet wurden. Sie fanden Verwendung als Umschlag, als Bezug auf den Außenseiten von Buchdeckeln und als Vorsatzpapier, das beim Aufschlagen des Buches als »Spiegel« auf dem Innendeckel und als »fliegendes Blatt« sichtbar wird.

Im 18. Jahrhundert, das auch als Jahrhundert der Buntpapiere bezeichnet wird, erreicht dessen Verwendung als Einbandmaterial seinen Höhepunkt. Zu den schon bekannten Arten gesellten sich neue Buntpapiere wie das Bronzefirnis-, Brokat- oder Kattunpapier. Vor allem die Bronzefirnis- und Brokatpapiere erreichten mit ihrer Form- und Farbenpracht, ihrem hohen technischen und künstlerischen Niveau eine Wertigkeit, die sie in der Nähe der kostbarsten Einbandmaterialien Leder und Pergament rückte. In der Regel auf einfarbig gestrichene Papiere, aber auch auf Kleisterpapiere, Sprenkelpapiere und andere Buntpapiere gedruckt, geben ihre metallisch glänzenden Muster den gesamten barocken Formenschatz wieder. Als Vorlage für Musterentwürfe dienten ornamentale Vorlageblätter, die in Kupferstichfolgen herausgebracht, das gesamte Kunsthandwerk der Zeit beeinflussten. Der Augsburger Verleger Jeremias Wolf veröffentlichte beispielsweise derartige Kupferstichwerke und hat sich gleichzeitig mit der Herstellung von Brokatpapieren beschäftigt.[3] Brokatpapiere sind die ersten Erzeugnisse des Prägedruckverfahrens, das um 1699 in Augsburg entwickelt wurde. Dort hat auch die Technik zur Herstellung von Bronzefirnispapieren ihren Ursprung, die um 1688 aufkam.[4] Bronzefirnispapiere entstanden als Nebenprodukt von Versuchen, textile Stoffe mit einer Farbe aus Firnislack und Bronzepulver zu bedrucken. An den Versuchen war der Formschneider Jacob Enderlin beteiligt, der als erster Hersteller von Bronzefirnispapieren gilt. Der Druck erfolgte mit Modeln aus hartem Holz, wobei die Schwierigkeiten des Verfahrens insbesondere in der Herstellung und Verwendung des Bronzefirnislacks bestanden. Wichtige Faktoren bei der Erzeugung von guten Druckergebnissen waren das Anrühren der Farbe, sowie deren Viskosität und Temperatur. Hochwertige Bronzefirnispapiere stellten neben Jakob Enderlin die Augsburger Verleger Georg Christoph Stoy und Joseph Friedrich Leopold her. Auf den Blättern sind rapportierende Muster aus einfachen Formen wie Kreisen, Sternen und Quadraten zu sehen oder Arabeskenornamente, Blüten, Ranken, Akanthus, häufig auf punktiertem Grund, teilweise zusätzlich mit Tieren, Jägern oder anderen figürlichen Darstellungen durchsetzt.

Ab etwa 1735 lässt die Verwendung von Bronzefirnispapieren deutlich nach, da ihnen die prächtigen im Prägedruckverfahren hergestellten Brokatpapiere schon ab 1700 Konkurrenz machten und sie nach und nach völlig vom Markt verdrängten.

Der Augsburger Briefmaler Abraham Mieser war maßgeblich an der Entwicklung des Verfahrens beteiligt und stellte vermutlich als erster Brokatpapiere her. Die barocken Muster der Brokatpapiere ähnelten denen der Bronzefirnispapiere und wurden bis auf eine Tiefe von ungefähr 2,5 Millimeter aus Messingplatten mit einem Gewicht von etwa sieben Kilogramm sowie einer Stärke von etwa sechs Millimeter herausgearbeitet. Der Prägedruck erfolgte mit Hilfe einer Kupferdruckpresse, wobei die Druckplatte mit hauchdünnen Folien aus Messing für Goldprägungen oder Zinn für Silberprägungen belegt wurde. Letztere kommen selten vor und erscheinen in der Regel nur noch in stumpfen Grau. Das liegt an der extremen Empfindlichkeit der Zinnfolien gegenüber Feuchtigkeit, Berührung, Licht und anderen schädlichen Umwelteinflüssen. Goldprägungen aus Messing reagieren nicht in dem Maße, aber ähnlich sensibel auf diese Faktoren. Im nächsten Produktionsschritt wurden die gefärbten Papiere und ein Druckfilz aufgelegt, mit dem die Bildung des Reliefs ermöglicht wurde. Der Druck der Presse reichte aus, um das Schlagmetall in den erhabenen Bereichen der Messingplatte mit dem Papier zu verbinden. Noch anhaftende Reste von Metallfolien konnten anschließend abgebürstet werden.

Die Herstellungszentren für Brokatpapiere, die ihre Blütezeit im ersten Drittel des 18. Jahrhunderts hatten, befanden sich in Augsburg, Fürth und Nürnberg. Nach 1735 lässt ihre künstlerische und technische Qualität nach und in den folgenden Jahrzehnten wurden sie zunehmend von anderen Buntpapieren wie Kattun- und Herrnhuter Kleisterpapieren ersetzt. Deren Muster entsprachen eher dem Geschmack des Rokoko als die barocken Formen der Brokatpapiere.

Die prachtvollen Bronzefirnis- und Brokatpapiere sind unter kunst- und druckhistorischen Aspekten von besonderem Interesse für die Forschung. Darüber hinaus können sie aufgrund der aufgedruckten Verlagsangaben einzelnen Verlegern zugewiesen werden, wodurch sich Herkunft und Zeitraum ihrer Verbreitung bestimmen lassen. Als Datierungshilfe eignen sie sich auf diese Weise beispielsweise auch für Möbel, wo Buntpapiere oft in Schubladen, als Auskleidung von Kästen und Truhen oder als Bezug für Schrankrückwände verwendet wurden.

Ein Standardwerk zur Geschichte des Buntpapiers wurde 1961 von Albert Haemmerle vorgelegt, worin er insbesondere auf die Herstellungstechniken und Erscheinungsformen von Bronzefirnis- und Brokatpapieren eingeht.[5] In einem nach mehr als 50 Verlegern geordneten Katalog hat Haemmerle rund 700 verschiedene Bronzefirnis- und Brokatpapiere aus verzeichnet, die mehrheitlich aus privaten Sammlungen stammten. Der größte Teil der erhaltenen Bronzefirnis- und Brokatpapiere befindet sich dagegen weiterhin unerkannt in Archiv- und Bibliotheksbeständen. Das Forschungspotential ist also gewaltig, zumal die Buntpapiere hier in ihrem ursprünglichen Zusammenhang am Buch erhalten sind, während sie in Papiersammlungen oft abgelöst als Einzelblätter aufbewahrt werden. Hinsichtlich der verschiedenen Muster beziehungsweise Druckplatten hat Haemmerle nach eigener Einschätzung etwa ein Drittel des Gesamtbestandes erfasst. In der Folge seiner Veröffentlichung beschäftigten sich zwei Bibliotheken in größerem Umfang mit der Erschließung und Erforschung der beiden Buntpapierarten. In den Beständen der Königlichen Bibliothek in Den Haag sind in diesem Zusammenhang eine Reihe von bis dahin unbekannten Mustern vor allem aus der Spätzeit nach 1730 identifiziert worden.[6] Der Befund konnte einige Jahre später durch die Erschließungsarbeiten im Bestand der Weimarer Huldigungsschriften ergänzt werden, worin sich vor allem unbekannte Muster aus der Frühzeit vor 1730 befinden.

In den meisten Fällen sind Bronzefirnis- und Brokatpapiere nur als Fragmente erhalten, weil die Bögen je nach Buchformat zugeschnitten und in mehreren Teilen verarbeitet wurden. Dadurch gingen oft die Verlagsangaben am Rand der Bögen verloren, was eine Identifizierung erschwert. Halbe Bogen von Bronzefirnis- und Brokatpapieren wurden gerne als Umschläge für Dissertationen verwendet, doch leider sind sie später oft entfernt worden, um die einzelnen Werke in stabilen Sammelbänden zusammenzufassen. Vom Ende des 17. Jahrhunderts bis Mitte des 18. Jahrhunderts waren Bronzefirnis- und Brokatpapiere auch als Umschläge oder Vorsatzblätter für Huldigungsschriften sehr beliebt. Buntpapiere waren als Einbandmaterial, zumal als einfacher Umschlag, zwar nicht so haltbar wie Leder und Pergament, doch darauf kam es bei den auf einen einzigen Anlass gerichteten Huldigungsschriften nicht unbedingt an. Entscheidend war hierbei vielmehr die schmückende Funktion des Buntpapiers als Teil der Huldigung und dafür eigneten sich die bunten Bronzefirnis- und Brokatpapiere mit ihren metallisch glänzenden barocken Mustern in besonderem Maße. Im Weimarer Huldigungsschriftenbestand haben sich entsprechend viele Exemplare der beiden prächtigen Buntpapierarten in ihrem ursprünglichen und damit exakt datierba-

Tafel 9,1–2: Historische Buntpapiere als Umschläge von Huldigungsschriften: Marmorpapier (1). Wolkenkleisterpapier (2).

ren Verarbeitungszusammenhang erhalten. Hochwertige und seltene Beispiele aus deren Frühzeit sind darunter besonders zahlreich vertreten. Dazu kommt, dass sie an den großformatigen Huldigungsschriften nicht selten in ganzen Bögen verarbeitet worden sind.

Im Rahmen eines von der Deutschen Forschungsgemeinschaft geförderten Projekts zur Erschließung der Weimarer Personal- und Gelegenheitsschriften ergab sich die Gelegenheit, diesen zusammenhängenden Bibliotheksbestand hinsichtlich der darin vorkommenden Buntpapiere zu untersuchen. Alle im Bestand der Huldigungsschriften vorkommenden Buntpapiere sind daraufhin erfasst worden und heute nach Arten, im Falle der Bronzefirnis- und Brokatpapiere auch nach Verlegern, im elektronischen Katalog zu den Personal- und Gelegenheitsschriften zur Kulturgeschichte Thüringens recherchierbar.[7]

Der Katalog enthält Nachweise für 45 Marmorpapiere, 37 Kleisterpapiere, 32 Kattunpapiere, 49 Bronzefirnispapiere und 348 Brokatpapiere. Die Auswertung der Erschließungsergebnisse erbrachte zudem eine Vielzahl von neuen Erkenntnissen zur Frühgeschichte der Bronzefirnis- und Brokatpapiere, die an dieser Stelle nur beispielhaft angedeutet werden können.[8] Unter anderem konnten die bislang frühesten genau datierbaren Nachweise für die Verarbeitung von Bronzefirnispapier (1689) und Brokatpapier (1700) festgestellt werden. Die Auswertung der Verteilung von Brokatpapieren auf einzelne Verleger ergab, dass die Blätter des Georg Christoph Stoy (58), gefolgt von denen des Johann Köchel (48) offenbar besonders beliebt waren. Darauf folgen die Erzeugnisse anderer bedeutender und früher Verleger, wie Abraham Mieser (21), Boas Ulrich (11) und Georg Popp (7). Hinsichtlich der Muster werden ebenfalls bestimmte Vorlieben erkennbar, die sich in der Bevorzugung von Rankenmustern aller Art, Jagdszenen, Kriegstrophäen oder Chinoiserien äußert. Die Huldigungsschriften an das Weimarer Fürstenhaus sind demnach mehrheitlich mit künstlerisch und technisch bedeutenden Brokatpapieren aus der Früh- und Blütezeit dieser Buntpapierart ausgestattet, während einfache Muster oder spätere Blätter von minderer Qualität nur vereinzelt vorkommen.

Die Annahme Albert Haemmerles, dass er im Rahmen seiner Arbeit nur etwa ein Drittel aller vorkommenden Muster beziehungsweise Druckplatten identifiziert habe, bestätigt sich am Beispiel der Weimarer Huldigungsschriften zumindest tendenziell. Unter den insgesamt 348 erschlossenen Brokatpapieren befinden sich 40 bei Haemmerle nicht erwähnte Muster, was einen Anteil von gut zehn Prozent ausmacht. In einzelnen Fällen zeigen sie ungewöhnliche Darstellungen, die als Brokatpapiermuster bisher überhaupt nicht bekannt gewesen sind. Dazu zählt beispielsweise ein Blatt mit Portraits von Königen, Fürsten und Heerführern, die bei den großen politischen Ereignissen der Zeit eine wichtige Rolle gespielt haben.

Neben den Befunden zu Verlegern und zur Musterung von Brokatpapieren konnte eine Reihe von Erkenntnissen zu deren Herstellungstechnik gewonnen werden. Von druckhistorischer Bedeutung ist dabei die Identifizierung eines Verfahrens zur Rationalisierung im frühen Prägedruck, dessen Anwendung für vier Verleger von Brokatpapieren in der Zeit von 1700 bis etwa 1725 nachgewiesen werden konnte.[9] War man bisher davon ausgegangen, dass für jedes Muster eine eigene Druckplatte hergestellt wurde, zeigt sich anhand zahlreicher Brokatpapiere im Weimarer Bestand, dass die Muster auch auf wesentlich kostengünstigere Weise variiert werden konnten. Dazu wurde eine Druckplatte mit runden, ovalen oder eckigen Aussparungen verschiedener Größe und Zahl versehen. Das Grundmuster bestand in diesen Fällen aus Akanthus- oder Arabeskenranken, in deren Aussparungen verschiedene Motive eingestreut werden konnten. Dafür lagen kleine runde, ovale oder eckige Einlegestücke als Motivserien mit Tieren, Putten, Kriegstrophäen und anderen Darstellungen bereit, wodurch sich zahlreiche Variationsmöglichkeiten ergaben.[10]

Die Auswahl von zwei Bronzefirnispapieren und fünf Brokatpapieren für den vorliegenden Katalog erfolgte nicht vorrangig unter dem Aspekt, die hier genannten Erschließungsergebnisse zu präsentieren, sondern richtete sich in erster Linie nach dem Erhaltungszustand und der künstlerischen Qualität der Blätter. Bei allen Exemplaren handelt es sich um Spitzenerzeugnisse, die zudem gut bis sehr gut erhalten sind, was bei Bronzefirnis- und Brokatpapieren aufgrund der Empfindlichkeit der Materialien nur selten der Fall ist.

Auf diese Weise können die gezeigten Beispiele einen ursprünglichen Eindruck von der barocken Pracht und dem Glanz der beiden Buntpapierarten vermitteln.

Anmerkungen

1 Miura 1991.
2 Krause 2002.
3 Berliner und Egger 1981, Band 3, S. 88, Nr. 1063.
4 Haemmerle 1961, S. 69–74.
5 Haemmerle 1961.
6 Cockx-Indestege 1994.
7 http://opac.ub.uni-weimar.de/DB=2.1/ (zuletzt besucht am 19. 10. 2009).
8 Hageböck 2000.
9 Abraham Mieser, Boas Ulrich, Georg Christoph Stoy, Johann Köchel.
10 Hageböck 2001.

Frank Sellinat

Trichter und Würfel

Huldigungsschrift und Buchstabenmechanik

Die Herausgehobenheit der Gattung Huldigungsschrift weckt berechtigterweise auch Erwartungen an die äußere Darbietung dieser Schrift. Man macht sich also nicht nur auf Fürstenlob und anderes Hochgestimmte gefasst, sondern wird nicht überrascht sein, wenn das in der Regel nur ein bis vier Doppelblatt umfassende, also dünne Werk, seine Gewichtigkeit anders deutlich macht und eher prunkvoll daherkommt. Für den Einband ist meistens textiles Material (statt der sonst üblichen, aber für diesen Zweck zu derben Leder und Pergamente) verwendet, bis hin zu Spitzen, Borten und Applikationen aus Metallfäden, wie sie auch an Uniformen und Ausrüstungsgegenständen der Zeit zu finden sind. Vereinzelt tauchen Eckbeschläge und Mittelstücke aus Metall auf, das große Feld aber wird von Einbänden aus Papier bestimmt, das auf vielfältige Weise veredelt wurde.[1] Der Träger des Textes ist ebenfalls meist Papier, manchmal zur Feier einfarbig gestrichen. Bisweilen sind die Seiten aber auch auf einen Papierkern kaschierte, also flächig verklebte oder montierte Seiden in hellen Farben. Darauf lässt sich nicht so einfach, aber, einmal geglückt, mit sehr schönem Ergebnis, was die Druckschärfe angeht, drucken.

Die typographisch, d. h. mit Bleilettern in Druckereien ausgeführten Huldigungsschriften sind übrigens weitaus häufiger als die kalligraphischen, also die von Hand in Zier- und Schönschrift gefertigten. Das verwundert, wenn man den meist geringen Textumfang und eine Auflage bedenkt, die wahrscheinlich unter einem halben Dutzend lag. Auf der anderen Seite kann man sich den Eifer der Drucker vorstellen, die eine aufwendig gesetzte Seite, die dem Landesfürsten zu Gesicht kommen würde, als Empfehlung ihres Könnens und ihres Schriftenvorrats zu nutzen suchten. Wir würden dafür heute Werbung sagen.

So ist auf der jeweils ersten Seite der Huldigungsschrift sowohl die Anrede mit allen Titeln, der Anlass, der Autor und vielleicht der separate Urheber zu lesen, immer aber auch der Druckvermerk. Er steht vielleicht in einem der kleineren Schriftgrade und bildet, häufig von einer Linie abgetrennt, die letzte Zeile. Auf diese Weise ist er auch wieder exponiert, und hier wird nun der *litteris* oder *typis*, also Buchstaben der ausführenden Druckerei, Erwähnung getan. Das sind beispielsweise für den Zeitraum von ca. 1680 bis 1750 die Druckereien Mumbach, Albrecht oder Müller in Weimar und Werther oder Nisius in Jena.

In diesem Beitrag sollen Auffälligkeiten in Huldigungsschriften des 17. und 18. Jahrhunderts betrachtet werden, die mit Versbildungen im Zusammenhang stehen. Bei Wolfgang Kayser heißt es mit großer Freundlichkeit: »Unser Auge sagt uns schnell, was Verse sind. Wenn auf einer Seite um das Gedruckte herum viel weißer Raum ist, dann haben wir es gewiss mit Versen zu tun.«[2] Und weiter: »Aber Verse wollen nicht als schönes Druckbild mit dem Auge erfaßt … werden.« Das allerdings ist doch ganz entschieden der Beweggrund beim Abfassen einer Sonderform des Gedichts, die wir heute als Figurengedicht[3] kennen. Es geht also um visuelle Poesie, wie sie schon früh in allen Kulturkreisen entstand, die Schriftlichkeit entwickelten.

Für das Abendland gilt das bereits für die Antike. *Technopägnion*, griechisch für die Kunstspielerei in Verbindung mit Poesie, oder *epigramma figuratum*, bzw. *carmen figuratum*, lateinisch für Bildgedicht, bezeichnen mitunter bis heute Verse, die durch verschiedene Länge und vielleicht auch unterschiedliche Richtungen in der Druckanordnung einen Umriss bilden, der als Gegenstand wiedererkannt wird. Dieser Gegenstand steht meist auch in Bezug zum Inhalt des Gedichts. Zur Veranschaulichung ein Beispiel aus dem frühen 20. Jahrhundert: *Die Trichter* von Christian Morgenstern:[4]

Zwei Trichter wandeln durch die Nacht.
Durch ihres Rumpfs verengten Schacht
fließt weißes Mondlicht
still und heiter
auf ihren
Waldweg
u. s.
w.

Die frühesten Beispiele datieren aus dem 3. Jahrhundert vor Christi Geburt. Ihre Autoren sind bekannt und sie zeigen die Umrissformen von Beil, Flügelpaar, Altar, Schwalbenei und Syrinx (Panflöte).[5] Diese Bilder werden durch die Zeiten immer wieder aufgenommen und, wesentlich im Barock, um Kreuz, Säule, Herz, Pyramide, umgedrehte Pyramide, Schrein, Orgel, Pokal, Sanduhr, Bahre, Brunnen und viele andere Figuren mehr erweitert.[6]

Zum Beispiel werden als *Pyramides emblematicae* im Jahr 1705 Wilhelm Ernst, Herzog von Sachsen-Weimar (1662–1728), auf drei Seiten je eine Textpyramide unter einem gedruckten Sinnbild gewidmet.[7] In der Mitte jeder Pyramide, deren lateinischer (Basis-) Text in schwarzer Antiquaschrift gehalten ist, sieht man einen rotgedruckten (In-)Text von oben nach unten laufen. Dieses sogenannte Mesostichon wird neben der Farbe auch noch durch Versalien, also Großbuchstaben und die Verwendung einer gebrochenen Schrift, in diesem Fall der Fraktur[8] hervorgehoben, denn der Intext liest sich auf deutsch.

Er lautet in der ersten Pyramide:

DERTHEUREWILHELMERNSTLEBEFRIEDLICH

und variiert in der zweiten:

DERMUNTREWILHELMERNSTREGIEREWEISLICH

wie auch in der dritten:

DERFROMMEWILHELMERNSTSTERBEINSTSELIG

In einer Huldigungsschrift von 1701, einem Geburtstagsgruß für Herzog Wilhelm Ernst, sind drei klassische Figurengedichte abgedruckt.[9] Lateinische Verse, die in einem Umfang von je ca. 26 Zeilen eine Amphore, einen Pokal und eine Sanduhr abbilden. Der Text nimmt nun aber nicht nur in seiner Versform, also horizontal, die Bedeutung des abgebildeten Gegenstandes auf, sondern gleichzeitig in einem Text, der vertikal, nämlich als Schriftband von oben nach unten zu lesen ist. Er umrahmt bspw. die Amphore an der linken wie an der rechten Seite, weil er aus den Anfangs- (Akrostichon), wie Endbuchstaben (Telestichon) jedes Verses gebildet wird.[10]

Ein verwandtes Beispiel zeigt eine andere Huldigungsschrift:[11] Hier wurde der Vers *WILHELM ERNESTUS VIVAT VITAM SINE LUCTU* (Wilhelm Ernst, er lebe ein Leben ohne Trauer) in roten Versalien nach dem Vorbild des antiken Gittergedichts[12] aufgeführt. Dieser Vers ist als Intext in einem Basistext von 35 Zeilen dreimal vertikal und einmal mittig und horizontal zu lesen. Um die Zeichenkreuzungen zu ermöglichen und weil das *W* im lateinischen nicht existiert, wurde es durch zweimal *V* dargestellt und die Versal- *V* und *U* so ausgetauscht, wie es nützlich war (Tafel 10,1).

Der obige Umgang mit U, V und W führt in das Gebiet der Chronogramme, der eingeschriebenen Zeiten also, wie sie oft bei Inschriften z. B. an Fassaden,[13] aber eben auch in Gelegenheitsschriften auf ihre Entschlüsselung warten. Hierbei werden alle Buchstaben, die gleichzeitig römische Zahlensymbole sind (I, V, X, L, C, D und M für 1, 5, 10, 50, 100, 500 und 1000) wiederum typographisch oder farbig herausgestellt und ihrem reinen Zahlenwert nach addiert. So bei dem Geburtstagswunsch für Friedrich den III von Gotha-Sachsen-Altenburg aus dem Jahr 1752:[14]

VerLängre, VVeIser Gott! Des Herzogs Lebens-LaVf,
So VVeIß Der FrIeDensteIn VIeL Trost Von Iahr zV Iahren

Der Zahlwert beider Zeilen ergibt 1752, das vorangegangene Verspaar machte in der Summe der römischen Zahlen 1699 aus. Das ist das Geburtsjahr des Fürsten.

Bei der Schrift zur *Geburths- und Ursprungs-Fey'r* für Wilhelm Ernst[15] kommt das relevante Datum 1717 zweimal auf der Titelseite, einmal in der Anrede und weiter je einmal in den abschließenden drei des auf genau einhundert Zeilen angelegten Gedichts (das durchweg in Alexandrinern, einem zu der Zeit erwarteten Versmaß, verfasst ist) verschlüsselt vor. In der 97. Zeile wurde nur ein Zahlwert von 1617 erreicht. 1617 und 1717 sind aber in arabischen Ziffern zum Ende zu auch deutlich gemacht und ihre Differenz korrespondiert mit der ebenfalls durch den Text laufenden Zählung der Verse bis 100.[16]

Ein interessantes Zeichenspiel findet sich in einer Geburtstagshuldigung unter dem Titel *Die Fürstliche Mielde gegen die Unterthanen* fünf Jahre zuvor.[17] In diesem Fall wird für jeden Buchstaben der lateinischen Schrift ein Zahlenwert konstruiert, ähnlich wie sich Schüler zu allen Zeiten einfache Chiffrierungen – und das bedeutet wörtlich das Ersetzen durch Ziffern – für geheime Botschaften ausgedacht haben. Dazu wird hier ein *Clavis*, ein Schlüssel, am Fuß der Seite gegeben, in dem *a* bis *z* von *1* bis *24* durchnummeriert werden (*j* und *v* werden nicht benötigt). Jedes Wort der voranstehenden vier Verse hat nun eine Quersumme, die Verse ebenfalls, und die Summe der Strophe ergibt die Zahl 1712. Das ist die Jahreszahl des anstehenden Geburtstags.

Über diese eigentümliche Buchstaben- und Wortmechanik hinaus (ein bestimmtes Zahlenereignis soll sich einstellen, daran wird geknobelt) ist ein mystischer Bereich zu ahnen. Dies gilt vor allem für die alten Sprachen, in denen Buchstaben immer auch einen Zahlenwert hatten und eigene Zahlzeichen bis in das 2. Jahrtausend n. Chr. nicht existierten. So bei der hebräischen Schrift,[18] aber auch bei der griechischen und anderen. Ist nun jedem Wort eine Zahl wie gleichberechtigt eingeschrieben, wie können Wörter mit derselben Zahl ohne Beziehung zueinander sein?

Ähnliche sinnende Überlegungen können für Buchstaben und Wörter allein angestellt werden. Eine erste Voraussetzung ist sicherlich, beim Lesen zum Innehalten gezwungen zu werden. Eine zweite, denselben (kurzen) Text wieder und wieder aufzunehmen. Das erfüllt auf wirksame Weise das Kreuzwortlabyrinth.[19] Die Fülle von Leserichtungen soll in zwei Techniken anhand von IESUS dargestellt werden.

S U S U S
U S E S U
S E I E S
U S E S U
S U S U S

In diesem Fall wird vom Zentrum aus gelesen. Es gibt bereits 40 Möglichkeiten, also Richtungen, das Wort zu lesen, obwohl es noch nicht einmal ausgeschrieben ist. Das hätte das Kreuzwortlabyrinth um vier Zeilen und vier Stellen vergrößert.

Bei der zweiten Technik[20] kann das Wort am Rand nach zwei Richtungen gelesen werden (je zweimal, wenn man in der Geraden bleibt) und auch bei dreimal *I* des Innenfeldes beginnend, jeweils in vier Richtungen. Wird hierbei nur einmal rechtwinklig abgebogen, ergeben sich schon 16 Möglichkeiten. Wird die Leserichtung in allen Fällen öfter geknickt, so sind es bereits 40 Lesewege.

I E S U S
E I E S U
S E I E S
U S E I E
S U S E I

In einer Huldigungschrift eignet sich natürlich *besonders* der Name des Gehuldigten zur Textfigur. So unterbrechen in dem Text *Votiva Gratiarum Mela* (»Glückwunsch- und Gratulationslieder«)[21] die Initialen *W E H* (für Wilhelm Ernst Herzog) als einzelne, dekorative Figuren einen lateinischen Text auf je einer Seite mittig. Jedes Initial bildet dann einen zweiten lateinischen Text, der immer eine Länge (und das ist die Höhe des Initials) von 32 Zeilen aufweist.

Den Gipfel der Kombinatorik erklimmt allerdings der Theologiestudent Johann Christoph Lairiz aus Weimar in seinem Geburtstagspoem 1704:[22] In einen lateinischen Basistext, der mit 220 Zeilen drei Seiten füllt, hat er *WILM ERNST LEBE* eingearbeitet. Dieser Intext weist aber einen zweiten auf (einen potenzierten Intext oder Meta-Intext), denn jede der obigen Versalien setzt sich aus vielleicht 100 Buchstaben (auf durchschnittlich 13 Zeilen verteilt) zusammen, die einen zusammenhängenden deutschen Text ergeben. Der Glückwunsch *WILM ERNST LEBE* steht wie eine Schrift mit dem Pinsel gemalt im Basistext, der lateinisch, also in schwarzen Antiquabuchstaben gedruckt wurde. Der Glückwunsch aber setzt sich aus Frakturbuchstaben zusammen, die mit Gold auf Rot gedruckt wurden.[23] Die intellektuelle Akrobatik des Verfassers besteht nun darin, dass die goldenen Versalien, wie beispielsweise im *B* des *LEBE* aus bis zu acht Zeichen pro Zeile zusammengesetzt sind (Tafel 10,2), deren Bedeutung nicht etwa im Ringen mit der Form unterlegen wäre. Der Metatext liest sich keineswegs zusammengeschraubt:

Daß/ dust/ ehes/ tals/ dieC/ eder/ auf/ dem/Liba/ non/ und/

(soweit vertikal im Balken des »B« zu lesen, es folgen die beiden Bögen:)

gru/ nest/ als/ die/ palm/ en/ anden/ vvas/ ser/ bac/ hen/.

Diese bis zu acht Zeichen müssen nun gleichzeitig jedesmal als funktionierender Bestandteil des lateinischen, horizontalen Textes in ihre Zeile integriert sein! Das wird Zeile für Zeile, 171mal, bewältigt.

Aus der großen Fülle weiterer poetischer Spielformen und Kombinationen,[24] die sich für Gelegenheits- und Huldigungsschriften bestens eignen, seien nur noch zwei Beispiele erwähnt. In einem *Poema prorsum vorsum*,[25] einem Gedicht also, das sowohl vorwärts wie auch anderwärts lesbar ist, begegnen uns 120 Verse, die in ihrem mittleren Drittel kursiv gedruckt sind. Man ahnt es schon, dieses Textdrittel kann auch von oben nach unten gelesen werden und ergibt noch einen (huldigenden) Sinn. Ein *Palindromon Sotadeum*[26] liegt mit dem Werk *In Ipsis Natalibus Serenissimi* (Zu des Fürsten Geburtstag) vor.[27] In 42 lateinischen Distichen, das sind Verspaare in einem aus der Antike vorgegebenen Maß (nämlich immer aus einem Hexameter und einem Pentameter – die sind von unterschiedlicher Länge – zusammengefügt) soll vorwärts gelesen, etwas zum Lobe, rückwärts gelesen jedoch etwas Böses ablesbar sein. Wortweise muss nun rückwärts gelesen werden, aber wieder soll ein Hexameter am Anfang stehen! So sieht es die Metrik vor. Im Rückwärtslesen wird nun der kürzere Pentameter zum Hexameter verlängert, indem man sich ein, zwei letzte Worte der ursprünglich vorherigen Zeile dazuleiht. Schon dadurch wird der Sinnzusammenhang verändert. So wird durch die Beibehaltung des Versmaßes bei umgekehrter Leserichtung der Sinn umgekrempelt. Und das Ganze funktioniert auch deshalb, weil genügend Verneinungen in den Zweizeilern untergebracht sind.

Nun ist davon auszugehen, dass für den behandelten Zeitraum an den Gymnasien eine umfassende Schulung im Verfassen lateinischer Dichtung vermittelt wurde. Nicht selten wird die Huldigungsschrift vom Rektor des von Wilhelm Ernst gestifteten Gymnasiums gewidmet, ausgearbeitet aber von einem Schüler.[28]

Und trotzdem, woher rührt nun die Lust auf all diese Mühen? Das mag man sich wohl etwas ratlos fragen, nach dem Hineindenken und Nachbuchstabieren all des halbverborgen Eingebauten und aufwendig Geformten. Sicherlich ist es eine Ehrbezeigung besonderer Art, dem Fürsten zu bedeuten: Dies alles wirst Du schätzen können! Du wirst es zu ent-

Vivat Dux, quem jam ceV ſolem cernis in ortV
Vivaci rediit cui lVx fauſtisſima cursV
Inſiſtens roſeis bigIs nitidisſima PhœbI;
Lux eſt, qua valdè Lætatur cum grege PræſuL:
Hæcce refert lætas Horas noſtro JedidiaH,
Et patriæ patri fulgEntis ab ætheris axE,
Luctum de noſtris propeLlens cordibus; ô ſoL,
Multoties ſolvas noſtraM formidine menteM
Et jubar hoc nobis coEli ſplendentis ab arcE
Reddas ſæpè! pius patRiæ quò dulcis amatoR
Noſtræ ſaxoniæ Niteat ceu nobile germeN,
Ex quo non tenues frugEs ea posſit haberE.
Saxonicæ Princeps flectenS regionis habenaS
Tutor hic eſt patriæ, qui cuncTa pericula pelliT,
Ut nos nulla queant Unquam perfundere luctU.
Saxonicæ rutæ decus eSt, defenſor & almuS
Virtutis, ſub eo quæ creVit non ſine fructV.
Inde preces promunt Imo de pectore cunctI:
VVILHELM ERNESTUS VIVAT VITAM SINE LUCTV!
Addat ei multos Deus Annos multaque luſtrA!
Triſtia ſemper ab hoc forTunæ nubila cedanT!
Vt trahat incolumem Vitam ſine perpete planctV.
Ipſa ſalus ſuperI juſſu Rectoris amandI
Tutanum patriæ legaT, in quo habitacula ponaT!
A noſtro Duce diſcedAnt contagia ſævA.
Muniat huncce patreM contra diſcrimina noſtruM
Sceptra gerens hujuS vaſti, quem conſpicis, orbiS,
Immunemque malo facIat ſupremus ab omnI,
Nobis ut radios doNet, ceu lumine TitaN
Exhilarat triſtEs in tempeſtate furentE,
Lurida quô nubes cœLi fit finibus exuL.
Ultra Neſtoreos viVas annos ſine leſſU!
Canaque Tithoni Contingas tempora, doneC
Te Princeps ſupremus ad asTra per aſpera ducaT.
Uno multa loquor: reVireſcas non ſine fructU!

Tafel 10, 1: Der Vers *WILHELM ERNESTUS VIVAT VITAM SINE LUCTU* in Rot nach dem Vorbild des antiken Gittergedichts.

Sed profugus retro cOel um depoſcis inani
Stultitia, qui cum tur baum bra es vilior ulla.
Præcipitante fuga Tallarde ut f und eris Haſſo:
Sum tuus, exclamas, tuus he v v i tamque ſalutemq
Ecce m[illegible]ā trado virgā & trepi derh omphæam
Victori victus, quæſo o h e parcite victis!
En gladiū ſclopū q; meū ſte llamque micantem:
Nam mihi feralem Cyp ariſſum deſtinat æther,
Nō laurū: princeps ſunt reſ tibi denique noſtræ.
Olli ſubridens fatur: ſen tisne valere
Teutonas heic aliquid? tur Baum braque quod ſit i[illegible]
Quod tu ſperaſti: ſequere ergo: captus haberis.
Pars ingens ictus veluti procumbit humi bos
Cum planctu, cum luctu, cum lugubri ululatu
Pars properante fugam ſonitu petit anxia pronam,
Hoſteque ſe viſo trepi Daß eo gru nnit acerbe!
Cæſa Brito vali dust antus fu nest a Sabaudus
Corpora tot cernunt: rev ehes, quibus als it iniquis
Vita, ferunt, mors? aſ tals is ho die que tot umbri
Læta trophæa die Claro palm asque feramus
Lætemur ſolid ederesſpl en dente triumphô.
Nunc reſonet tuba S auf ei Turb anden earche!
Plena Deo red dem us fruct vvaſ a ſacrato!
Nos quoque lætamur Liba ntes ſer ta Jehovæ
Hoſtis quod victus non de bac chatus in oris
Eſt patriis; ah f unde, tra hen s quando agmina ſe
Devaſtare cupit frenanda Thuiſconis arva!
Fac pergrata, Deus, redeant modo tempora pacis!
Interea lætatur ovans juvenisque ſenexque
Vinaridumque domus, quæ fun des e vota precesqu[illegible]
Gaudet quod noſmet pro HErr or in avia nullus
Abſtulit, & quod te vixis sei n flore videmus.
Nam Natalis adeſt peri mit qui triſtia nobis,
Quo per noſtra tacet Dir us Mars moenia, quove

Tafel 10, 2: Roter Großbuchstabe B, aus bis zu acht Zeichen pro Zeile mit Metatext.

rätseln wissen und verstehen. Aber zweischneidig ist es auch. Denn der Huldigende läuft Gefahr, dass seine Kunstfertigkeit doch als Anstrengung und Zumutung, gar als Prüfung empfunden würde. Wurden deshalb die Fingerzeige zum Entschlüsseln so deutlich mitgeliefert, dass es schon einer Lösung gleichkommt (wie häufig bei den Chronogrammen)?

Kann man sich der Dichtkunst des Barock – und die Huldigungsschriften des 18. Jahrhundert stehen noch ganz in dieser Tradition – vielleicht mit der Aussage nähern, dass an ihrem »Anfang … kein Gedicht, sondern ein Buch über das Dichten« steht?[29] Oder, dass in dieser Epoche das poetische Unterweisungsbuch (das wäre gleichsam das Buch der Auflösungen) beinahe selbst schon zur literarischen Gattung gerät? Gemeint ist mit solchen Bemerkungen zuerst das *Buch von der deutschen Poeterey* von Martin Opitz.[30] Ihm folgten tatsächlich Dutzende von Poetiken, aus deren Zahl hier nur der *Poetische(r) Trichter. Die Teutsche Dicht- und Reimkunst … in VI. Stunden einzugiessen.* von Georg Philipp Harsdörffer 1647 veröffentlicht, genannt sein soll. Zum Einen, weil Harsdörffer (wie auch Opitz) ein Mitglied des Palmenordens war, der ersten deutschen Sprachgesellschaft,[31] die 1617 in Weimar gegründet wurde und in ihrem Bemühen um die Pflege der deutschen Sprache ebenfalls den Hintergrund zu unserem Thema bildet. Zum Anderen, weil Harsdörffer schon im Titel des *Trichters* wie auch durch seine Konstruktion *Fünffacher Denckring der Teutschen Sprache*[32] deutlich macht, worum es ihm geht: Die Möglichkeit zur Auffindung, zur Erkenntnis (und Entwicklung durch Neuschöpfungen) der deutschen Sprache! Hier wäre die Wegbeschreibung – das Regelwerk nämlich wird doch geliefert – alsbald müßte das Ziel erreicht sein. Ein schöner, aufklärerischer Gedanke, der allerdings auf der Überzeugung fußt, dass Sprache in einer Ordnung ruht. Und zwar in einer die Welt umfassenden. In der alles nach Zahl und Maß zueinander stünde.[33] Schließlich bedeutet *Kosmos* die Ordnung, im Gegensatz zum Chaos. Und nun kann der Eindruck entstehen, als sollte die Ordnung sowohl in ihrer Tragweite dargestellt, als auch in ihrer Tragfähigkeit versucht werden.[34] So kommt es bei Harsdörffer und Zeitgenossen[35] auch zu Experimenten mit beschrifteten Holzwürfeln. Die Mechanik des Buchdrucks mit beweglichen Lettern hat es quasi vorgemacht, und nun ist man in der Tradition der viel älteren *ars combinatoria* der Sprache auf der Spur.

Umstritten waren diese Praktiken der Buchstaben- und auch Zahlenkombinatorik samt Figuren- und verwandten Gedichten schon immer. Das kann schon allein durch die Spannbreite zwischen Systematik und (Würfel-)Spiel nicht anders sein. Und so sind Kritik oder Schmähung des Figurengedichts bereits in manchen Poetiken des Barock nachzulesen, wie auch später in Lexika des 19. Jahrhunderts. Aber Dichtung, wenn sie sich durch die gesuchte Form an die Grenze der Sprache, also der Verständlichkeit[36] wagt, kann auch immer auf etwas nur schwer Sagbares deuten. So sind z. B. Catharina von Greiffenberg (1633–1694) mit ihren Kreuzfigurengedichten wie auch der Engländer George Herbert (1593–1632), in dessen Dichtung *The Temple* Figurengedichte gestaltet werden,[37] mit Sicherheit nicht ihrem Spieltrieb gefolgt, sondern wollten auf einen hinter den Zeichen stehenden Sinn verweisen. Das Figurengedicht hat sich dabei als Mittel bewährt. Verwendet wird es auch heute noch, wenn auch meistens eher verhalten und fast nie für ernste Themen. Die muss es sich erst wieder erobern.[38]

Anmerkungen

1 Siehe dazu den Beitrag von Matthias Hageböck über Buntpapiere in diesem Band.

2 Kayser 1987.

3 Mit dem aus der Antike stammenden und besonders stark in den Poetiken (das sind die Lehren, bzw. Lehrbücher der Dichtkunst) des Barock verwendeten Begriff des Bildgedichts versucht Gisbert Kranz im 20. Jahrhundert aufzuräumen: »Wer Bildgedicht sagt, kann eine von fünf verschiedenen Gedichtarten meinen…« und obwohl er zugeben muss, dass Verse und Bild beim Figurengedicht in augenscheinlichster Beziehung zueinander stehen, mahnt er doch, das »Bildgedicht« in Zukunft jener Lyrik vorzubehalten, deren Thema »ein Gemälde, eine Skulptur, eine Graphik, ein Bildteppich, ein Mosaik oder eine Glasmalerei ist«, siehe Kranz 1973, S. 9ff.

4 Morgenstern 1990, Band 3, S. 67.

5 Für zahlreiche Abbildungen und eine grundsätzliche Bearbeitung des Themas sei auf den Ausstellungskatalog der Herzog August Bibliothek verwiesen: Ausstellungskatalog »Text als Figur« 1987. Außerdem Plotke 2009.

6 Vgl. in diesem Band Kat. 8 und 9 (Herzogin Anna Amalia Bibliothek, Signatur Huld B 46 und Huld B 80).

7 HAAB, Signatur H 1 : 71.

8 Tatsächlich ist die Fraktur lediglich eine der gebrochenen Schriften, obwohl der Name nahelegt, beide Dinge wären miteinander identisch. Zu der Familie der gebrochenen Schriften gehören neben anderen die Textura oder Gotische Schrift wie auch die Schwabacher. Alle diese Schriften wurden mit Beginn des Buchdrucks, also ab Mitte des 15. Jahrhunderts, auch als Lettern produziert und im deutschsprachigen Raum bevorzugt benutzt. So stellte sich bald eine Deckungsgleichheit von gebrochener Schrift und deutschem Text ein, wie sie auch an den Huldigungsschriften nachzuvollziehen ist. Es herrschte nämlich Zweischriftlichkeit. Lateinischer (und anderer fremdsprachiger) Text wurde in Lateinischer Schrift und deutscher Text in Deutscher Schrift gedruckt.

9 HAAB, Signatur H 1 : 77.

10 Ein weiteres schönes Pokalbeispiel mit Akrostichon und Telestichon in Golddruck bietet die Schrift *Pocvlvm Samitatis* (HAAB, Signatur Huld B 153). Wird das Akrostichon weder farblich noch (typo-)graphisch hervorgehoben, so haben wir endgültig das Reich der Kryptographie, der Verschlüsselung von Texten, betreten. Hier lassen sich im harmlosen Fall Angaben zum Verfasser unterbringen. Es kann aber auch eine zweite Bedeutungsebene ausgedrückt werden, die der offensichtlichen und ersten wiederspricht. Dabei bietet sich beispielsweise die Gelegenheit zur heimlichen Rache. Vgl. dazu ein Beispiel mit Abbildung unter http://www.snopes.com/photos/signs/headstone.asp (zuletzt besucht am 20. 10. 2009).

11 HAAB, Signatur H 1 : 65.

12 Ein Gedicht mit quadratischem oder zumindest rechtwinkligem Umriss und möglichst strengem Buchstabenraster, in dem Hervorhebungen eine Figur, bzw. ein Muster mit einer weiteren Aussage, dem Intext, bilden.

13 Siehe dazu Kiesow 1997, Band 1. Außerdem: Marschall 1997.

14 HAAB, Signatur Huld III 46.

15 HAAB, Signatur Huld B 95.

16 Der poetische Brauch der Zeit forderte, dass bei einem Chronogramm jeder der Buchstaben mit römischer Zahlenbedeutung auch als solcher genutzt wurde. Schlimmer noch: Manchmal sieht die Wortbastelei vor, dass in jedem Wort ein Zahlzeichen, bzw. die Zahlen ihrer Größe nach geordnet aufzutreten haben. Bedenkt man, dass gleichzeitig ein Metrum, gewissermaßen eine Bauvorgabe für das Versmaß und ein Reimschema eingehalten werden sollen, dann mag auch das ein Grund für die auffällig große Zahl der im Barock veröffentlichten Poetiken sein. Es wurden regelrechte Anleitungen zur Konstruktion benötigt! Siehe dazu den Hinweis auf Paul Aler: *Praxis Poetica*... Coloniae 1693, S. 531–534 in: Grub 1992, S. 17–19.

17 HAAB, Signatur Huld B 8.

18 Die Gematrie oder Wortzahlenmystik ist ja gerade in der Kabbala, der mystischen Tradition des Judentums, stark ausgeprägt.

19 Siehe dazu im vorliegenden Band Kat. 24, HAAB, Signatur Huld gr G 29. Die alte Bezeichnung ist *Cubus*. Gehen wir beim Kreuzwortlabyrinth von einer Fläche im angestrebten Quadrat aus, so hat der Würfel bekannterweise sechs Flächen und ein Volumen. Die damit in Aussicht gestellten Möglichkeiten der Wortverzweigung sind überwältigend.

20 Wie auch bei Kat. 24, HAAB, Signatur Huld gr G 29.

21 HAAB, Signatur H 1 : 66.

22 HAAB, Signatur H 1 : 72.

23 Drucktechnisch wurde in drei Schritten verfahren: Mit dem Satz aus der Antiquaschrift wurde gewissermaßen ein Texthintergrund angelegt. In die Zwischenräume wurde mit der zweiten Form und den Frakturbuchstaben ein roter Text gedruckt, der dann in einem weiteren Druckvorgang mit Gold das Rot doubliert. Dass der Kontrast mit nur der roten Druckfarbe eine bessere Lesbarkeit bietet, zeigt eine Variante (HAAB, Signatur Huld C 79).

24 Vgl. Grümmer 1988 oder Thalmayr (Hrsg.) 1985, das Buch erschien in einer Reihe, deren Herausgeber Hans Magnus Enzensberger war, er verbirgt sich außerdem hinter dem Pseudonym des A. Thalmayr und ist in dem Mitbearbeiter Serenus M. Brezengang, einem Anagramm seines Namens, auffindbar.

25 HAAB, Signatur H 1 : 73.

26 Der antike Dichter Sotades gilt als der Urheber des Palindroms. Dabei müssen nach heutigem Verständnis Buchstaben von links nach rechts wie auch umgekehrt denselben Sinn ergeben. Z. B. »Reliefpfeiler« (siehe dazu einschlägige Foren mit Wettkampfcharakter im Internet. Ein Palindrom von großer Länge baute der Mathematiker Peter Hilton, der, nicht verwunderlich, aber interessant, im Zweiten Weltkrieg mit der

Entschlüsselung deutscher Codierungen befasst war). In den Versen des Sotades (und auch »Vers« leitet sich von lat. vertere, also »umwenden« ab) sollen in der Umkehrung auch gegenläufige, obszöne Inhalte untergebracht gewesen sein. Der Überlieferung nach starb Sotades an den Folgen einer herrschaftlichen Bestrafung für in ein Lobgedicht hineingeheimnisste Anzüglichkeiten.

27 HAAB, Signatur H 1 : 64.

28 Die Schüler werden auch genannt. Zur Lateinsprachigkeit der Zeit, vgl. Grub 1992, S. 2–8. Darin die Quelle mit dem Bericht über Philosophen (Schüler) dreier Kölner Gymnasien, die sich allsamstäglich trafen, um zu disputieren und sich dann zu prügeln.

29 Petersdorff 2008.

30 In der »Poeterey« von 1624 wird in großen Teilen Julius Caesar Scaligers Poetik von 1561 aus dem Lateinischen übersetzt. Auch werden die Figurengedichte erst in einer von Hamann erweiterten Neuauflage 1658 vorgestellt, siehe Ausstellungskatalog »Text als Figur« 1987, S. 73.

31 Die Zahl der beim Weimarer Bibliotheksbrand im September 2004 verbrannten Schriften, darunter Arbeits- und Widmungsexemplare, von Mitgliedern der Fruchtbringenden Gesellschaft ist noch nicht bekannt. Harsdörffer war auch Mitbegründer einer anderen Sprachgesellschaft (die ununterbrochen bis heute besteht), dem Pegnesischen Blumenorden in Nürnberg. Von seinen Mitgliedern, den Pegnitz-Schäfern, wurde dem »Bilder-Reim« eine sozusagen potenzierte Bedeutung beigemessen, nämlich als Emblematik, als sinnbildliche Darstellung ihrer poetischen Kunst. So schnitzt ein Schäfer in Sigmund von Birkens Roman *Guelfis* von 1669 das, was er im Herzen trägt, als Figurengedicht und selbstverständlich in keiner anderen Form als dem Herz in einen Baum. Nun ist es mit dem Entwurf und Abdrucken des Figurengedichts nicht getan, sondern das Einschnitzen selbst wird ebenfalls abgebildet, allerdings als Kupferstich. Online verfügbare Abbildung siehe unter http://digitale.bibliothek.uni-halle.de/pon/content/pageview/6588 und: .../6590 (zuletzt besucht am 5. 10. 2009).

32 Harsdörffer 1651 (1990), S. 516–519. Der *Denckring* ist ein Ausschneidebogen, aus dem sich ein Verstellmaschinchen aus fünf Ringen herstellen lässt. Die Ringe tragen Anfangs-, Mittel- und Endbuchstaben, Vor- und Nachsilben in verschieden großer Anzahl und Kombination. Das ergibt *Die gantze Teutsche Sprache auf einem Blätlein* versammelt, zusätzlich der Funktion eines Reimwörterbuchs! Vgl. dazu den Ausstellungskatalog »Literatur Kann Man Sehen« 2006. Dieser Ausstellungskatalog befasst sich mit 18 Literaturobjekten Hans Magnus Enzensbergers, besonders mit seinem Poesieautomaten!

33 So die biblische Vorstellung. »Und alles hast Du geordnet nach Maß, Zahl und Gewicht«, heißt es in der Weisheit Salomo. Sap. 11,21.

34 Man denke an Schlösser- und Gartenanlagen aus der Zeit (zu denen das Labyrinth als fester Bestandteil gehörte) oder musikalische Wunderlichkeiten, beispielsweise bei Bach, wenn »im Krebsgang« zu spielen war, also eine zweite Stimme die erste rückwärts gehend nachahmt.

35 Beispielsweise Johann Joachim Becher mit dem *Sprachwürffel* oder Johann Hemeling mit seiner *Arithmetische(n) Letter- oder BuchstabWechslung*.

36 So ein Buchtitel, der ungewollt die metaphysische Ebene des Themas berührt: »Dichtung als Spiel. Studien zur Unsinnspoesie an den Grenzen der Sprache« (Liede 1992).

37 Vgl. zu Catharina von Greiffenberg: http://www.erlangerliste.de/barock/greiffen.html (zuletzt besucht am 20. 10. 2009). Herbert 2002, S. 46 f, 78ff.

38 Bei dem Schutzumschlag von Daniel Tammets Buch »Wolkenspringer« ist eine Gestaltung auszumachen, die auf Elemente des Kreuzwortlabyrinths zurückgreift. Der Haupttitel *Wolkenspringer* wird neunmal untereinander gedruckt. In der untersten Zeile erscheint *Wolken* in weiß, *springer* muss sich in weißen Einzelbuchstaben seinen Weg durch acht Zeilen nach oben, also diagonal, erklettern! Die graphische Darstellung, wenn man um den Hintergrund weiß, korrespondiert mit dem Thema der Inselbegabung bei Autismus (Tammet 2009) oder spielerischer bei dem Band: »Lyrik nervt! Erste Hilfe für gestresste Leser«, Thalmayr (Hrsg.) 2004: Der Titel hat den Anspruch eines Sachbuchs für die Jugend. Er zeigt auf dem Schutzumschlag den Haupttitel als Rotes Kreuz auf dem Erste-Hilfe-Schrank. In der Darstellung mit dem exakten Schnittpunkt von LYRIK und NERVT im Versal *R* steckt die Reverenz vor dem Figurengedicht. Es könnte sich aber auch um eine Anspielung handeln auf Walter Triers Schutzumschlag zu Erich Kästners »Lyrischer Hausapotheke« (Kästner 1936).

Karin Sellge und Angelika von Wilamowitz-Moellendorff

Zur Sammlung und Erschließung der Weimarer Huldigungsschriften

Aus dem Jahr 1691, das als Gründungsjahr der Herzoglichen Bibliothek in Weimar angesehen wird,[1] stammt die Gratulation *Die Wiederkehrende güldne Zeit*[2] des Hoforganisten Johann Samuel Drese (1644–1716) für Herzog Wilhelm Ernst von Sachsen-Weimar (1662–1728). Mit solchen und ähnlichen Beispielen aus der Weimarer Sammlung befasst sich der vorliegende Beitrag: Nach einem Blick auf die Akteure, Anlässe und die Empfänger der Huldigungsschriften wird erläutert, wie dieses Schrifttum in einem eigenen Projekt erschlossen wurde, um zuletzt den Musikalien[3] in der Sammlung besondere Aufmerksamkeit zu widmen.

Adressaten der Huldigungen im Herzogtum Sachsen-Weimar waren u. a. die Herzöge Wilhelm Ernst, Ernst August I. (1688–1748), Ernst August Constantin (1737–1758), Carl August (1757–1828), Carl Friedrich (1783–1853), Carl Alexander (1818–1901) sowie die Herzoginnen Eleonora Wilhelmina (1696–1726), Anna Amalia (1739–1807), Luise (1757–1830), Maria Pawlowna (1786–1859) und Sophie (1824–1897). Die Werke wurden von Dichtern, Hofbeamten, Pastoren, Gymnasiasten oder sogar von Handwerkern verfasst. Auch Institutionen wie die Stahl- und Armbrust-Schützengesellschaft Weimar oder Firmen wie die Apoldaer Strumpffabrik traten mit Huldigungsschriften in Erscheinung. Die Texte liegen in feiner Handschrift oder, in geringen Auflagen, gedruckt vor und sind größtenteils in deutscher Sprache[4] verfasst. Huldigungen aus dem universitären Bereich kommen in lateinischer Sprache vor, dazu gesellen sich Beispiele in Italienisch[5] und Französisch[6]. In den Prosatexten, Gedichten, Oden oder kleinen Dramen sind nach den Konventionen der barocken und klassischen Literatur oft Allegorien aus der antiken Mythologie entlehnt. Das Walten der Götter, in denen sich Schicksalsmächte offenbarten, wurde auf Herzöge oder Herzoginnen übertragen, die über das Schicksal ihres Volkes bestimmten. Häufig wurden allegorische Verse in die heimische Landschaft gestellt und flossen Naturbetrachtungen in die Huldigungswerke ein. So fand der Fluss Ilm als *Ilmene* Eingang in eine musikalische *Pöesie* zur *Hoch-Fürstl. Vermählung* von *Ernst August, Herzog zu Sachsen* … mit *Fr. Eleonoren Wilheminen, Verwittibter Herzogin zu Sachsen-Merseburg* … *von Salomon Francken* von 1716.[7] Bei Hochzeiten wurde der Gott Amor bemüht, oder der Sänger Orpheus spielte auf seiner Leier. Auch Metaphern aus der Astronomie lassen sich finden. Das Planetensystem wurde als Bild für die Einheit des Herzogtums verwendet, in dessen Zentrum der Fürst steht und von Planeten und Sternen umkreist wird. Eine feste Ordnung und sittliche Werte sollten damit vermittelt werden. Als besondere Kunstform wurde bei einigen Huldigungen für Herzog Wilhelm Ernst von Sachsen-Weimar das Figurengedicht angewendet.[8] Anlässe für die Huldigungsschriften waren Krönungen, Landtage, Hochzeiten, Geburtstage, Jubiläen, Siege und ähnliche Festlichkeiten.

Im Folgenden sollen einige bemerkenswerte Beispiele aufgeführt werden, die einen Eindruck von der Vielfalt der erhaltenen Handschriften und Drucke vermitteln: So übergab der Weimarer Hofbuchdrucker Johann Leonhard Mumbach (1679–1759) im Jahr 1716 aus Anlass der Hochzeit von Herzog Ernst August I. von Sachsen-Weimar mit Prinzessin Eleonora Wilhelmina von Anhalt-Köthen sein Gedicht *Das Frolockende WEJMAR*[9]. In diesem wie in vielen anderen Fällen nimmt allein schon die Aufzählung der Titel und Ämter des Gehuldigten breiten Raum ein:[10]

> *Das Frolockende WEJMAR/ Als der Durchlauchtigste Fürst und Herr/ Herr Ernst August, Herzog zu Sachsen/ Jülich/ Cleve und Berg/ auch Engern und Westphalen/ Landgraf in Thüringen/ Marggraf zu Meissen/ gefürsteter Graf zu Henneberg/ Graf zu der Marck und Ravensberg/ Herr zum Ravenstein/ Sein gnädigster Landes-Fürst und Herr/ Dero Hoch-geliebteste Frau Gemahlin/ Die Durchlauchtigste Fürstin und Frau/ FRAU Eleonoren Wilhelminen, Herzogin zu Sachsen/ Jülich/ Cleve und Berg/ auch Engern und Westphalen/ etc. etc. gebohrne Fürstin zu Anhalt/ Gräfin zu Ascanien/ Frau zu Zerbst und Bernburg/ etc. Den 28. Febr. 1716 Jn die Fürstliche RESIDENZ Weimar einführte/ Jn tieffster Unterthänigkeit vorgestellet vom Buchdrucker.*

Ähnlich umfangreich liest sich die Titelei der Schrift des Subkonrektors Gerhard Gottfried Ranis aus Magdala, der mit seiner Huldigung auf das Jahr 1729 *De(m) von GOtt vergnügten Hertzog Ernst August … einen gehorsamsten Neu-Jahrs-Wunsch geziemend abstatten*[11] wollte. Von dem *Bürger und Strumpfwürcker in Weimar* Ferdinand Christoph Weber sind in der Sammlung sogar neunzehn Huldigungsschriften vorhanden. Darunter ist der handschriftliche Gruß für Herzog Franz Josias von Sachsen-Coburg-Saalfeld (1697–1764), dem Obervormund des Weimarer Herzogs Ernst August Constantin von Sachsen-Weimar-Eisenach, zum Landtagsfest[12] 1755 *Groser Herzog, weiser Fürst!*[13] Neben solchen eher unbekannten Verfassern sind auch zahlreiche Werke aus der Feder bekannter Dichter und Gelehrter erhalten: Salomo Franck war ein bedeutender Kantatendichter, dessen Texte u. a. von Johann Sebastian Bach vertont wurden. Franck fertigte mehrere Huldigungsschriften auf das herzogliche Haus Sachsen-Weimar an. Im Jahr 1701 wurde er Oberkonsistorialsekretär in Weimar. Zu seinen Aufgaben zählte auch die Betreuung der Herzoglichen Bibliothek. In den Gesellschaftsbüchern der Fruchtbringenden Gesellschaft wurde er als »der Treumeinende« geführt. Zum Geburtstag von Herzog Wilhelm Ernst I. von Sachsen-Weimar 1720 schrieb Salomo Franck das Werk *Ein löblicher Regent unter dem Bilde des POLAR-Sterns.*[14]

Johann Wolfgang Goethe verfasste ein Huldigungsgedicht zum fünfzigjährigen Regierungsjubiläum von Herzog Carl August von Sachsen-Weimar-Eisenach mit dem Titel *Zur Logenfeyer des dritten Septembers 1825.*[15] Aus demselben Jahr ist ein kleinformatiges in grünes Buntpapier gehülltes Bändchen mit *Tischliedern von der Weimarischen Armbrust-Schützengesellschaft gesungen am 28. Julius 1825*[16] zu Ehren eines Besuches von Herzog Carl August von Sachsen-Weimar-Eisenach überliefert. Das Statut der Weimarischen Armbrust-Schützengesellschaft wurde bereits am 8. Juni 1680 erlassen. Zur Bewachung und Verteidigung der Stadt sind seit 1398 Armbrustschützen nachweisbar. Die dem Bürgertum vorbehaltene Gesellschaft erhielt 1765 ein Vereinshaus. Seit 1838 hatte der Verein ein neues, von Clemens Wenzeslaus Coudray (1745–1845) gebautes Schießhaus in der Schützengasse. Im Garten waren Bronzebüsten von den Sachsen-Weimarischen Herzögen Carl August und Carl Alexander aufgestellt. Zu seinen Schätzen zählte ein vergoldetes Schild mit der Darstellung des Apfelschusses von Wilhelm Tell. Besucher der Gesellschaft waren neben Herzog Carl August auch Johann Wolfgang Goethe und Kanzler Friedrich von Müller (1779–1849).[17]

Bandkataloge, Zettelkataloge und elektronische Erschließung

Wie sah die Beschreibungs- und Nachweissituation der Weimarer Huldigungsschriften zu Beginn des 21. Jahrhunderts aus? Folgende handschriftliche Kataloge geben darüber Auskunft: ein Band *Huldigungsschriften 1636–1910. Verzeichniss von handschriftlichen und gedruckten Huldigungs- Gelegenheits- und Trauer-Gedichten auf Begebnisse hoher Personen, besonders des Fürstenhauses Sachsen Weimar-Eisenach von 1636 bis auf die gegenwärtige Zeit in chronologischer Folge geordnet. Gefertigt von L. Sckell* (um 1860 bis 1910),[18] ein Band *Verzeichniß von Gedichten etc. dargebracht Höchsten Herrschaften bey Freude- und Trauer-Begebenheiten* (bis 1857)[19] und ein Katalog *Huldigungsschriften* (1965, in Karteiform, mit Angaben zu den gehuldigten Persönlichkeiten und Autoren). Außerdem werden in den beiden Hauptkatalogen, dem 37bändigen *Catalogus nominalis* (1776 bis 1928) und dem Alphabetischen Zettelkatalog (1929–1976) Huldigungsschriften nachgewiesen. Keiner dieser Kataloge verzeichnete jedoch die Sammlung vollständig. So wurden z. B. Sammelbände, die teilweise mehr als 80 Huldigungsschriften vereinen, hier nur pauschal katalogisiert. Die alten Signaturengruppen aus Buchstaben und Zahlen wurden nach den Huldigungsempfängern gebildet: Dabei stehen die Buchstaben für die einzelnen Angehörigen des Fürstenhauses: Huldigungsschriften für Herzog Wilhelm Ernst I. von Sachsen-Weimar finden sich so z. B. unter den Buchstaben »B« und »C«.

In den Jahren 2001 bis 2003 sind die Weimarer Huldigungsschriften im Rahmen des von der Deutschen Forschungsgemeinschaft geförderten Projektes »Erschließung einer Sammlung von Personal- und Gelegenheitsschriften zur Kulturgeschichte Thüringens zwischen Reformation und dem Endes des Alten Reiches« mit modernen bibliothekarischen Mitteln neu verzeichnet worden. Die Bearbeitung erfolgte im elektronischen Katalog des Gemeinsamen Bibliotheksverbundes jeweils mit vorliegendem Original (mittels Autopsie) nach den »Regeln für die alphabetische Katalogisierung« und den »Katalogisierungsrichtlinien« des Verbundes.

Die Herkunft der Schriften, die nachweisbaren Provenienzen sowie die für Umschläge, Vorsatz und Einbände verwendeten Buntpapiere wurden im Rahmen dieses Projekts ebenfalls beschrieben. Dabei stellte besonders die Katalogisierung der Buntpapiere auf der Grundlage internationaler Standards[20] eine Neuerung in der Erschließungspraxis dar. Neben einfarbigem Buntpapier kommen patronierte, handbemalte, marmorierte Papiere in den verschiedensten Formen vor, außerdem goldenes und silbernes Metallpapier, Kleister-, Knitter-, Modeldruck-, Kattun-, Bronzefirnis-, Brokat- und Maroquinpapiere. Obwohl die Überlieferungslage bzw. der Forschungsstand zur Zeit eine präzise Bestimmung der Verleger von historischen Buntpapieren noch nicht für alle Fälle zulassen, konnten für den Weimarer Bestand an Personal- und Gelegenheitsschriften zahlreiche Papiere eindeutig bestimmten Herstellern zugeordnet werden.[21] Ein wichtiger Aspekt bei der Neukatalogisierung war es außerdem, die Personen in ihren geschichtlichen Raum und genealogischen Bezug zu stellen. Durch die sachliche Erschließung kann das Projekt auch dazu einen Beitrag leisten. Es wurden normierte Personen-Schlagwörter und Gattungsbegriffe vergeben, die Suchanfragen nach Begriffen wie »Gelegenheitsschrift: Hochzeit« u. ä. möglich machen. Dazu wurde ein von der Arbeitsgemeinschaft Alte Drucke beim Göttinger Bibliotheksverbund (AAD beim GBV) erarbeiteter Thesaurus verwendet[22]. Die Vielfalt von Anlässen für die Huldigungsschriften ermöglicht Einblicke in das gesellschaftlichen Leben der ernestinischen Länder des 17. bis 19. Jahrhunderts. Für die Recherche in diesem Sonderbestand steht nun der Online-Katalog »Personal- und Gelegenheitsschriften zur Kulturgeschichte Thüringens«[23] zur Verfügung.

Musikalien unter den Huldigungsschriften der Herzogin Anna Amalia Bibliothek

Um den festlichen Charakter zu unterstreichen, wurden etliche Huldigungsschriften mit Musik umrahmt oder als musikalische Werke angelegt. So führte beispielsweise am 24. Oktober 1763 zum Geburtstag der Herzogin Anna Amalia von Sachsen-Weimar-Eisenach die *Musikalische Gesellschaft der sämtlich Beflissenen der Kaufmannschaft zu Eisenach* eine Kantate auf, deren Text ihr anschließend auf Seide mit Goldborte gedruckt übergeben wurde.[24] Von der weltlichen und geistlichen Kantate, über das Singspiel oder *dramma per musica*[25] sind musikalische Huldigungen in der Weimarer Sammlung enthalten.

Am Weimarer Hof wirkten vom 18. bis 19. Jahrhundert berühmte Komponisten: Johann Sebastian Bach musizierte und komponierte in den Jahren 1708 bis 1717 in der Weimarer Hofkapelle, seit 1714 hatte er die Stelle eines Konzertmeisters inne. Der ihm verwandtschaftlich nahe stehende Komponist Johann Gottfried Walther (1684–1748) war seit 1707 als Organist an der Stadtkirche St. Peter und Paul tätig. In ihrer gemeinsamen Weimarer Zeit strebten sie nach gleichen künstlerischen Zielen und pflegten einen vertrauten Umgang.[26]

Der Kapellmeister Anton Schweitzer (1735–1787) war als Musikdirektor der Theatergruppe von Abel Seyler (1730–1800) am Hof engagiert, die hier bis zum Schlossbrand 1774 spielte. Der Mozartschüler Johann Nepomuk Hummel (1778–1837) war 1819 als Hofkapellmeister nach Weimar berufen worden. Herzog Carl Friedrich von Sachsen-Weimar-Eisenach ernannte 1842 Franz Liszt (1811–1886) zum Großherzoglichen Kapellmeister. In diesem Umfeld bestanden beste Voraussetzungen für musikalische Huldigungen. Eine fördernde Rolle spielte dabei auch die bereits 1491 gegründete Ernestinische Hofkapelle.[27] Die in der

Nachfolge der ernestinischen Schutzherren der Reformation stehenden Herzöge und Herzoginnen von Sachsen-Weimar setzten in der Ausübung des Glaubens stark auf musikalische Elemente, wie es durch Martin Luther und Johann Walther (1496–1517) gefordert und praktiziert wurde.

Im Folgenden seien einige Beispiele für die Musikalien unter den Weimarer Huldigungsschriften genannt: Der Komponist Christoph Philipp Kayser (1755–1823) schuf ein Preislied zu Johann Wolfgang von Goethes Maskenzug *Aufzug des Winters*. Der Maskenzug wurde im Rahmen der Huldigungszeremonie zum Geburtstag der Herzogin Luise von Sachsen-Weimar-Eisenach (1757–1830) am 16. Februar 1781 durchgeführt.[28] Der aus Frankfurt stammende Kayser war ein Jugendfreund Goethes, dieser suchte ihm das Amt des Hofkapellmeisters in Weimar zu vermitteln. Da dieses Vorhaben scheiterte, ging Kayser in die Schweiz, wo er im Umkreis von Johann Caspar Lavater (1741–1801) bis zu seinem Tode als Musiker, Lehrer und Bibliophiler tätig war.[29] Friedrich Schillers *Die Huldigung der Künste* (Tafel 6, Kat. 46) zur Vermählung von Herzog Carl Friedrich von Sachsen-Weimar-Eisenach mit der russischen Prinzessin Maria Pawlowna bzw. zu deren Einzug in Weimar im Jahre 1804 wurde bei ihrer Aufführung mit einem musikalischen Intermezzo umrahmt.[30] Zum 16. Geburtstag von Herzog Karl August von Sachsen-Weimar-Eisenach 1773 verfassten Anton Schweitzer und Christoph Martin Wieland das Singspiel *Die Wahl des Herkules* (Tafel 4).[31] Es wurde am 4. September 1773 auf dem Hoftheater in Weimar gegeben.[32] Von Johann Nepomuk Hummel ist die Huldigungskomposition *Fest-Cantate am 16ten Febr. 1829 zur Verlobung der Prinzessin Augusta von Weimar mit dem Prinzen Wilhelm von Preußen*[33] in der Weimarer Musikaliensammlung erhalten. Von vielen Werken sind jedoch heute nur noch die Libretti in der Bibliothek vorhanden, während die Partituren fehlen.

Was aber geschah mit den Noten von Huldigungsschriften aus der Weimarer Sammlung? Ihr Schicksal war wechselhaft, teilweise gingen sie verloren, oft wurden sie nach der Aufführung getrennt vom Text in den herzoglichen Sammlungen aufbewahrt. Manche wurden im Archiv der Hofkapelle abgelegt, andere verblieben in Kirchen und Theatern und gelangten in dortige Archive. Wiederum andere befanden sich in den Nachlässen der Komponisten, um nach deren Tod von den Erben veräußert oder verstreut zu werden. Vom Bibliotheksbrand 2004 sind ebenfalls einige Huldigungsschriften mit Noten betroffen.

Vor diesem Hintergrund ist es als glückliche Fügung anzusehen, dass das handschriftliche Notenblatt zu der Huldigungsschrift von 1713 für Herzog Wilhelm Ernst I. von Sachsen Weimar nach seinem Wahlspruch *Alles mit Gott und nichts ohn ihn* (Tafel 11, Kat. 7)[34] dem Textdruck beigebunden war. Das Werk blieb von den Bränden in der Wilhelmsburg am 6. Mai 1774 und im Rokokosaal der Herzogin Anna Amalia Bibliothek am 2. September 2004 verschont. Zum ersten Mal wurde die Schrift samt Noten – noch ohne Identifizierung des Komponisten – durch das oben beschriebene Projekt zur Neukatalogisierung der Huldigungsschriften elektronisch erschlossen. Im Jahr 2005 wurde der Leipziger Musikwissenschaftler Michael Maul auf diese Notenhandschrift aufmerksam und konnte sie Johann Sebastian Bach zuordnen.[35]

Ebenso ergab sich, dass im Druck der Textvorlage für die Geburtstagskantate *Denen Durchlauchtigsten Fürsten und Herren, Herrn Karl August, und Herrn Friedrich Ferdinand*

Des
Durchlauchtigsten Fürsten und Herrn
HERRN
Wilhelm Ernsts
Herzogs zu Sachsen /
Jülich / Cleve und Berg auch Engern und Westphalen / Landgrafens in Thüringen / Marggrafens zu Meißen / gefürsteten Grafens zu Henneberg / Grafens zu der Marck und Ravensberg / Herrns zu Ravenstein / rc.
Unsers gnädigst-regierenden Landes-Fürsten und Herrns
Christ-Fürstlicher Wahl-Spruch
Oder
SYMBOLUM,
Omnia cum DEO, & nihil ſine eo.
Alles mit GOTT und nichts ohn Ihn.
Aus unterthänigster Schuldigkeit erwogen und unter Hertz-inbrünstigem Anwunsche alles innen enthaltenen / und weit mehr aller ersinnlichst-Leib- und geistlichen Seegens
An Ihr. Hoch-Fürstl. Durchl.
den XXX. Octobr. MDCCXIII. abermahls höchst-beglückt zur Freude des gesamten Landes anscheinenden
Hochfürstl. Geburths-Tage
und gesegnetem Antritt Dero 53sten Lebens-Jahres
In tieffster Unterthänigkeit überreichet
von
Johann Anthon Mylio / Sup. in Buttstadt.
Weimar / gedruckt mit Mumbachischen Schrifften.

Tafel 11: Titelseite der Huldigungsschrift von Johann Anton Mylius für Herzog Wilhelm Ernst von 1713 (HAAB, Signatur Huld B 24, Kat. 7)

Konstantin...[36] für die jugendlichen Söhne von Herzogin Anna Amalia von Sachsen-Weimar-Eisenach bei der Bearbeitung eine Notiz gefunden wurde, die auf eine Komposition von Ernst Wilhelm Wolf (um 1735–1792) verweist. Aufbewahrungsort dieser Noten ist heute die evangelisch-lutherische Kirchengemeinde in Niedertrebra in Thüringen. Dort sind Partitur und Stimmen vorhanden. Im Pfarrarchiv von Niedertrebra befinden sich weitere im Répertoire International des Sources Musicales (RISM) verzeichnete Kompositionen von Ernst Wilhelm Wolf, wie z. B. die Hochzeitskantate *O glückliche Stunden die ihr euch gefunden.*[37] Johann Gottfried Herder lieferte die Dichtung zu der *Osterkantate*[38] von Wolf aus dem Jahre 1782.

Johann Beer (1655–1700) vertonte im Jahre 1688 zur Amtseinführung von Herzog Johann Wilhelm von Sachsen-Weimar (1675–1690) das Werk *Jenisches Wunsch- und Freuden-Erschallen*[39]. Auch dazu sind die Noten verschollen. In seiner Lebensbeschreibung berichtet Johann Beer von einem Auftrag zu diesem Anlass *die music zu componiren.*[40] Beer könnte auch der Verfasser des Textes sein.

Zum Namenstag von Herzog Wilhelm Ernst I. von Sachsen-Weimar am 28. Mai 1719 existiert eine handschriftliche Gratulation von Johann Gottfried Walther in der Weimarer Sammlung.[41] Auch hier sind keine Noten mehr erhalten. Es steht zu denken, dass diese *Cantata* für den Herzog in der Stadtkirche aufgeführt worden ist.

Georg Benda (1722–1795) schuf 1750 anlässlich des Geburtstages der Herzogin Luise Dorothea von Sachsen-Gotha-Altenburg (1710–1767) das Singgedicht *An dem hohen Gebuhrtsfeste der Durchlauchtigsten Fürstin und Frauen FRAUEN Luisen Dorotheen,*[42] die Noten dazu sind nicht überliefert. Von Johanna Emilia Falckenhagens Neujahrskantate von 1734 für Herzog Ernst August von Sachsen-Weimar *Unterthänigster Glück und Freuden Wunsch*[43] ist ebenfalls nur das Libretto vorhanden. Genauso wird Johann Philipp Krügers (1649–1725) Tafelmusik unter dem Titel *Mars und Jrene*[44] aus dem Jahre 1692 zum Geburtstag von Herzog Johann Adolph I. von Sachsen-Weißenfels (1649–1697) mit dem Text von Philipp Christian Heustreu ohne Noten aufbewahrt.

Von Georg Neumark (1621–1681) ist u. a. eine Huldigungsschrift zum 64. Geburtstag von Herzog Wilhelm IV. von Sachsen-Weimar (1598–1662) unter dem Titel *Theatralische Vorstellung eines Weisen und zugleich Tapfern Regenten*[45] aus dem Jahr 1662 erhalten. Das Weimarer Exemplar dieses Drucks ist vom Dichter Neumark mit einer eigenhändigen Widmung für Herzog Bernhard von Sachsen-Jena (1638–1678) versehen. Der Huldigungsschrift sind Noten für *Vorklang und Lied* mit erster und zweiter Geigenstimme, Grundstimme und Singstimme beigedruckt. Seinen Zeitgenossen war Neumark als *Mann mit der Gambe* vertraut, welche er mit hoher Kunst zu spielen wusste. Neben diesem Werk sind von dem Dichter, Komponisten, Bibliothekar und Erzschreinhalter (d. h. Archivar) der Fruchtbringenden Gesellschaft noch weitere Huldigungen überliefert.[46]

Von Friedrich Ludwig Seidel (1765–1831) stammt der *Festgesang zur Hohen Vermählung Sr. Königlichen Hoheit des Prinzen Karl von Preussen mit Ihro Königlichen Hoheit der Prinzessin Marie von Sachsen-Weimar*[47] aus dem Jahr 1827 nach einem Text von August Friedrich Ernst Langbein. Die Komposition dazu ist nicht mehr nachweisbar. Der Violinist Franz Seraph Destouches (1772–1844) komponierte die Begrüßungsmusik *Harmonie-Music*[48] zur Ankunft des Prinzenpaares Karl Friedrich von Sachsen-Weimar-Eisenach und Maria Pawlowna in Weimar 1804. Die Noten dazu waren in der Musikaliensammlung der Herzogin Anna Amalia von Sachsen-Weimar-Eisenach aufbewahrt[49].

Bei Betrachtung der Weimarer Huldigungsschriften zeigen sich neben der Bildung und dem Erfindungsreichtum der Verfasser deren unterschiedliches Spektrum literarischer, künstlerischer und musikalischer Fähigkeiten und Möglichkeiten. Die Huldigungsschriften stellen einen längst noch nicht erschöpften Fundus von Quellen für Forschungen zur Kultur-, Musik-, Familien- und Regionalgeschichte dar.

Anmerkungen

1 Zu den Anfängen der Bibliothek vgl. Weber 1999.

2 HAAB, Signatur Huld C 41. Weitere Beispiele aus dem 17. Jahrhundert sind z.B. Georg Neumarks Huldigungsschrift *Theatralische Vorstellung eines Weisen und zugleich Tapfern Regenten* von 1662 (HAAB, Signatur 31, 4 : 322) oder das von Johann Beer vertonte Werk *Jenisches Wunsch- und Freuden-Erschallen* von 1688 (HAAB, Signaturen Huld VI 11 und Huld E 2). Dazu im Folgenden.

3 Der Abschnitt zu den Musikalien ist von Angelika von Wilamowitz-Moellendorff verfasst worden.

4 Der Weimarer Hofprediger Johann Klessen (1669–1720) schrieb in einem Lobgedicht auf Salomo Franck (1659–1725) *die Deutsche darf den Preiß nicht andern Sprachen lassen*, Franck, Salomo: *Geist- und Weltliche Poesien*. Jena 1711, Vorrede, S. [8].

5 Zum Beispiel widmete der Italiener Nicolo di Castelli Herzog Ernst August zum 19. April 1716 ein Geburtstagssonnett in italienischer Sprache: *All' Altezza Serenissima D' Ernesto Avgvsto, Dvca Di Sassonia Weimar &c. &c. &c. Nel Solennizzarsi, Che si fà ivi il di 19. Aprile 1716. Il Di Lvi Felicissimo Giorno Natalizio, Sonetto* (HAAB, Signatur 8, 3 : 59 [a], Stück 43 in Sammelband). Weitere Beispiele für Huldigungsschriften in italienischer Sprache werden in der HAAB unter den Signaturen 19 A 5138 und Huld H 32 aufbewahrt.

6 Zu den französischsprachigen Huldigungsschriften gehören z.B. Verse zum 60. Geburtstag von Ernst August I., die 1748 bei Mumbach in Weimar gedruckt wurden: *Vers Compose Sur L'Heureux Anniversaire De L'Illustre Naissance De Son Altesse Serenissime Monseigneur Ernest Auguste Constantin, Duc De Saxe*... (HAAB, Signatur Huld G 25).

7 *Diana, Amor, Apollo, Ilmene* (HAAB, Signatur 8, 3 : 59 [a], Stück 26 in Sammelband).

8 Z. B. in der Huldigung zu Wilhelm Ernsts 51. Geburtstag von 1713 *Unterthänigstes Zuruffen der Musen* (HAAB, Signatur Huld B 46). Zu Figurengedichten unter den Huldigungsschriften vgl. Frank Sellinats Beitrag im vorliegenden Band.

9 HAAB, Signatur 8, 3 : 59 [a], Stück 40 in Sammelband.

10 Deshalb muss in der vorliegenden Studie mit abgekürzten Titeln gearbeitet werden, zur leichteren Auffindbarkeit werden jeweils die Signaturen der Weimarer Exemplare angegeben.

11 HAAB, Signatur 8, 3 : 59 [b] (35).

12 Landtagsfeste waren Verfassungs- und Abgeordnetenfeste, die nach festgelegten Zeremonien durchgeführt wurden. Sie fanden unter Herzog Ernst August Konstantin von Sachsen-Weimar-Eisenach und Herzogin Anna Amalia von Sachsen-Weimar-Eisenach in Weimar Wiederbelebung. Im Jahre 1756 wurde ein Reglement dazu erarbeitet. Der Hofkapellmeister Ernst Wilhelm Wolf (1735–1792) komponierte jeweils Kantaten für die Landtagsfeste 1768 und 1769: *Cantate bey Eröffnung des Landtages zu Weimar in Musik gesezt und den 19ten April 1768 in der Fürstlichen Schloßkirche zu Weimar aufgeführt von Ernst Wilhelm Wolf* (Signatur Dd 2 : 171) und *Cantate bey Eröffnung des Jenaischen Landtages den 4ten April 1769 in der fürstl. Schloßkirche zu Weimar aufgeführet von Ernst Wilhelm Wolf* (HAAB, Signatur XI 9). Dazu Müller 1997, S. 135.

13 HAAB, Signatur Huld J 51 a.

14 HAAB, Signatur Huld B 121.

15 HAAB, Signatur Huld Y 14.

16 HAAB, Signatur Huld Y 20.
17 Günther (Hrsg.) 1998, S. 16.
18 HAAB, Signatur Loc A : 94.
19 HAAB, Signatur Loc A : 94 a.
20 Cockx-Indestege 1994.
21 Zu den historischen Buntpapieren und ihrer Erschließung der Beitrag von Matthias Hageböck in diesem Band.
22 http://aad.gbv.de/empfehlung/aad_gattung_systematisch.pdf (zuletzt besucht 20.10.2009).
23 http://opac.ub.uni-weimar.de/DB=2.1/ (zuletzt besucht 20.10.2009).
24 Siehe dazu Bode 1909, S. 148.
25 MGG 2. Sachteil 2. Kassel, Sp. 1454.
26 Geiringer 1958, S. 159.
27 Huschke 2002, S. 9ff.
28 Das Lied wurde jedoch nicht gesungen, denn *die Sänger habens nicht können lernen*, wie Goethe an Charlotte von Stein am 15. Februar 1781 schreibt. Vgl. Busch-Salmen (Hrsg.) 2008, S. 285.
29 Für Goethes Singspiel *Scherz, List und Rache* (HAAB, Signatur N 63714) von 1785 komponierte ebenfalls Kayser die Musik.
30 Vgl. dazu die Beiträge von Jan Andres und Gert Theile in diesem Band.
31 Es sind mehrere frühe Drucke des Werkes in der Weimarer Sammlung erhalten, darunter die HAAB-Signaturen 115869 – A, Wiel 68 und Wiel 340. Zu Wielands Huldigungspoesie der Beitrag von Wolfgang Albrecht in diesem Band.
32 Eine handschriftliche Partitur des Dramas wird heute in der Staatsbibliothek zu Berlin aufbewahrt.
33 HAAB, Signatur Mus I a : 34.
34 HAAB, Signatur Huld B 24.
35 Faksimileausgabe: Mylius und Bach 1713 (2005). Partitur: Bach 1713 (2005), HAAB, Signaturen 185885-B und 185855-B.
36 HAAB, Signatur Huld K 32.
37 Wolf war von 1772 bis zu seinem Tod Hofkapellmeister in Weimar (Dreise-Beckmann 2004, S. 22). Herzogin Anna Amalia von Sachsen-Weimar-Eisenach nahm, ihren Söhnen gleich, selbst Unterricht bei ihm. Auch war Wolf ihr musikalischer Berater. Sein Einfluss ist in ihrem *Musiktheoretischen Unterrichtswerk* aus dem Jahre 1770 spürbar. Über zwanzig Singspiele stammen aus der Feder von Wolf, wobei als Textdichter Christoph Martin Wieland und Friedrich Justin Bertuch (1747–1822) aus dem Weimarer Kreis hervortraten.
38 HAAB, Signatur M 8 : 24 a.
39 HAAB, Signatur Huld VI 11.
40 Dünnhaupt 1990–1993, hier Band 1, S. 481.
41 HAAB, Signatur Huld B 106.
42 HAAB, Signatur Huld III 35.
43 HAAB, Signatur 8, 3 : 59 [b] (62).
44 HAAB, Signatur Huld III 96.
45 HAAB, Signatur 31, 4 : 322.
46 Kretschmer 1977, S. 97.
47 HAAB, Signatur Huld Y 41 a.
48 HAAB, Signatur Huld P 4.
49 HAAB, Signatur Mus VI : 14.

Tobias Nanz und André Wendler

Sissi – Kinojahre einer Kaiserin

Huldigungsszenen in Historienfilmen

Die Huldigung ist ein Instrument der Herrscher, um sich der Treue ihrer Untertanen zu versichern. Die Vertreter der unterschiedlichen Stände verlesen Eidesformeln und übergeben dem Fürsten reiche Präsente, der an der Lautstärke der *Vivat*-Rufe des Volkes seine Beliebtheit abzuschätzen vermag. Solch eine Zeremonie kann sich deshalb nicht auf einzelne Räume beschränken, sondern muss sich in der ganzen Stadt oder Landschaft verbreiten, um symbolisch das vollständige Territorium mit all seinen Bewohnern in den Huldigungsprozess einzuschließen. So hielt der barocke Zeremonialwissenschaftler Julius Bernhard von Rohr fest:

> *Die Gassen in den Städten werden vor der Huldigung auf das zierlichste ausgeschmückt. Auf den Haupt-Plätzen und Strassen richtet man prächtige Triumph-Bögen und Ehren-Pforten auf, die Häuser und Ercker werden mit Schildereyen und Tapezereyen behangen, die Gassen mit grünen Tannen-Bäumen, mit Orengerien, mit Blumen, perspectivischen Gemählden, und auf andere Weise ausgeziert. Die Bürgerschafft und Zünffte erscheinen in sauberer Kleidung mit ihren Fahnen […] versehen.*[1]

Huldigungsprozesse sind an Medien gebunden. Seien es Huldigungsschriften oder seien es die eben zitierten Schildereien, Tapeten und perspektivischen Gemälde. In der Moderne, die sich u.a. durch eine verkehrstechnische Beschleunigung auszeichnet, kommt mit der Kinematographie ein neues Medium hinzu, welches den Gang der Huldigung verändert: Die Verehrungsrituale lassen sich seitdem in bewegten Bildern (audio)-visuell speichern. Die Filme sorgen für eine virtuelle Präsenz der (reisenden) Monarchen im ganzen Land; und die Zuschauer, die als Bürger von Republiken ihren blaublütigen Monarchen entsagt haben, können dank heimatliebender Historienfilme vergangene Zeiten erinnern und so den imaginären Königen und Kaisern huldigen.

Zeremonien der Huldigung bestätigen nicht nur Herrscher, die schon seit längerem im Amt sind und sich so ihrer Macht rückversichern, sondern sie dienen ebenfalls im Rahmen von Krönungen der Einführung eines neuen Oberhauptes. Dies gilt für das Barock wie auch für die Moderne, wenngleich das Zeremoniell nach der Französischen Revolution und nach dem Wiener Kongress eine Verschlankung erfuhr. Höflinge klagten über einen unsinnigen Leerlauf der Zeremonien, der ihr Zusammenleben mehr behinderte als förderte; die aufwendigen Rituale der zwischenmenschlichen Begegnung würden gar keine inhaltliche Auseinandersetzung über aktuelle Probleme zulassen. Damit einhergehend wurde eine neue Volksnähe propagiert, die allerdings ob der Rücknahme der distanzierenden Rituale den politischen Körper der Könige bedrohte. Nahbare Monarchen wurden angreifbar.

Eine künftige Kaiserin, Elisabeth von Österreich, vermochte es, aus dieser neuen bürgerlichen Nähe Kapital zu schlagen. Als die bayerische Herzogin im April 1854 mit ihrem Brautzug München in Richtung Wien verließ, nahmen zeitgenössische Berichterstatter ein *rührendes Schauspiel*[2] und eben kein Prunkzeremoniell wahr, wie es von Rohr noch empfohlen hatte. Braut und Zuschauer waren in Abschiedstränen vereint, während in Nußdorf an der Donau bereits die Ankunft inszeniert wurde. Sissis (oder eigentlich: Sisis) triumphale Fahrt sollte im Gegensatz zu früheren Brautfahrten nicht lange dauern.

Denn in dem Maße, in dem die sozialen Ordnungsmuster einen Umsturz erfuhren, beschleunigte sich die Welt jenseits der Schlösser und Höfe.[3] Eisenbahn- und Telegraphenlinien durchquerten seitdem die industrialisierten Länder und am Ausgang des 19. Jahrhunderts begannen die bewegten Bilder, die Sinne der Menschen zu stimulieren und gleichzeitig auf die neuen Beschleunigungen innerhalb der Städte und zwischen den Ballungszentren vorzubereiten. Im Zuge des anschwellenden Weltverkehrs nutzten auch die königlichen Hoheiten die Möglichkeiten des beschleunigten Reisens; und manch einer der adeligen Passagiere mochte sich beim Blick aus dem Zugfenster an die Bilder einer *Laterna Magica*, einen im 17. Jahrhundert erfundenen Projektionsapparat, erinnert haben, wie von einigen Reisenden jener Zeit berichtet wurde.[4]

Beschleunigtes Reisen wie auch neue Medien – etwa die Kinematographie – veränderte die Wahrnehmung der Menschen. Schnelle Ortswechsel sowie die Kinetik der bewegten Bilder ließen die Einzelheiten der Welt in gleichförmigen und unscharfen Bildern aufgehen. Für das Protokoll der Brautfahrt Sissis bedeutete dies, dass desöfteren »Momente eines aufwendigen Stillstandes inszeniert«[5] werden mussten, in denen das Schiff anlegte und die künftige Landesmutter während verschiedener Empfänge ihre Nähe zu und Sorge für das Volk beweisen konnte. Andernfalls drohte die beschleunigte Wahrnehmung die Herzogin zu überfordern und zum Träumen zu bringen.

Wie solch ein filmisches Traumerlebnis ob einer visuellen Reizüberflutung inszeniert werden kann, mag eine für das Verhältnis von Zeremonie und Kinematographie aufschlussreiche Szene aus dem ersten Teil der berühmt-berüchtigten Sissi-Trilogie unter der Regie von Ernst Marischka (1955–1957) zeigen, in der Romy Schneider die Kaiserin verkörperte. Der Zuschauer beobachtet Elisabeths Brautfahrt auf dem Dampfschiff »Franz Joseph« entlang der Donau nach Wien. Das Boot, das den Namen ihres künftigen Gatten trägt, ist zu einem mobilen Thron umgestaltet worden; ein roter Baldachin umgibt die junge bayerische Herzogin und weist sie so für die am Ufer Spalier stehende Bevölkerung als künftige Kaiserin und als Objekt der Huldigung aus. Menschen, Burgen und Dörfer ziehen an Elisabeth vorbei, die selbst an Bord des Schiffes gleichsam statisch verharrt, ohne fixen Bezugspunkt in die Ferne blickt und ziellos winkt. Elisabeth berichtet dabei ihrem Vater eine vor-kinematographische Erfahrung (die Kinematographie feierte erst am Ende des 19. Jahrhunderts ihre Erfolge): »Ein schönes Land ist Deine neue Heimat, Sissi«, bemerkte der bayerische Herzog anerkennend. – »Ja,« so erwidert sie, »mir ist, als träumte ich das alles.«

Kino und Traum sollen hier nicht gleichgesetzt werden. Das Kino reproduziert aller-

Tafel 12,1–3: Huldigung während der Brautfahrt Elisabeths nach Nußdorf bei Wien. Zitat aus Sissi (Regie: Ernst Marischka, Österreich 1955)

dings einen Realitätseindruck, der sich mit dem des Traumes durchaus vergleichen lässt.[6] Sigmund Freud beschrieb Träume als Projektionen – man denke an die Filmprojektion auf eine Leinwand – und griff für die Erklärung des psychischen Apparates gerne auf Analogien zu neuen Medientechniken zurück.[7] Hugo Münsterberg verschaltete schließlich im Rahmen seiner Psychotechnik des Kinos jeden unbewussten Mechanismus des Menschen mit einem Filmtrick wie etwa der Großaufnahme.[8] Wenn seit dem 19. Jahrhundert also die Imaginationen der Fürsten verstärkt unter technische Bedingungen gesetzt wurden, so mag das umgekehrt nicht weniger für die Bilder von den Fürsten gelten. Das betrifft ebenso die auf Dampfschiffen und in Zügen und später in Automobilen am Volk vorbeifahrenden Monarchen als auch ihre tausendfach reproduzierten fotografischen Porträts. Das Bild keiner zweiten Monarchin wurde als ein solchermaßen verkehrs- und bildtechnisch akzeleriertes, d. h. beschleunigtes eingeprägt wie das eben jener Elisabeth von Österreich, die sich so perfekt zu inszenieren verstand.[9]

Sofort mit seiner Entstehung nimmt sich das Kino des Themas der Monarchen an und zeigt sie in fiktionalen wie dokumentarischen Zusammenhängen. So etwa in Walter Dandos und William Dicksons *King John* von 1899, einer frühen Shakespeare-Adaption, die versuchte, das Stück auf nur zwei Minuten zu kondensieren; oder aber dokumentarisch in einem kurzen Stück der British Mutoscope & Biograph Company von 1897 mit dem Titel *Ascot Races Arrival of the Prince of Wales*, welches den späteren König Edward VII. zeigt. Insbesondere Huldigungsszenen gehören ab den 1910er Jahren zum festen Repertoire des Historienfilms, der mit dem italienischen Monumentalfilm einen ersten Höhepunkt erlebt. Sie übernehmen hier aber nicht nur eine inhaltliche Funktion für die Erzählungen dieser Filme. Oftmals mit großem finanziellem und personellem Aufwand inszeniert, gehören die Szenen der durch die Straßen ziehenden Monarchen zu den ansprechendsten Schaustücken dieser Filme. Das liegt nur zum Teil an den aufwendigen Kostümen und dem enormen Aufgebot an Statisten. Vielmehr bieten diese Szenen die Gelegenheit zu Panoramaeinstellungen und vor allem zu aufwendigen Kamerfahrten und Einstellungswechseln. Die Bilder dieser Huldigungsszenen sind bewegte und bewegende Bilder in jeder Hinsicht: es bewegen sich in ihnen nicht nur die Bildobjekte, also die fahrenden Monarchen und das winkende Volk, sondern das Bild kommt dank fahrender Kameras selbst in Bewegung und bewegt schließlich die Zuschauerinnen und Zuschauer zum Staunen, zur Faszination und nicht selten zu Tränen der Begeisterung. In diesen letzten Tagen der europäischen Monarchien wechseln die erhebenden Huldigungsereignisse den Schauplatz: Das Volk begibt sich nicht mehr »in sauberer Kleidung« auf die Straßen, um dort die Monarchen zu preisen, sondern es sitzt nun ebenso schick zurecht gemacht in den Lichtspielhäusern der neuerdings königslosen Länder und genießt dort eine Pracht auf Zelluloid und Leinwand, die geradezu an der eingangs zitierten Beschreibung von Rohrs geschult zu sein scheint.

Der üppig ausgestattete und dann später Technicolor-bunte und breitformatige Historienfilm ist aber nicht nur in dieser Hinsicht die logische Verlängerung des Huldigungswesens unter den Bedingungen technischer Medien. Denn bereits die barocke Beschreibung von Rohrs deutet darauf hin, dass die Huldigung von ihren pompösen Medientechniken nicht zu lösen ist: wertvolle Papiere, aufwendige Einbände, feinste Typographie und Kalli-

Katalog

Wilhelm Ernst, Herzog von Sachsen-Weimar (1662–1728)

Kat. 1 Zum Einzug, 1686, Huld A 27 (M.H.) 96
Kat. 2 Huldigungsgedicht, 1696, Huld gr D 31 (J.M.) 98
Kat. 3 Zum Namenstag, 1697, Huld C 50 (C.K.) 100
Kat. 4 Zum Geburtstag, 1701, Huld C 70 (M.H.) 102
Kat. 5 Zum Geburtstag, 1706, Huld C 93 (M.H.) 104
Kat. 6 Zum Geburtstag, 1712, Huld B 12 (M.H.) 106
Kat. 7 Zum Geburtstag, 1713, Huld B 24 (A.v.W.-M.) 108
Kat. 8 Zum Geburtstag, 1713, Huld B 46 (F.S.) 110
Kat. 9 Zum Geburtstag, 1715, Huld B 80 (F.S.) 112
Kat. 10 Zum Neuen Jahr, 1715, Huld D 11 (A.v.W.-M.) 114
Kat. 11 Zum Geburtstag, 1716, Huld D 4 (M.H.) 116
Kat. 12 Zum Geburtstag, 1724, Huld B 171 (M.H.) 118
Kat. 13 Zum Neuen Jahr, 1726, Huld D 26 (C.K.) 120
Kat. 14 Zum Namenstag, 1726, Huld gr C 8 (C.K.) 122
Kat. 15 Zum Neuen Jahr, 1728, Huld C 31 (M.H.) 124

Ernst August I., Herzog von Sachsen-Weimar-Eisenach (1688–1748)

Kat. 16 Zur Begrüßung, 1716, Huld C 127 (M.H.) 128
Kat. 17 Zur Hochzeit, 1716, Huld C 128 (A.v.W.-M. / K.S.) 130
Kat. 18 Zum Regierungsantritt, 1728, Huld C 113 (M.H.) 132
Kat. 19 Zum Geburtstag, 1729 (?), Huld D 45 (C.K.) 134
Kat. 20 Zur Geburt, 1735, Huld E 25 (C.K.) 136
Kat. 21 Zur Geburt, 1741, Huld F 43 (M.H.) 138
Kat. 22 Zum Geburtstag, 1741, Huld F 53 (C.K.) 140
Kat. 23 Zum Geburtstag, 1746, Huld gr G 16 (C.K.) 142

Anna Amalia, Herzogin von Sachsen-Weimar-Eisenach (1739–1807) und Ernst August Constantin, Herzog von Sachsen-Weimar-Eisenach (1737–1758)

Kat. 24 Zum Namenstag, 1750, Huld gr G 29 (F.S.) 146
Kat. 25 Huldigungsgedicht, 1750, Huld gr H 37 (C.K.) 148
Kat. 26 Zum Geburtstag, um 1750, Huld gr H 18 (J.M.) 150
Kat. 27 Zum Neuen Jahr, 1753, Huld J 13 (M.H.) 152
Kat. 28 Zum Geburtstag, 1753, Huld G 7 (C.K.) 154
Kat. 29 Zur Hochzeit, 1756, Dd 1 : 30 [b] (J.M.) 156
Kat. 30 Zur Geburt, 1757, Huld F 17 (J.M.) 158
Kat. 31 Zum Geburtstag, 1774, Huld L 11 (J.M.) 160
Kat. 32 Zur Genesung, 1786, Huld N 4 [c] (J.M.) 162

Kat. 33 Zur Italienreise, 1789–1790, Huld H 32 (A.B.) . . . 164
Kat. 34 Zum Geburtstag, 1803, 19 A 5138 (A.B.) . . . 166

Carl August, Großherzog von Sachsen-Weimar-Eisenach (1757–1828)

Kat. 35 Zum Geburtstag, 1770, Huld K 32 (A.v.W.-M.) . . . 170
Kat. 36 Zum Geburtstag, 1773, 115869 – A (N.R.) . . . 172
Kat. 37 Zum Regierungsantritt, 1775, Huld L 23 (N.R.) . . . 174
Kat. 38 Zum Regierungsantritt und Vermählungsfest, 1775, Huld L 19 (N.R.) . . . 176
Kat. 39 Zum Beilager, 1775, Huld K 81 (N.R.) . . . 178
Kat. 40 Zur Geburt, 1783, Huld M 11 (N.R.) . . . 180
Kat. 41 Zur Geburt, 1783, Huld M 13 (M.H.) . . . 182
Kat. 42 Zum Geburtstag, 1795, 4° XXXVII : 209 [c] (N.R.) . . . 184
Kat. 43 Zum Erhalt der freien Bürgerjagd, 1821, Huld W 23 (N.R.) . . . 186
Kat. 44 Zum Regierungsjubiläum, 1825, Huld Y 6 (N.R.) . . . 188
Kat. 45 Zum Regierungsjubiläum, 1825, Huld Y 1 (N.R.) . . . 190

Maria Pawlowna, Großherzogin von Sachsen-Weimar-Eisenach (1786–1859)

Kat. 46 Zum Einzug, 1805, N 18923, (J.M.) . . . 194
Kat. 47 Zur Hochzeit, 1804, Huld P 4 (A.v.W.-M.) . . . 196
Kat. 48 Zur Hochzeit, 1804, Huld P 5 (A.v.W.-M.) . . . 198
Kat. 49 Zur Hochzeit, 1804, Huld N 13 [a] (J.M.) . . . 200
Kat. 50 Zum Geburtstag, 1810, Ku 8° III R 292 (25) (N.R.) . . . 202
Kat. 51 Zum Regierungsantritt, 1828, Huld I 22 (N.R.) . . . 204
Kat. 52 Danksagung, 1833, Huld Y 1 [i] (N.R.) . . . 206
Kat. 53 Zum Geburtstag, 1836, Huld XII 6 [a]; Th J, 2 : 33 [a] [1]; Th J, 2 : 33 [a] [1] [a] (N.R.) . . . 208
Kat. 54 Zum Einzug, 1854, Sch Qu 78 (J.M.) . . . 210

Bildnis des Herzogs Wilhelm Ernst von Sachsen-Weimar, Unbekannt, Ende 17. Jahrhundert, Öl auf Leinwand, Klassik Stiftung Weimar

Wilhelm Ernst, Herzog von Sachsen-Weimar (1662–1728) Katalog 1 bis 15

Wilhelm Ernst wurde am 30. Oktober 1662 als Sohn von Herzog Johann Ernst II. (1627–1683) und dessen Gemahlin Christina Elisabeth, Prinzessin von Schleswig-Holstein-Sonderburg (1638–1679), in Weimar geboren. Eine Ausbildung erhielt er unter anderem in Geschichte, Latein sowie Französisch und besuchte ab 1676 die Universität in Jena. 1679/80 unternahm er eine Bildungsreise durch Europa. Nach dem Tode seines Vaters im Jahr 1683 wurde er zusammen mit seinem jüngeren Bruder Johann Ernst III. (1664–1707) regierender Herzog. Nur formal blieb Johann Ernst III. bis zu seinem Tod im Jahre 1707 Mitregent; danach folgte ihm in dieser Rolle der Neffe von Wilhelm Ernst, Ernst August I. (1688–1748), ebenfalls ohne adäquat an der Machtausübung beteiligt gewesen zu sein.

Im November 1683 heiratete Wilhelm Ernst seine Cousine Charlotte Marie (1669–1703), einzige Tochter des Herzogs Bernhard von Sachsen-Jena (1638–1678) und dessen Gemahlin Marie Charlotte (1630–1678). Die kinderlos gebliebene und von Streitigkeiten geprägte Ehe wurde nach sieben Jahren im August 1690 geschieden.

Während seiner Regierungszeit vergrößerte sich das von Wilhelm Ernst regierte Herzogtum, da 1690 die ernestinische Nebenlinie Sachsen-Jena ausstarb. Als Folge wurde Sachsen-Jena zwischen Sachsen-Weimar und Sachsen-Eisenach geteilt.

Dem Landesherrn wurde ein absolutistischer Regierungsstil nachgesagt; er beförderte die Entwicklung der Herzoglichen Bibliothek, des Schulwesens und des Musiklebens. Auch lässt sich auf Wilhelm Ernst eine rege Bautätigkeit zurückführen. Weiterhin bemühte er sich um die Belebung der Wirtschaft, indem er unter anderem insgesamt fünf Zechen (in Magdala und Bürgel) sowie eine brabantische Samtmanufaktur eröffnete, die Strumpffabrikation unterstützte, auswärtige Tuchhändler zuließ, Glashütten aufbaute (in Allzunah und Stützerbach) und eine landeseigene fahrende Post einrichtete (Jena-Eisenach). Wilhelm Ernst verstarb am 26. August 1728 in Weimar.

Aus Anlass seines Einzuges in Jena erhielt Wilhelm Ernst im Jahr 1686 eine Huldigungsschrift von Studenten der Universität Jena (Kat. 1). Zwischen 1706 und 1724 widmeten ihm die Müllersche Buchdruckerei (Kat. 5), der Student Johann Georg Gruber (Kat. 8) und der Philologe Augustinus Bischoff (Kat. 9) Drucke zum Geburtstag. Aber auch Persönlichkeiten, wie Johann Ernst Rentsch d. Ä. (Kat. 3), Johann Anton Mylius in Zusammenarbeit mit Johann Sebastian Bach (Kat. 7) oder Salomo Franck (Kat. 10) haben Huldigungen für ihren Landesherrn verfasst oder gestaltet. Zum Neuen Jahr 1728 empfing der Herzog eine Schrift von der Hofkapelle Weimar (Kat. 15).

Kat. 1 Zum Einzug von Wilhelm Ernst, 1686

[Studenten der Universität Jena]: Der Durchlauchtigste Fürst und Herr, Herr Wilhelm Ernst Hertzog zu Sachsen, ..., den 18. Octobris des 1686sten Jahrs Seinen Hochfürstl[ichen] Einzug zu Jehna hielte, wolten Ihrer Hochfürstl[ichen] Durchl[aucht] die daselbst an Tischen und Fechtböden befindliche Studiosi ihre unterthänigste Pflicht in nachgesetzten bezeugen.

Handschrift auf Seide, 1 Blatt
Einband aus Samt mit Metallauflage
49,8 x 33,5 cm
Huld A 27

Die Huldigungsschrift der Jenaer Studenten für den Weimarer Herzog aus dem Jahr 1686 stellt wegen der Vielfalt und des Wertes der verwendeten Materialien eine Besonderheit dar. Zunächst wurde der Text mit goldener Tinte auf dunkelrote Seide geschrieben und mit einem handgemalten Wappen der einzelnen Landesteile des Fürstentums ergänzt. Aus den ersten drei Zeilen der fünften Strophe des Gedichtes geht hervor, dass die Verfasser eine Verwendung von hochwertigen Materialien als Bestandteil der Huldigung ansahen:

Die Gottesfurcht Gerechtigkeit, die stehn zu deinem Ruhm bereit,
Mit feinster Seide schön geschmückt.

Der ebenso wertvolle Einband findet dagegen keine Erwähnung im Text, was die Vermutung zulässt, dass er möglicherweise erst später hergestellt wurde. Er besteht aus schweren, mit rotem Samt überzogenen Holzdeckeln und Metallauflagen aus Silber. Die Metallarbeit zeigt in der Mitte des Vorderdeckels das sächsische Wappen, während sich auf dem Rückdeckel ein verschlungenes Monogramm mit den Initialen des Herzogs befindet. Über beiden Darstellungen wurden unterhalb des Wappens beziehungsweise des Monogramms Kronen angebracht, die seitlich von jeweils zwei Lorbeerzweigen umschlossen sind.

Die Motive im Zentrum der Deckel sind von Akanthusranken umgeben. Die abschließende Rahmung besteht aus Leisten und Blattornamenten, mit denen die Kanten eingefasst wurden.

Samteinbände mit Silberauflagen waren im 17. und 18. Jahrhundert beliebt und kommen häufig in kleinen Formaten für Gesang- und Gebetbücher vor, während großformatige Beispiele für diese Einbandart nur selten zu finden sind.

(M.H.)

Kat. 2 Huldigungsgedicht für Wilhelm Ernst und Johann Ernst III., 1696
Wolff-Dietrich Mandoly: Denen Durchläuchtigsten Fürsten und Herrn, Herrn H[erzoge]n Wilhelm Ernsten, Und H[erzoge]n Johan[n] Ernsten, … Aus Anlaß einer Nacht-Gesichtlichen, nach außgestandener todtgefährlichen Kranckheit zum dritten mahl repraesentirten Herrligkeits-Erscheinung eines allerseligst … glorwürdigst hinterdencklichen Reichs-Fürsten abbreviret, und dediciret und offerriret.

Handschrift auf Papier, 1 Blatt
Umschlag aus Wolkenkleisterpapier
74,7 x 55,7 cm
Huld gr D 31

Mit goldener Tinte auf dunkelblauem, großformatigem Papier bringt Wolff-Dietrich Mandoly den gemeinsam regierenden Herzögen Wilhelm Ernst und Johann Ernst III. im Jahr 1696 ein Huldigungsgedicht von zwanzig Strophen dar. Der Textspiegel ist von einem reich verzierten Rahmen, ebenfalls in goldener Farbe, eingefasst. Das Gedicht in deutscher Sprache steht unter dem Motto *Verachte Zeit! – Betrachte Ewigkeit.*

Die Strophen sind jeweils in acht Verse als Kreuzreime und umarmender Reim gefasst. Zur Hervorhebung des Mottos, das in weißer Schrift rechts und links über dem Text steht, sind Erwähnungen der Wörter *Ewigkeit*, *Ewig*, *Zeit* und *Zeiten* im fortlaufenden Text ebenfalls in weißer Farbe geschrieben. Unter Anführung antiker Beispiele (Helena, Xerxes, Croesus etc.) wird die Vergänglichkeit von Schönheit, Macht und Reichtum beschrieben. Demgegenüber wird die Heilige Schrift und das Beispiel Jesu als vorbildliche Lehre angeführt. Eitelkeit, Wollust und anderen Untugenden solle ein Ende gemacht werden; stattdessen sei ein tugend- und gewissenhaftes Leben zu führen, um im ewigen Leben dafür den Lohn zu empfangen.

Zum Zeitpunkt der Huldigung 1696 hatte Wilhelm Ernst de facto seinen Bruder Johann Ernst weitgehend entmachtet. Obwohl Johann Ernst formal regierender Herzog blieb, hatte er tatsächlich kaum mehr Einfluss auf die Regierungsgeschäfte. Wilhelm Ernst gilt als eigenwilliger Fürst, der despotisch herrschte, Johann Ernst soll dem Alkohol verfallen gewesen sein.[1] Ob allerdings diese Umstände Anlass zu den ungewöhnlich aufrüttelnden Versen waren, oder ob nur die eingangs geschilderten Visionen (dreimalige *Nachtgesichtliche Herrligkeits-Erscheinung*) den Verfasser zu dem Werk veranlassten, ist ebenso unbekannt wie Näheres über die angesprochene, todgefährliche Krankheit.

(J.M.)

1 ADB 1881, Bd. 14, S. 362–364.

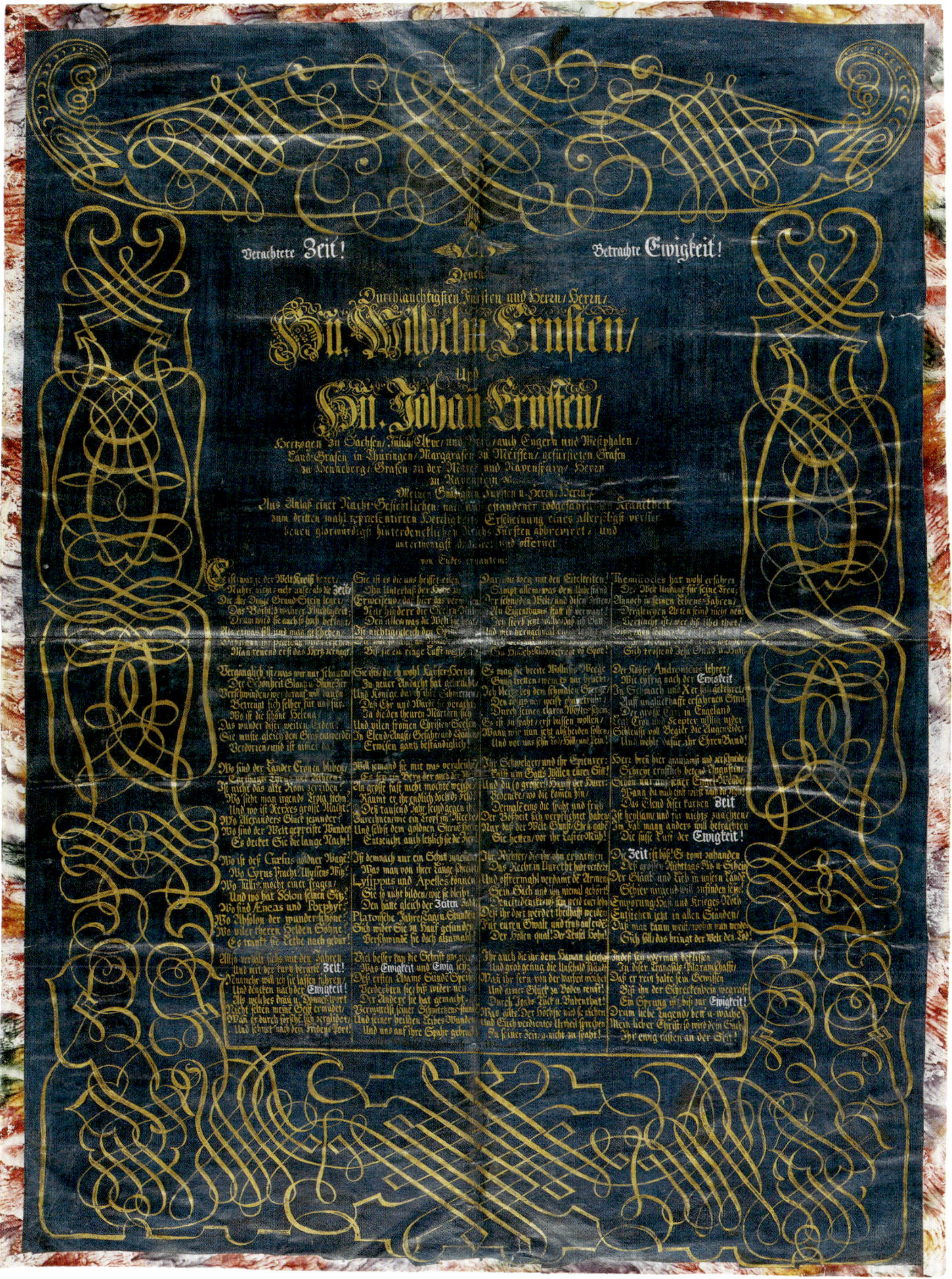

Verachtete Zeit! Betrachte Ewigkeit!

Denen Durchlauchtigsten Fürsten und Herren/ Herren/
Hn. Wilhelm Ernsten/
und
Hn. Johan Ernsten/
Hertzogen zu Sachsen/ Jülich/ Cleve/ und Berg/ auch Engern und Westphalen/ Land-Grafen in Thüringen/ Marggrafen zu Meissen/ gefürsteten Grafen zu Henneberg/ Grafen zu der Marck und Ravensburg/ Herrn zu Ravenstein [illegible]
Meinen Gnädigsten Fürsten u. Herren/ Herren/
Aus Anlaß einer Nacht-Gesichtlichen [illegible] Krankheit zum dritten mahl repraesentirten Herrligkeits Erscheinung eines allerseligst verstorbenen glorwürdigst hinterdencklichen Reichs-Fürsten abbreviret/ und unterthänigst [illegible] und offeriret
von [illegible]

Kat. 3 Zum Namenstag von Wilhelm Ernst, 1697
Elias Binder: Der durch die Tugend verherrlichte Landes=Fuerste. Als Der Durchlauchtigste Fuerst und Herr, HERR Wilhelm Ernst, ... Den 28. Maji 1697. Seinen erfreulichen Nahmens=Tag Wilhelmus ... Bei allen Hoch=Fuerstlichen Wohlergehen und hertzinniglicher Zufriedenheit erlebete ... vorgestellet von Elias Bindern, ... Weimar, Müller.

Druck auf Papier, 6 Blätter, 1 Guaschmalerei
Umschlag aus Bronzefirnispapier
31,5 x 18,5 cm (Einband); 31,5 x 19,5 cm (Guasch)
Huld C 50

Der Herzog Wilhelm Ernst anlässlich seines Namenstages 1697 gewidmete Druck enthält eine Guaschmalerei, die von Johann Ernst Rentsch d. Ä., der Hofmaler war, ausgeführt wurde. Sie ist als handgemaltes Frontispiz der Drucklage beigegeben.[1]

Der durch die Tugend verherrlichte Landes=Fuerste steht im Zentrum von Text und Bild: Der Landesherr ist durch sein Monogramm symbolisiert, welches sich auf einer von zwei nackten Engeln aufgespannten Banderole, und vor einem schlicht gehaltenen Triumphbogen, befindet. Das Tor gibt den Blick auf die Wilhelmsburg frei. Im Bildvordergrund, links und rechts, haben sich die weiblichen Gestalten der personifizierten Tugenden versammelt. Während Glaube (Kreuz) und Liebe (flammendes Herz) die Attribute himmelwärts schwingen, sich die Hoffnung auf ihren Anker stützt und die Treue auf ihr Lamm verweist, thront die Sonne wie auf einer Himmelsbank. Sowohl das goldenen Zepter als auch der feine goldene Strahlenkranz verstärken die Assoziation mit dem religiösen Motiv der in den Wolken sitzenden Muttergottes. Verfasser des anspruchvollen Textes von sechs Seiten ist Elias Binder, dessen Verse sich mit der Illustration von Rentsch, die in ihrer Qualität an Miniaturen der Buchmalerei erinnert, eindrucksvoll verbinden: *Er zeigt der klugen Welt den Vorraht seiner Guehte. Und stellt die Tugenden entfernten Laendern dar. Er ruehmt sein wachsend Gluek, sein himlisches Gemuehte. Und fuehrt den hohen Ruhm aus aller Welt=Gefahr.* Der Text wurde mit einem Fußnotenapparat ausgestattet, in dem sich die verwendeten sprachlichen Bilder aufgelöst finden.[2] In die Huldigung der Person des Herzogs wird auch die Stadt Weimar eingeschlossen: *Das keinen niedren Tand in seinen Wohlstand schliest. Ilmine darf vergnuegt mit deinem Ruhme prangen. Die bei der* ***Wilhelmsburg*** *auf reine Kiesel stiest.*

Gedruckt wurde die Schrift, die sich insgesamt in einem sehr guten Erhaltungszustand befindet, bei Johann Andreas Müller in Weimar.

(C.K.)

1 Vgl. ausführlicher in diesem Band den Beitrag *»Vergnuegter Wilhelm Ernst!« – Zur bildlichen Ausstattung von Weimarer Huldigungsschriften.*

2 Zur Kennzeichnung der Fußnoten verwendete der Autor hauptsächlich Minuskeln, die er vor das aufzulösende Wort setzte, wie in: *Du andrer [n] Ferdinand! Dein unverfälschtes Weesen. Laest die Gerechtigkeit in seinen Graentzen sehn. Dir bleibt [o] Hybreas auch zum Muster auserlesen, was deine Tugend führt muß auf der Welt bestehn. n = Ein Liebhaber der Gerechtigkeit. o = Ein Freund der Gerechtigkeit ...*

delineavit
et Pinxit ao: 1697.

Kat. 4 Zum Geburtstag von Wilhelm Ernst, 1701
Johann Andreas Westphal: Helicon Vovens, Quem in Reducem Natalis Solemnitatem Serenissimi Celsissimique Principis ac Domini, Domini Wilhelmi Ernesti, ... die XXX. Octobr. Anno M. DCCI. Omnigeae felicitatis ardentissimo voto offert, ... Dornburgo. Thur. Primae Class. Auditor. Weimar, Müller.

Glück wünschender Helicon (Musensitz), den zur wiederkehrenden Feier des Geburtstags unseres erlauchtesten und erhabensten Fürsten und Herrn, Herrn Wilhelm Ernst, ..., am 30. Oktober im Jahr des Herrn 1701 mit seinem glühendsten Wunsch für alles mögliche Glück darbringt Johann Andreas Westphal, Schüler der ersten Klasse zu Dornburg in Thüringen.

Druck auf Papier, 2 Blätter
Umschlag aus Bronzefirnispapier
32,2 x 19,5 cm
Huld C 70

Das Huldigungsgedicht von Johann Andreas Westphal, zum 39. Geburtstag des Herzogs Wilhelm Ernst von Sachsen-Weimar angefertigt, besteht aus zwei Blättern, die in einen Umschlag aus Bronzefirnispapier gebunden sind.

Das Papier eines anonymen Herstellers wurde im Jahr 1701 verarbeitet und zeigt ein Muster mit Ranken und Blüten in Rosettenform auf punktiertem Grund. Für die Herstellung eines solchen Papieres waren mehrere Arbeitsschritte notwendig, wobei der Bogen zunächst einfarbig mit Kleisterfarbe gestrichen wurde. Anschließend erfolgte das Patronieren, indem mit Hilfe von Schablonen (Patronen) bestimmte Bereiche des Blattes zusätzlich schwarz gefärbt wurden. Der nächste Arbeitsschritt bestand darin, den farbigen Papiergrund mit einer klaren und hochglänzenden Firnisschicht zu überziehen. Dann wurde der Bronzefirnis als Druckfarbe auf den Holzmodel gebracht und das Muster auf den gefärbten Papiergrund gedruckt.

Die Technik des Patronierens setzte man bevorzugt zur farblichen Akzentuierung von Blüten, Blättern und figürlichen Darstellungen innerhalb des Musters ein. Patronierte Bronzefirnispapiere waren in der Herstellung aufwendiger und deshalb vermutlich etwas kostspieliger als einfarbige Exemplare. Durch den Wechsel von hellen und dunklen Farben wirken sie heiter und lebendig, während goldene Bronzefirnismuster auf einfarbigem Grund einen ernsten und feierlichen Charakter haben können. Dieser Eindruck wurde durch die dunkel abgetönten Farben Rot, Grün, Blau, Violett oder Schwarz erzeugt. Es war also möglich, für jeden Anlass Muster einen entsprechend gefärbten Papiergrund zu wählen. So ist beispielsweise ein Bronzefirnispapier mit dem gleichen Muster aus Ranken, Blüten in Rosettenform und Punkten, allerdings auf schwarzem Grund, ebenfalls im Jahr 1701 als Umschlag zu einer Leichenpredigt verwendet worden.[1]

(M.H.)

1 Vgl. Haemmerle 1961, Kat. Nr. 506, Fürstlich Hohenlohesche Archivbibliothek, Sign. Fo. 95 ED cm.

Kat. 5 Zum Geburtstag von Wilhelm Ernst, 1706
[Besitzer der Müllerschen Buchdruckerei]: Die gedrueckte und beglueckte Buchdruckerey. Als der durchlaeuchtigste Fuerst und Herr, HERR Wilhelm Ernst, Hertzog zu Sachsen …, Dero hoch-fürstlichen Geburths-Tag, Den 30. Octob[e]r. 1706 in hohen Wohlstande erlebte, in unterthaenigster Demut und Glueckwuenschend aufgefuehret von Denen Besitzern der Muellerschen Buchdruckerey. Weimar, Müller.

Druck auf Papier, 2 Blätter
Umschlag aus Brokatpapier
32,5 x 19,6 cm
Huld C 93

Die Eigentümer der in Weimar ansässigen Buchdruckerei Müller sind die Verfasser dieser Huldigungsschrift zum 44. Geburtstag des Herzogs Wilhelm Ernst.

Der Umschlag der Schrift besteht aus einem Brokatpapier, das im Augsburger Verlag von Georg Christoph Stoy hergestellt wurde und ein sehr frühes Beispiel dieser Buntpapierart ist. Die Signatur des Herstellers befindet sich am unteren Rand des Bogens, wo in einem goldenen Schildchen zu lesen ist: *Augsp.Bey.G.C. Stoy.*

Stoy gehörte zu den ersten und erfolgreichsten Brokatpapierherstellern in Augsburg. Neben einer großen Zahl von verschieden gemusterten und gefärbten Brokatpapieren verkaufte er auch andere gängige Buntpapiersorten, wie Bronzefirnis-, Kleister-, Marmor- und Sprenkelpapiere.[1]

Das Muster des hier vorgestellten Brokatpapieres besteht aus Bandwerk, Arabesken und fünfzehn Darstellungen von Kriegstrophäen: Die Mitte bildet der Kriegsgott Mars, der von Trommeln, Kanonen, Fahnen, Trompeten, sowie Hieb- und Stichwaffen umgeben ist. Auf anderen Exemplaren dieses Papiers befindet sich in der Blattmitte anstelle von Mars ein gekrönter Doppeladler mit Zepter und Schwert.[2] Demnach ist das zentrale Motiv des ansonsten identischen Musters entweder zu unbestimmtem Zeitpunkt auf der Druckplatte aus Messing umgearbeitet worden, oder es muss zwei Mittelstücke gegeben haben, die aus der Platte gehoben und ausgewechselt werden konnten.

Andere Hersteller haben ihre Brokatpapierplatten auf die gleiche Weise verändert, wenn in den Mustern der Doppeladler als zentrales Motiv verwendet wurde. Warum man gerade dieses Motiv im ersten Viertel des 18. Jahrhunderts häufig gegen andere, zum Beispiel Tierdarstellungen, austauschte, ist nicht bekannt.

(M.H.)

1 Vgl. Haemmerle 1961, S. 24–25.
2 Vgl. ebd., Kat. Nr. 447.

Kat. 6 Zum Geburtstag von Wilhelm Ernst, 1712
Christoph Moßdorf: Den vorseyenden Friedens-Schluß derer Alliirten und Franckreichs, Wolte, Als Der Durchlauchtigste Fuerst und Herr, HERR Wilhelm Ernst, Hertzog zu Sachsen, …, Dero höchsterprießlichen Geburths-Tag … erlebeten, … vorstellen Christoph Moßdorf. Weimar, Mumbach.

Druck auf Papier, 2 Blätter
Umschlag aus Brokatpapier und Bronzefirnispapier
33,2 x 20,3 cm
Huld B 12

Der Umschlag dieser Huldigungsschrift, die anlässlich des 50. Geburtstages von Herzog Wilhelm Ernst angefertigt wurde, besteht aus zwei verschiedenen und übereinander kaschierten Buntpapieren. Während die Außenseite ein geprägtes Brokatpapier schmückt, befindet sich auf der Innenseite des Umschlags ein bemerkenswertes Bronzefirnispapier[1], bei dem statt eines einfarbigen Papiergrundes ein Modeldruck mit Kleisterfarben aufgebracht wurde. Über das Blumenmuster wurde anschließend der Bronzefirnisdruck gelegt.

Das goldene Muster hebt sich nur schwach von den weißen Bereichen des Papiergrundes ab und ist auf den ersten Blick für das Auge nicht gut erkennbar. Details, wie zum Beispiel das seltene Motiv einer Eidechse in etwa der Bildmitte, lassen sich daher nur bei genauerem Hinsehen entdecken. Bei dieser speziellen Erscheinungsform von Bronzefirnispapieren kam es offenbar nicht so sehr auf die Erkennbarkeit des Musters an, sondern vielmehr auf den optischen und farblichen Gesamteindruck, der durch das Übereinanderlegen der beiden Techniken erzeugt wurde. Die geprägten Muster der Brokatpapiere wurden ebenfalls mit Kleistermodeldrucken kombiniert, haben sich aber genauso selten erhalten wie entsprechende Bronzefirnispapiere. Die insgesamt höhere Wertigkeit der Brokatpapiere im Vergleich zu Bronzefirnispapieren scheint sich an der Abfolge der Materialien am Einband bemerkbar zu machen. Immer, wenn beide Buntpapiersorten zusammen verarbeitet wurden, ist das Brokatpapier für die äußere Schauseite und das Bronzefirnispapier als Vorsatz für die Innenseite verwendet worden.

Kleistermodeldrucke kommen zu Beginn des 18. Jahrhunderts häufiger vor, wobei sie offenbar insbesondere im Augsburger Verlag des Georg Christoph Stoy (vgl. Kat. 5) mit Bronzefirnisdrucken kombiniert und zum Verkauf angeboten wurden.

(M.H.)

1 Vgl. Haemmerle 1961, Kat. Nr. 494.

Kat. 7 Zum Geburtstag von Wilhelm Ernst, 1713
Johann Anton Mylius: Des Durchlauchtigsten Fürsten und Herrn ... Aus unterthänigster Schuldigkeit erwogen und unter Hertz-inbrünstigen Anwunsche alles innen enthaltenen, ... In tieffster Unterthänigkeit überreichet von Johann Anthon Mylio, Sup. In Buttstadt. Weimar, Mumbach.

Johann Sebastian Bach: Alles mit Gott und nichts ohn' Ihn: Aria Soprano Solo é Ritornello (BWV 1127), Weimar.

Notenhandschrift, 1 Blatt
31, 5 x 19,5 cm
Huld B 24

Der Superintendent Johann Anton Mylius aus Buttstädt wählte für seine zwölfstrophige Dichtung zum Geburtstag von Wilhelm Ernst den Wahlspruch des Herzogs als Leitvers: *»Omni cum deo et nihil sine eo« (Alles mit Gott und nichts ohn' Ihn).*

In diesen Strophen werden Segenswünsche für Herzog Wilhelm Ernst ausgesprochen.

Die vorgesehenen leeren Seiten wird Johann Sebastian Bach zeitnah zur Drucklegung von Mylius' Versen mit seiner Partitur gefüllt haben. Diese Musik seinen einzigen Beitrag zur Gattung der Strophenarie dar. Der dynamische Ablauf des Werkes ist von Bach in dem, die einzelnen Strophen voneinander abtrennenden, Streicherritornell sehr genau vorgegeben. Die Continuo-Stimme wurde von Bach ausführlich beziffert. Die Arie ist für Sopran, zwei Violinen, Viola und Continuo komponiert.

Es ist anzunehmen, dass die Uraufführung 1713 in der Weimarer Schlosskapelle, der sogenannten Himmelsburg, in Anwesenheit des Herzogs stattgefunden hat, und zwar an jenem Sonntag, der auf den Geburtstag folgte. Sicher werden auch alle zwölf Strophen von Mylius Dichtung erklungen sein, denn er hatte den Wahlspruch von Wilhelm Ernst mit Bibelkonkordanzen unterlegt. Dem frommen Herzog wird dieser Glückwunsch gelegen haben.[1]

Die Huldigungsschrift mit Text und Partitur wurde in der Weimarer Bibliothek bewahrt und blieb von den Bränden 1774 und 2004 verschont. Der Leipziger Musikwissenschaftler Michael Maul konnte die anonym erhaltene Komposition im Jahre 2004 Johann Sebastian Bach zuordnen. Ein Faksimile sowie eine Partiturausgabe erschienen im Verlag Bärenreiter in Kassel 2005.

(A.v.W.-M.)

1 Vgl. Mylius und Bach 1713 (2005), Vorwort.

Aria Soprano Solo è Ritornello
Adagio.

Kat. 9 Zum Geburtstag von Wilhelm Ernst, 1715

M. Augustinus Bischoff R.: Aufwerts mein Hertz Solte Als der Durchlauchtigste Fuerst und Herr HERR Wilhelm Ernst Herzog zu Sachsen Juelich Cleve Bergen ... Seinen drey und funffzigsten ... Gebuhrts-Tage ... beginge ... vor Augen legen ... M. Augustinus Bischoff R. Weimar, Mumbach.

Druck auf Papier, 2 Blätter
Umschlag aus Brokatpapier
26,3 x 39,4 cm
Huld B 80

Von Augustinus Bischoff, von dem bekannt ist, dass er Philologe war und 1727 starb, existieren mehrere Huldigungsschriften im Bestand der Herzogin Anna Amalia Bibliothek, die ebenso wie die vorliegende den jeweiligen Geburtstag von Wilhelm Ernst zum Anlass haben. Der Druckort ist allermeist Weimar, nämlich die Hofbuchdruckerei von Johann Leonhard Mumbach. Bei einer handschriftlichen Huldigung von 1716 ist der Entstehungsort mit Buttstädt angegeben, eine andere lädt zur Festrede anlässlich des 30. Oktober 1715 in die Stadtschule von Buttstädt ein, sodass das R. hinter dem Autorennamen auf die Bezeichnung *Rector* deuten mag.

Die Huldigungsschrift trägt kein gedrucktes Datum: Durch den Anlass des 53. Geburtstages des Landesherrn ist aber der 30. Oktober 1715 als spätester Erscheinungstag anzunehmen. Sie ist in einen Umschlag eingeklebt, der aus zwei Bogenteilen orangegestrichenen Brokatpapieres mit Rankenmuster und figürlichen Abbildungen zusammengesetzt wurde.

Trotz der geringen Stärke von zwei Blatt Umschlag und zwei Blatt Text hat der Buchbinder einen Goldschnitt angebracht.

Das Schaustück auf der dritten Seite ist ein Figurengedicht, in dem die sich aufeinander beziehenden Verslängen den Umriss eines Gegenstandes abbilden. Als Gedichtform ist es seit dem 3. Jahrhundert vor Christus bekannt. Besonders im 17. und 18. Jahrhundert sind die Figuren sehr vielfältig geworden. In diesem Fall ergeben die Umrissformen der Verse das Bild einer Pyramide.

Das bereits im einleitenden Text auf Seite zwei erklärte Anliegen des Autors: Zum Lobe des Fürsten ein überdauerndes Denkmal zu schaffen, wird somit bildlich dargestellt, wie auch im preisenden Gedicht selbst benannt.

(F.S.)

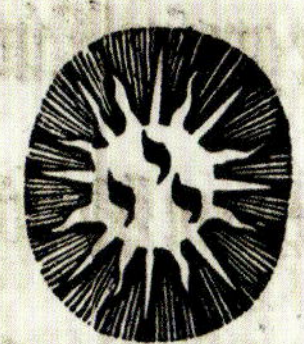

GOtt
o b e n
zu loben
nach dem Tod
in dem Himmel
hier auf Erden
fromm zu Leben
in dem Weltgetümel
sich nach Gott bestreben
bey soviel Beschwerden
ist Dein voller Ruhm
in dem gantzen Christenthum
was dich Himelwerts kan führen
sonsten will ich nichts berühren
dem ist der Lohn die Straff sein eigen
vor dem sich Cron und Zepter neigen
der sich getrost vor ihm mit gantzem Hertzē beügt
denselben warlich nicht sein theures Wort betreügt
der so zu GOTT sich naht / der so zu ihme fleht
steigt mehr und mehr empor / wenn alles untergeht
Wie eine Pyramid / die Wind und Sturm besieget
der Fürsten-Ruhm besteht / und nichts davon erlieget
Du theurer Fürst, das ist dein Ruhm, der längst in ewig Ertz gegrabē
daß du der Tugend Eigenthum / ein Auszug hoher Himmels Gaben
ein ieder läßet seinen Geist / an einem solchen Fürsten kleben
wo dieser ihme Gnad erweist / das ist ja ein erwünschtes Leben
wem sein geweyhtes Lust-Vergnügen / aus dem gestiernten Bogen quilt
was GOTT und Mensch zusammen fügen / das ist des Himmels Ebenbild
daher ist Weimar höchst erfreüt / weil sich sein hohes Haupt verneut
WILM ERNST begehet heut / wer heute trauren mag/
ist nicht der Freude werth/ Geburht- und Lebens-Tag
trit ein erwünschtes Licht / komt doch gelibte Stunden / da wir des Landes Heyl / an diesen Tag gefunden
der Tugend schönster Schein/die Gottesfurcht im Land/der Seegen/Heyl/und Wohl/find sich im Fürstenstand
GOTTES Allmacht schützet ihn / wenn all Rath und That verschwind/
wieder Donner / Sturm und Blitz / wieder allen Unglücks Wind
wer sich diesen nur ergibt / und auf Gottes Hülffe trauet / der auf einen Felsen Grund / solche Pyramiden bauet
Sand und Kalch / das sind die Mittel / wenn man was geschickts will machen:
So der Glaub / Gebet und Hoffnung / dienen mit zu allen Sachen/
und der Liebe Schirm und Stütze / bey des Nechsten Hülff und Mangel/
zu der Hülff / und Liebe GOTTES / ist die rechte Thür und Angel.
Stein zum bauen muß man haben/ wenn der Bau soll veste stehen/ was man bauet an dem andern/ das muß mit Gedult geschehen
Klippen finden sich im Meer / deßen wilde Wellen-Fluth / Schiff und Steüer dran zerschmettert : So ist Ungedult und Wuth
Felsen unbeweglich stehen / wer will deren Grund ergründen? Eben so / die auf den sehen / deßen Ehre sie verkünden.

Kat. 10 Zum Neuen Jahr für Wilhelm Ernst, 1715

Salomo Franck: Bellona. Der Friede. Die Themis. Jllmene. Als Der Durchlauchtigste Fürst und Herr, Herr Wilhelm Ernst Herzog zu Sachsen … Das mit Gott eingetretene Neue 1715. Jahr In Hochfürstl[ichen] Wohlergehen erlebet, bey einer von der Fürstl. Hof-Capelle angestimmeten Früh-Music aus glückwünschender unterthänigster Devotion aufgeführet von Salomon Francken, Secretar, Weimar.

Handschrift auf Papier, 4 Blatt
Umschlag aus Buntpapier
33,5 x 20,5 cm
Huld D 11

Der Text ist handschriftlich, wohl von Salomo Francks eigener Hand, überliefert.

Franck gehörte zu den fruchtbarsten Dichtern seiner Zeit. In den Jahren 1701 bis 1725 stand er in Diensten von Herzog Wilhelm Ernst, welcher ihm wichtige Ämter im Herzogtum Sachsen-Weimar übertrug, wie das Amt des *Gesammten Consistorial-Sekretärs* und des *Oberconsistorial-Sekretärs*. In Weimar entstanden seine besten Dichtungen sowie einige Jahrgänge Kantatentexte für kirchliche Aufführungen. Seinerzeit galt Franck als der Textdichter der neuen von der italienischen Oper übernommenen Kantatenform.

Bis heute lassen sich viele von Bach vertonte Texte von ihm nachweisen, wie *Ich hatte viel Bekümmernis*. Weitere Vertonungen sind von Johann Samuel Drese und Georg Philipp Telemann überliefert.

Geburtstags- und Neujahrsgratulationen für Wilhelm Ernst verfertigte Salomo Franck während seiner Amtszeit regelmäßig. Auch Trauergedichte für verschiedene Weimarer Persönlichkeiten sind erhalten, in allen Gedichten liebte Franck es, Anspielungen auf Stand, Namen und Tätigkeit der Geehrten einzufügen[1].

Bellona als Muse des Kriegsgottes Mars in der Mythologie, der Friede, die Themis, zum Göttergeschlecht der Titanen gehörend und Illmene als die Stadt Weimar sind die Figuren dieses musikalischen Stückes von 1715, deren göttliche Eigenschaften gleichnishaft in Metaphernform auf Wilhelm Ernst übertragen werden. Seine heldischen Vorgänger Herzog Bernhard und Herzog Wilhelm IV. werden besungen, nun aber heben unter Wilhelm Ernst friedlichere Zeiten an. Mitglieder der Fürstlichen Hofkapelle waren an der Aufführung der *Früh-Music* beteiligt. Die Noten haben sich nicht erhalten.

(A.v.W.-M.)

1 Vgl. Hoffmann-Erbrecht 1950, S. 126ff.

Bellona.
Der Friede.
Die Themis.
Ilmene.
Als
Der Durchlauchtigste Fürst und Herr.
Herr.
Wilhelm Ernst,
Herzog zu Sachsen, Jülich, Cleve und
Berg, auch Engern und Westphalen, Landgraf in
Thüringen, Marckgraf zu Meißen, Gefürsteter Graf zu
Henneberg, Graf zu der Marck und Ravensberg
Herr zum Ravenstein
Unser gnädigster Regierender Landes Fürst
und Herr.
Das mit Gott eingetretene
Neue 1715. Jahr
in Hochfürstl: Wohlergehen erlebet,
bey einer von der Fürstl. Hof-Capelle
angestimmeten Freud-Music
aus glückwünschender unterthänigster De-
votion aufgeführet
von
Salomon Francken,
Secretar.

Kat. 11 Zum Geburtstag von Wilhelm Ernst, 1716
Nicolò di Castelli: Per La Solennissima, Felicissima, & Augustissima Nascita Del Serenissimo, Piissimo, E Gloriosissimo Prencipe E … Il Sinor Duca Di Sassonia-Weimar &c. &c. &c. Guglielmo Ernesto. Weimar, Appresso il Monbach, L'anno 1716. li 30. Ottobre.

Auf Des Durchlauchtigsten Fuersten und Herrn. HERR Wilh[elm] Ernstens Hertzog zu Sachsen …, Seines gnädigsten Regierenden Landes=Fuersten und Herrn. Den 30. Octob[er]. 1716. höchst}erfreulich eingetretenen Hoch=Fuerstlichen Geburths=Tag. Weimar, Mumbach.[1]

Druck auf Papier, 2 Blätter
Einband aus Damaststoff
31,9 x 19,6 cm
Huld D 4

Nicolò di Castelli ist der Verfasser dieser Huldigungsschrift, die anlässlich des 54. Geburtstages des Herzogs entstanden ist. Der im Jahre 1680 nach Deutschland gekommene Castelli war Sekretär des Kurfürsten Friedrich III. von Brandenburg. Später ist er als Professor für italienische Sprache in Halle tätig gewesen und veröffentlichte unter anderem ein italienisch-deutsches Wörterbuch. Castelli wurde 1661 in der toskanischen Stadt Lucca geboren, wo man um 1200 die ersten italienischen Damastgewebe herstellte. Auch zu Beginn des 18. Jahrhunderts war die Stadt bekannt für die Herstellung edler Stoffe, weshalb die Wahl des Einbandmaterials hier vermutlich auf Castelli selbst zurückgeht und das Gewebe möglicherweise sogar aus seiner Heimatstadt stammt.

In Deutschland wurde Damast erst ab der zweiten Hälfte des 17. Jahrhunderts, vor allem in Sachsen produziert, und fand unter anderem als Möbelbezug oder als Tapete Verwendung. Da die überwiegend floralen Motive der Damastgewebe entsprechend groß dimensioniert sind, eignen sie sich nicht gut als Schmuck für Bucheinbände. Eine Ausnahme bilden großformatige Huldigungsschriften, bei denen im 18. Jahrhundert Damaststoffe häufiger als Einbandmaterial verarbeitet wurde. Oft handelt es sich dabei um einfarbige Stoffe, bei denen das Muster durch den Wechsel der Atlasbindung entstand. Dadurch entstanden glänzende Flächen für den Hintergrund, während matte Flächen das Muster bildeten. Dieser Effekt ist bei dem hier gezeigten Beispiel im blauen Bereich unten links in der Ecke des Deckels zu sehen.

(M.H.)

1 Bei diesem Titel handelt es sich um die freie Übersetzung des Verfassers (Paralleltitel).

Kat. 12 Zum Geburtstag von Wilhelm Ernst, 1724
Hofkapelle Weimar: Lob- und Danck-Opffer des Weimarischen Zions, Bey Christ-Fürstlicher Wilhelm-Ernestinischer Gebuhrts-Tages- und Stifftungs-Feyer ... den 5ten Novemb.[er] 1724 andaechtig abgeleget, von Der Fuerstl. Saechß. gesammten Hof-Capelle zur Wilhelms-Burg. Weimar, Mumbach.

Druck auf Papier, 4 Blätter
Umschlag aus Brokatpapier
31,5 x 20 cm
Huld B 171

Die Schrift enthält den Text für eine Huldigungskantate. Im Rahmen der Feierlichkeiten des 62. Geburtstages von Wilhelm Ernst wurde sie von der Weimarer Hofkapelle zur Aufführung gebracht.

Der Umschlag besteht aus einem Brokatpapier, das laut Signatur am unteren Rand des Bogens im Fürther Verlag des Johann Köchel hergestellt wurde. Köchel war neben Georg Popp (vgl. Kat. Nr. 16) einer der bedeutenden Brokatpapierproduzenten in Fürth. Seine Erzeugnisse, vor allem die auf patroniertem, also mehrfarbigem Grund geprägten Muster, sind von hoher Qualität und sind im Bestand der Weimarer Huldigungsschriften in vergleichsweise großer Zahl erhalten. Darunter befinden sich viele Blumenrankenmotive, aber auch andere Dekore, wie das hier abgebildete Streifenmuster, von dem bisher kein zweites Exemplar bekannt ist.

Das Blatt ist in 17 vertikal verlaufende Bänder in jeweils unterschiedlicher Breite aufgeteilt und mit differenzierten Mustern versehen. Vielseitig sind auch die verwendeten Formen: So kommen Arabesken, Akanthus, Bandwerk, Gitterwerk, Vorhänge mit Quasten, Baldachine, allegorische Figuren, Zwerge, Putten, Reiter und Tiere vor. Sie können symbolische Bedeutung haben, wie der auf einem der Bänder dargestellte Kranich mit einem Stein in der Kralle zeigt, der für Wachsamkeit steht. Die Aufteilung in viele mehr oder weniger schmale Bänder mit jeweils eigenständigen Mustern lässt die Vermutung zu, dass dieses Brokatpapier ursprünglich als Ausschneidebogen konzipiert war und die Streifen in erster Linie zu verschiedenen Dekorationszwecken und für Bastelarbeiten benutzt wurden. Das würde erklären, dass es trotz seiner bemerkenswert hohen künstlerischen Qualität offenbar nur sehr selten als Einbandmaterial verarbeitet wurde.

(M.H.)

Kat. 13 Zum Neuen Jahr für Wilhelm Ernst, 1726
Matthias Gerstung: Unterthänigster Neu Jahrs Wunsch welchen Bey den Antritt des 1726 Jahrs Dem Durchlauchtigsten Fürsten und Herrn Herrn Wilhelm Ernst Hertzogen zu Sachsen … als ein Zeichen einiger Danckbarkeit … überreichet sollen Matthias Gerstung.

Handschrift auf Papier, 2 Blätter
Gefalteter Bogen
33,5 x 20,2 cm
Huld D 26

Einen *Unterthänigsten Neu Jahrs Wunsch* überbrachte Wilhelm Ernst *in gehuldigster Devotion u. diefster Submission* … Matthias Gerstung im Jahr 1726.

Das Titelblatt wird von einer formatfüllenden Zeichnung bestimmt, die, wie auch die Schrift, in Eisengallustinte ausgeführt ist: Als Dekorationselement für die Huldigung dient ein mittig gesetztes Schmuckportal, dessen architektonische Formen an einen Triumphbogen erinnern. Das Tor, mit denen später in der Romantik bevorzugten gedrehten Säulen, bietet Platz für das Symbol eines Baldachins. Dieser wurde als Falten schlagendes Tuch, und sehr realitätsnah, mit einer Kordel am Gesims befestigt, wiedergegeben. Das mit Ornamenten versehene Tuch bildet den stofflichen Träger für jene Informationen, die Aufschluss über den Anlass, das Jahr, den Adressaten und auch den Absender geben. Über dem Sockel wurde Platz für einen Gruß belassen, der über das Verhältnis zwischen dem Huldigungsempfänger und dem Autor informiert: *als ein Zeichen einiger Danckbarkeit vor alle genossne Hochfürst[iche] Gnade überreichet sollen. Matthias Gerstung.*

Auf der Doppelseite im Innenteil wird die Handschrift durch einen Text in Reimform gegliedert, in dem der Verfasser auch Bezug auf die kommenden Jahre nimmt:

Es ist Durchlauchtigsten ein neues Jahr erschienen. Drum will mein schlechter Kiel sich wiederum erkuehnen. Und bringt den kurtzen Wunsch in Unterthänigkeit. Mein Danck begierig Hertz hat solches zubereit: Gott lasse Sie dies Jahr bey Hohen Wohl erleben. Und wolle auch hernach noch viele Jahre geben!

Obwohl die zweiblättrige Huldigungsschrift ohne Umschlag überliefert ist, befindet sie sich in einem sehr guten Erhaltungszustand.

(C.K.)

Unterthänigster
Neu Jahrs Wunsch
welchen
Bey den Antritt des 1726 Jahrs
Dem
Durchlauchtigsten Fürsten u.
Herrn
Herrn
Wilhelm
Ernst
Hertzogen zu Sachsen Julich Cleve
u. Bergen auch Engern u. Westphalen Landgrafen in
Thüringen Margrafen zu Meißen Gefürsteten Grafen
zu Heneberg Grafen zu der Marck u. Ravensberg
Herrn zu Ravenstein
in schuldigster Devotion u. tiefster Submission
als ein Zeichen einiger Danckbarkeit vor alle genoßne Hochfürstl.
Gnade
überreichen sollen
Matthias Gerstung

Kat. 14 Zum Namenstag von Wilhelm Ernst, 1726
Mattias Gerstung: Durchlauchtigster, es kommt Ihr hohes Nahmens-Liecht, Und macht mich eingedenck der untertängen Pflicht, Womit ich Dero Thron gehorsamst bin verbunden, Da ich vor Selbigen Schutz, Hülff und Trost gefunden. Mattias Gerstung. Conversus. Anno 1726.

Handschrift auf Papier, 1 Blatt
37 x 45 cm
Huld gr C 8

Das in Feder geschriebene Glückwunschgedicht zum Namenstag[1] ist in Paaren gereimt. Den optischen Rahmen bildet ein das Querformat füllender Lorbeerkranz mit grünen Blättern und roten Beeren. Die Spitze der beiden Zweige schmückt eine perlenbesetzte, herzförmige Krone. Am unteren Ende werden die Äste durch ein roséfarbenes Band zusammengehalten, das locker zu einer Schleife gebunden ist.

Dem immergrünen Lorbeer als Unsterblichkeitssymbol wird auch dichterische Inspiration und Weissagungskraft zugeschrieben. Während man in der Antike die Athleten und Künstler mit dem symbolträchtigen Kranz auszeichnete, kürte man in der Renaissance damit den besten Dichter zum *poeta laureatus*. Verfasser der Zeilen ist Mattias Gerstung, der in seiner Ansprache zwischen der direkten Rede:

Der Höchste segne Sie! Und was Sie mir gethan, das seh Er in Genad als ein Vergelter an, Und lasse Sie in Glueck, Durchlauchtster Hertzog, stehen, Vor die Barmhertzigkeit, so an mir ist geschehen in die indirekte Rede wechselt: … *und lasse Wilhelms Schein, Dem werthen Ilmen Strand noch ferner gluecklich seyn.*

Der Text des Gedichtes ist in drei Abschnitte geteilt: An einen ausführlichen Dank an den Herzog für *Schutz, Hilfe, Trost*, schließt sich der eigentliche Glückwunsch an, dem Gehuldigten ein langes Leben und viel Glück zu wünschen. Am Ende des Gedichtes formuliert der Autor eine Bitte, die seine eigene Lebenssituation umschreibt. Offensichtlich getrennt von seiner Familie lebend, fasst er seinen Wunsch:

Daß wann ich länger darff in Dero Schütze bleiben, ich auch mein Weib und Kindt an zu mir her verschreiben in Worte und verbindet so den Glückwunsch an den Jubilar mit seiner individuellen Lebensplanung.

Insgesamt ist die Handschrift sehr gut erhalten. Das querformatige Einzelblatt wurde, wohl aus Gründen einer pragmatischen Aufbewahrung, zu unbekanntem Zeitpunkt gefaltet. Davon zeugt die nachgedunkelte Falzkante.

(C.K.)

1 Das im Titel erwähnte *Nahmens-Liecht* deutet auf den Anlass des Namenstages hin, als auch die fehlende Angabe des Tagesdatums 1726. Auf der Rückseite des Blattes wurden mit Bleistift [wohl zu späterer Zeit] zwei Daten vermerkt: *1726 d 30 Octobr* [durchgestrichen und darüber gesetzt] *28 May*. Wilhelm Ernst wurde am 30. Oktober 1726 geboren; der Namenstag von Wilhelmus wird am 28. Mai begangen.

Dürchlaüchtigster, es kommt Ihr Hohes Nahmens-Liecht,
Und macht mich eingedenck der ünterthängen Pflicht,
Womit ich Dero Thron gehorsamst bin verbünden,
Da ich vor Selbigen Schütz, Hülff ünd Trost gefünden.
Der Höchste segne Sie! ünd was Sie mir gethan,
Das seh Er in Genad als ein Vergelter an,
Und lasse Sie in Glück, Dürchlaüchtster Hertzog, stehen,
Vor die Barmhertzigkeit, so an mir ist geschehen.
GOTT mehre Ihre Jahr ünd lasse Wilhelms-Schein,
Dem werthen Ilmen-Strand noch ferner glücklich seyn,
Denn dieser theüre Nahm müß jedermann erfreüen,
Und aüff Denselbigen berühet mein Gedeyen.
Denn dieses ist mein Trost in dem Exilio,
Vielleicht verfügtes GOTT ünd Ihro Dürchlaücht so,
Daß wann ich länger darff in Dero Schütze bleiben,
Ich aüch mein Weib ünd Kind kan zü mir her verschreiben.

Mattias Gerstung. Conversus.
Anno 1726

Kat. 15 Zum Neuen Jahr für Wilhelm Ernst, 1728

Hofkapelle Weimar: Wettstreit der 3. Stände einer Republique, womit Dem Durchlauchtigsten Fürsten u[nd]. Herrn, HERRN Wilhelm Ernsten, Herzogen zu Sachsen … Sr. des regierenden Herrn Herzogs HochFürstl.[ichen] Durchl[auch]t. Beym Neuen Jahr 1728. in unterthänigstem Respect gratuliren wolte … S[eine]r Hochfürstl[ichen] Durchl[auch]t Gesamte Hof-Capelle.

Handschrift auf Papier, 6 Blätter
Umschlag aus Brokatpapier
31,2 x 20,3 cm
Huld C 31

Die Huldigungsschrift aus dem letzten Lebensjahr von Wilhelm Ernst enthält den Text zu einer Kantate, die von der Weimarer Hofkapelle anlässlich des Neujahrsfestes im Jahr 1728 für den Herzog aufgeführt wurde.

Der Umschlag besteht aus Brokatpapier, das aus einem geprägten Muster aus Blumenranken auf mehrfarbigem Grund besteht. Bei der Herstellung wurden die Farben zunächst einzeln mit Schablonen (Patronen) aufgetragen und auf das anschließend aufgeprägte Muster abgestimmt. Mit Hilfe der so festgelegten Farbverteilung traten Stengel und Blätter nach dem Prägedruck grün und jedes Blütenblatt in einer anderen Farbe aus dem goldenen Grund hervor. Für patronierte Brokatpapiere wurden negativ geschnittene Druckplatten benutzt, bei denen der Hintergrund in Gold erschien und das Muster in der Farbe des Papiers. Bei Brokatpapieren auf einfarbigem Grund kamen dagegen positiv geschnittene Platten zum Einsatz, bei denen es sich umgekehrt verhielt.

Obwohl das hier vorgestellte Exemplar als ganzer Bogen vollständig erhalten ist, fehlen dennoch Hinweise auf den Hersteller am Bogenrand. Offenbar handelt es sich um die Kopie eines Musters aus dem Verlag des Johann Köchel in Fürth (vgl. Kat. 15), denn dort wurde ein bis auf kleine Details identisches Muster[1] angeboten, welches spiegelverkehrt erscheint. Kopien von beliebten Brokatpapiermustern waren keine Seltenheit und hatten unter den Herstellern vereinzelt Prozesse zur Folge, die aber zumeist ergebnislos blieben oder mit einem Vergleich endeten.[2] Die Muster waren rechtlich nicht geschützt und gehen in vielen Fällen auf ornamentale Vorlagebücher zurück, die als Kupferstichwerke herausgebracht, dem gesamten Kunsthandwerk als Inspiration dienten.

(M.H.)

1 Vgl. Haemmerle 1961, Kat. Nr. 75.
2 Vgl. ebd., S. 128–129.

Bildnis des Herzogs Ernst August I. zu Sachsen-Weimar-Eisenach, Unbekannt, Erste Hälfte 18. Jahrhundert, Öl auf Leinwand, Klassik Stiftung Weimar

Ernst August I., Herzog von Sachsen-Weimar-Eisenach (1688–1748) Katalog 16 bis 23

Ernst August I. wurde am 19. April 1688 als Sohn von Johann Ernst III. (1664–1707) und dessen erster Gemahlin Sophia Augusta, Prinzessin von Anhalt-Zerbst (1663–1694), in Weimar geboren. Er war Herzog von Sachsen-Weimar und ab 1741 auch Herzog von Sachsen-Eisenach. Zwischen 1702 und 1706 studierte er an den Universitäten von Halle und Jena. Nach 1706 führten ihn Bildungsreisen unter anderem in die Niederlande, nach Frankreich und Ungarn sowie nach Aachen und Wien. Ab 1707 nahm er die Stelle seines verstorbenen Vaters als Mitregent seines Onkels Wilhelm Ernst (1662–1728) ein, der seinen Neffen aber kaum an der Machtausübung und an der Verwaltung des Herzogtums beteiligte. Erst mit dem Tod von Wilhelm Ernst, 1728, konnte er die Regierung von Sachsen-Weimar tatsächlich ausüben.

Am 24. Januar 1716 ging Ernst August I. den Bund der Ehe mit einer geborenen Prinzessin von Anhalt-Köthen, Eleonore Wilhelmina (1696–1726), ein. An den Hochzeitsfeierlichkeiten, die in Nienburg an der Saale stattfanden, nahm auch die Hofkapelle teil, die zu diesem Zeitpunkt de facto von Johann Sebastian Bach (1685–1750) geleitet und 1735 aufgelöst wurde. Bei jener Gelegenheit lernte Bach auch den Bruder von Eleonore Wilhelmina kennen, seinen späteren Dienstherren und langjährigen Freund Leopold, Fürst von Anhalt-Köthen (1694–1728). Nach dem Tod von Eleonore Wilhelmina vermählte sich Ernst August I. 1734 mit Prinzessin Sophia Charlotte Albertina (1713–1747), einer geborenen Markgräfin von Brandenburg-Bayreuth. 1737 kam Erbprinz Ernst August Constantin (1737–1758) zur Welt, der spätere Gemahl von Herzogin Anna Amalia.

Auf den Herzog geht eine rege und kostspielige Bautätigkeit zurück: Während seiner Regierungszeit ließ er verschiedene Lust- und Jagdschlösser erbauen oder umgestalten, wie Belvedere und Dornburg oder Ettersburg und Wilhelmsthal. Ernst August I. verstarb am 19. Januar 1748 in Weimar.

Eine aus Anlass der Hochzeit mit Eleonore Wilhelmina verfasste Huldigungsschrift hat sich von Christian Wilhelm Löscher, einem Juristen aus Sondershausen, erhalten (Kat. 17). Der Geburt des ersten Sohnes, Carl August Eugen, im Jahr 1735 gedachte Johann Christian Guepner mit einer auf Seide gedruckten Schrift (Kat. 20). Aus Anlass der Geburt von Ernst Adolph Felix im Jahr 1741 überreichten Unteroffiziere aus Buttstädt ein gedrucktes Werk (Kat. 21), und an den Geburtstag des Regenten dachten Persönlichkeiten, wie der ab 1772 mit der Oberaufsicht der herzoglichen Bibliothek betraute Christian Friedrich Schnauß (Kat. 19) oder der *Kammer-Musikus* Johann Caspar Langenberg (Kat. 22).

Kat. 16 Zur Begrüßung von Ernst August I. und Eleonore Wilhelmine, 1716
August Wilhelm von Harras: Untherthänigstes Willkommen. Als Der Durchlauchtigste Fürst und Herr HERR Ernst August Herzog zu Sachsen, ... Die ... Fürstin und Frau Frau Eleonore Wilhelmine Herzogin zu Sachsen, ... den 28. Februar 1716 in die Fürstl[iche] Residenz Weimar ... einführeten.

Handschrift auf Papier, 2 Blätter
Umschlag aus Brokatpapier
31,4 x 19,6 cm
Huld C 127

August Wilhelm von Harras verfasste die Huldigungsschrift anlässlich des Einzugs von Eleonore Wilhelmina von Anhalt-Köthen in die fürstliche Residenz. Herzog Ernst August I. von Sachsen-Weimar hatte sie kurz zuvor in Nienburg (Saale) geheiratet. Die Feierlichkeiten zur Hochzeit fanden unter Beteiligung der Weimarer Hofkapelle in Anwesenheit von Johann Sebastian Bach statt, der dort zum ersten Mal mit seinem zukünftigen Dienstherrn, Leopold von Anhalt-Köthen, dem Bruder der Braut, zusammentraf.

Die Außenseite des Umschlages der Schrift besteht aus einem Brokatpapier des Verlegers Georg Popp, der neben Johann Köchel der künstlerisch bedeutendste Brokatpapierproduzent in Fürth war (vgl. Kat. 12).

Das geprägte Muster zeigt Akanthusranken und Bandwerk, das in der Horizontalen betrachtet, ein Dekor in Form von Podesten bildet. Als Schmuck wurden vielfältige Motive verwendet: Am äußeren Rand auf der rechten Blatthälfte sind, von oben nach unten, vier trinkende und rauchende Zwerge zu sehen, und außerdem etwa in der Blattmitte ein Hahn, ein Hase und ein Vogel. In der Mitte der rechten Blatthälfte wurden zwei große Vasen mit Blumen plaziert und im rechten Teil der Mittelachse des gefalzten Bogens: eine kleinere Vase mit Blumen, eine kleine Sphinx, eine Vase, auf der wiederum ein Adler sitzt, eine weitere Blumenvase, eine große Sphinx und schließlich eine Frauengestalt unter einem Baldachin, die ihren Blick nach rechts auf einen erhöht sitzenden Pfau gerichtet hat.

Das bisher nur im Weimarer Bestand nachgewiesene Muster kann zu den schönsten seiner Art gezählt werden und kommt auf dem dunkelroten Grund besonders gut zur Geltung.
(M.H.)

Kat. 17 Zur Hochzeit von Ernst August I. und Eleonora Wilhelmina, 1716

Christian Wilhelm Löscher: Als Der Durchlauchtigste Fuerst und Herr, HERR Ernst August, ... Die Durchlauchtigste Fuerstin und Frau, Fr[au] Eleonora Wilhelmina, Verwittibte Herzogin zu Sachsen-Merseburg et[c] gebohrne Fürstin zu Anhalt ... Nun gluecklichst vermaehlte Herzogin zu Sachsen ... Nach wohl-getroffener Hoch-Fuerstlicher Vermaehlung Zur Freude des gantzen Landes In Dero Fuerstliche Residenz-Stadt Weimar hoechstbeglueckt heimführete Aus unterthänigster Treue gesetzet Von ... Löscher, ... Hof- und Consistorial-Rathe. Weimar, Mumbach.

Druck auf Papier, 2 Blätter
Umschlag aus Buntpapier
38,5 x 26,5 cm
Huld C 128

Ein feiner Holzschnitt am Ende des Glückwunschdruckes zeigt zwei sich verschließende Hände über einer Fürstenkrone. Darüber schwebt eine Taube als eines der ältesten christlichen Symbole für Hoffnung und Frieden.

Am 24. Januar 1716 vermählte sich Herzog Ernst August I. mit Herzogin Eleonora Wilhelmina, der *hinterlassenen Wittwe Herzog Friedrich Erdmanns zu Sachsen Merseburg*. Da die Ehe von Herzog Wilhelm Ernst, dem Mitregenten, kinderlos blieb, feierte das Sachsen-Weimarische Haus die Hochzeit in Erwartung auf einen Erben. Diese erfüllte sich am 4. Juli 1717 mit der Geburt von Zwillingen.

Herzog Ernst August I. erfuhr eine umfangreiche Bildung in Weimar und Jena, wo er unter anderem Vorlesungen des Theologieprofessors Johann Franz Buddeus hörte. Buddeus verfasste aus gleichem Anlass eine Hochzeitsrede.

Christian Wilhelm Löscher war Jurist und gebürtig aus Sondershausen, er nennt sich *F[ürstlich] S[ächsischer] Hof- und Consistorial-Rathe.* Seine Verse beginnen mehrfach mit der Aufforderung »Auf Weimar freue dich« und Freude durchzieht die ganze Schrift, alle Stände sollten daran teil haben und endlich heißt es:

Gott mach diß' Bündnüß reich an hohen Fürsten-Zweigen.

(A.v.W.-M. / K.S.)

Als
Der Durchlauchtigste Fürst und Herr/
HERR
Ernst Augúst,
Herzog zu Sachsen / Jülich/ Cleve und Berg/
auch Engern und Westphalen/ Landgraf in Thüringen/
Marckgraf zu Meissen / gefürsteter Graf zu Henneberg/
Graf zu der Marck und Ravensberg/ Herr zum
Ravenstein/
Die
Durchlauchtigste Fürstin und Frau/
Fr. Eleonora
Wilhelmina,
Verwittibte Herzogin zu Sachsen-Merseburg/ rc.
gebohrne Fürstin zu Anhalt/ Gräfin zu Ascanien/
Frau zu Zerbst und Bernburg/
Nun glücklichst vermählte Herzogin zu Sachsen/
Jülich/ Cleve und Berg/ auch Engern und Westphalen rc.
Nach wohl-getroffener
Hoch-Fürstlicher Vermählung
Zur Freude des gantzen Landes
In Dero Fürstliche Residenz - Stadt Weimar
höchst-beglückt heimführete/
Aus unterthänigster devotion und Treue gesetzet
Von
Christian Wilhelm Löscher/
F. S. Hof- und Consistorial-Rathe/ rc.
WEJMAR/
Gedruckt mit Mumbachischen Schrifften.

C. 128.

Kat. 18 Zum Regierungsantritt von Ernst August I., 1728
[Mitglieder des Rates der Stadt Apolda]: Als der Durchlauchtigste Fuerst und Herr HERR Ernst August Hertzog zu Sachsen … Die schwere Regierungs-Last uebernahm Solten … Ihrem Gnaedigsten Fuersten und Herrn … in tieffster Devotion … abstatten Die gesamten Glieder Des Stadt-Raths zu Apolda. Jena, Buch.

Druck auf Seide, 4 Blätter
Einband aus Samt mit Seidenstickerei
34,9 x 22,9 cm
Huld C 113

Anlässlich seines Regierungsantrittes 1728, erhielt Ernst August diese vom Stadtrat Apolda eingereichte Huldigungsschrift.

Der Text ist auf vier Blätter aus Seide gedruckt, deren Seitenränder mit Spitzenbordüren aus goldenen Metallfäden eingefasst sind. Auf dem mit rotem Samt überzogenen Einband befanden sich ursprünglich ebenfalls solche Bordüren, welche die Deckelflächen rahmten. Heute sind sie nur noch als Abdrücke entlang der Deckelkanten erkennbar.

Der rote Samtstoff wurde mit einer aufwändigen Seidenstickerei ausgestattet, die von professionellen Stickerinnen mehrfarbig ausgeführt wurde.

In der Mitte des vorderen Deckels zeigt sie das Monogramm des Herzogs, die ineinander verschlungenen Buchstaben E und A. Über dem von zwei Palmzweigen eingefassten Monogramm befindet sich eine Krone. Palm-, Oliven- und Lorbeerzweige sowie die Krone sind Elemente aus der Heraldik. So kann die Krone als Zeichen für Herrlichkeit und als Lohn für jene gelten, die ihrer Berufung treu geblieben sind und die Zweige können als Ausdruck des Triumphs gedeutet werden. Unter dem Bild sind im Halbkreis die Buchstaben

E. A. H. Z. S. W.

aufgebracht, die für Ernst August Herzog Zu Sachsen Weimar stehen. Auf dem Samtbezug des Rückdeckels ist zudem noch die Jahreszahl 1728 aufgestickt.

(M.H.)

E·A·H·Z·S·W·

Kat. 19 Zum Geburtstag von Ernst August I., 1729 (?)
Christian Friedrich Schnauß: Heut ist der frohe Tag, Heut blüht des Landes Lust, Heut jauchzt und rufft das Volck es lebe ERNST AUGUST, er leb! dis will hierdurch ein froher Knecht besingen und vor Augustens Wohl die reinste Wuensche bringen.

Handschrift auf Papier, 2 Blätter
Einband aus Brokatstoff
37 x 24,5 cm
Huld D 45

Den Anlass für das Geschenk von Christian Friedrich Schnauß an Ernst August I., bildete dessen Geburtstag am 19. April. Zu unbekanntem Zeitpunkt ist die Jahreszahl 1729 als vermutliches Entstehungsdatum auf dem vorderen, in roter Seide gearbeiteten Spiegel mit Bleistift eingetragen worden.[1] Dem freudigen Ausruf in Reimform:

Heut ist der frohe Tag, Heut blüht des Landes Lust, Heut jauchzt und rufft das Volck es lebe ERNST AUGUST

wird durch die spielerische Form und die leuchtenden Farben Rechnung getragen: Rot, Blau und Gold erinnern in Verbindung mit der äußerst feinen und sorgfältigen Ausführung an Buchmalerei. Das Schmuckfeld der Titelseite wird von einem Rahmen begrenzt, der sich insgesamt ganz im Stil des Rokoko entfaltet und Darstellungen von Kriegstrophäen, wie Fahnen, Rüstungen und Lanzen enthält. Während sich das Gold in den Buchstaben hervorragend erhalten hat, sind vom Silber nur noch Reste zu sehen, wie am Wasserfall der Grotten.

Das bis an den Blattrand reichende Dekorationsprinzip ist insgesamt durch kleinteilige Verzierungen aus Grotten- und Muschelwerk geprägt: Zierliche Figürchen wurden locker über das ganze Blatt verteilt und finden sich in den auslaufenden Bögen der Initialen des in goldener Tinte geschriebenen und mit blauen Girlanden geschmückten Namenszuges von Ernst August I., der die Mitte des Bildes bestimmt. Sie können als Wappenhalter links (E) dienen, wie auch als allegorische Figuren rechts (A), wo die Buchstabenkörper der bewohnten Initiale den Tugenden Liebe (Herz) und Ruhm (Trompete) als Sitzfläche dienen. Mit großer Sorgfalt ist auch die Vedute am unteren Rand ausgeführt: Eine minutiös geschilderte Landschaft zeigt einen mit Schiffen befahrenen See und eine Gebäudeanlage, die auf das Schloss Wilhelmsthal bei Eisenach verweist.[2] Mit den allegorischen Darstellungen dieser Schmucktitelseite fasst der Autor Wünsche für den Jubilar zusammen, die Macht und Ruhm ebenso einschließen wie Liebe und Glück.

(C.K.)

1 Zur Datierung vgl. den Beitrag *Vergnuegter Wilhelm Ernst! – Zur bildlichen Ausstattung von Weimarer Huldigungsschriften* in diesem Band.

2 Für den Hinweis auf Wilhelmsthal danke ich Jens Riederer, Stadtarchiv Weimar und Johannes Mangei.

Heut ist der frohe Tag
Heut blüht des Landes
Lust
Heut jauchzt und rufft das Volck
es lebe
Ernst August
er leb!
dis will hierdurch ein froher Knecht besingen
und vor Augustens
Wohl
die reinste Wünsche bringen
Christian
Schnauß.

Kat. 20 Zur Geburt von Carl August Eugen für Ernst August I. und Sophia Charlotte Albertine, 1735

Johann Christian Guepner: Als der Durchlauchtigste Fuerst und Herr, HERR Ernst August ... Und Dero ... Gemahlin ... Frau, FRAU Sophia Charlotte Albertina ... mit der sehnlichst-erwuenschten Geburt Dero Durchlauchtigsten Erbprinzen Anno 1735. den I. Octob[er]. ... erfreuet worden, Wolte ... ein Zeugniß ablegen Johann Christian Guepner. JENA den II Octob[er]: geschrieben MDCCXXXV.

Handschrift auf Seide, 2 Blätter
Umschlag aus Brokatpapier
35,3 x 23,8 cm
Huld E 25

1735 wurde Carl August Eugen als Sohn von Ernst August I. und Sophia Charlotte Albertina, geborene Markgräfin von Brandenburg-Bayreuth, geboren. Aus diesem Anlass überbrachte Johann Christian Guepner die in einen Umschlag aus Brokatpapier eingebundene Handschrift, deren Spiegel aus Kattunpapier gearbeitet sind. Die Seiten der Schrift wurden mit blauer Seide kaschiert und die mit Bildwerk ausgestatteten Buchstaben mit verschieden starken Federn auf die Seide aufgetragen.

Die Namenszüge auf der Titelseite sind durch Muster verziert, und die einleitende szenische Initiale des ersten Verses, mit Sonnenblume und Burganlage im Hintergrund, durch ihre Größe und das aufgetragene Gold hervorgehoben. Das Gedicht in sechs Strophen, die wiederum in acht Verse gegliedert sind, beginnt mit dem Aufruf:

Ihr Musen auf! Versammelt euch! Dann kommt, und jauchzt und stimmt zugleich, ... Fort, und durch sucht den Lorbeer Hayn, Hohlt, brecht und schränkt die schönsten Zweige, ... Seiner Erkundigung *Fragt ihr: warum? weß ist das Fest, Das uns zu solcher Pflicht verbindet?* begegnet der Autor mit Pathos und nimmt bezug auf die Bibel, in welcher der Fels als Symbol der Festigkeit belegt ist:[1]

... kommt, eilt, und schaut auf jene Wiegen, Hier seht ihr ja den Helden liegen, worauf des Landes Herz als einen Felsen baut.

Dem Text ist eine von Guepner signierte Zeichnung zugeordnet, die durch das Motto *CRESCIT IN IMMENSUM* (Es wächst ins Unermessliche) ausgezeichnet ist.

Der Wunsch des Autors *Wie feurig wirkt Dein Anblick schon ! ... So jauchzt das Volk zu ganzen Schaaren, Was wird man erst als den erfahren Wenn Alt und Jung Dir den Held vollkommen sehn* erfüllte sich nicht: Carl August Eugen verstarb 1736, also bereits ein Jahr nach seiner Geburt. 1737 kam dann der Erbprinz Ernst August Constantin zur Welt, der spätere Gemahl von Herzogin Anna Amalia.

(C.K.)

1 Vgl. Sachs, Badstübner und Neumann 1996, S. 133.

Hr Musen auf! versammlet eüch!
Versammlet eüch auf Pindus Höhen,
Dann kommt, und jauchzt und stimmt zugleich,
Dis Jubelfest recht zu begehen,
Fort, und durch sucht den Lorber Hayn,
Hohlt, brecht, und schränkt die schönsten Zweige,
Daß euer Thun den Menschen zeige:
Es müße dieses Fest der Feyer würdig seyn.

Fragt ihr: warum? weß ist das Fest
Das uns zu solcher Pflicht verbindet?
Wer ist es, der es feyren läst,
Und dem man so viel Cränze windet?

Kat. 21 Zur Geburt von Ernst Adolph Felix für Ernst August I. und Sophia Charlotta Albertina, 1741

[Die Unter-Officiers und saemtliche Gemeine der Stadt-Compagnie zu Buttstadt]: Den prachtigsten Helden-Saal des Weimarischen Fuersten-Hauses Wollten Dem Durchlauchtigsten Fuersten und Herrn, Herrn Ernst August, ... und Der Durchlauchtigsten Fuerstin und Frau, Frauen Soph[ia]. Charl[otte]. Albertinen, ... Als Diese den 23. Januarii 1741. durch die Gebuhrt eines Durchlauchtigsten Printzen ... erfreueten und den 5. Martii darauf Dero hoechst-beglueckten Kirch-Gang hielten, ... glueckwuenschend vorstellen Die Unter-Officiers ... Weimar, Mumbach.

Druck auf Papier, 2 Blätter
Einband aus Seide mit Stickerei
33,5 x 20,5 cm
Huld F 43

Nachdem der aus erster Ehe stammende Erbprinz Johann Wilhelm schon wenige Jahre nach seiner Mutter verstarb, heiratete Herzog Ernst August seine zweite Frau Sophia Charlotte Albertina, geborene Markgräfin von Brandenburg-Bayreuth. Der Fortbestand des Weimarer Fürstenhauses konnte mit der Geburt des Erbprinzen Ernst August Constantin, 1737, abgesichert werden. Anlass für das Huldigungsgedicht gab jedoch die Geburt von Constantins Bruder im Jahr 1741, dem früh verstorbenen Ernst Adolph Felix.

Der Bezug des Einbandes besteht aus blauer Seide, die in mehreren Farben bestickt ist und an den Deckelkanten befindet sich eine schmale Bordüre aus Metallfäden. Die Stickerei zeigt in der Mitte des Vorderdeckels das aus den Buchstaben E und A gebildete Monogramm des Herzogs. Über dem Monogramm befindet sich eine Krone, die seitlich von verschieden geformten Zweigen umgeben ist.

Die Initiale D. über der Krone steht für Dux (Herzog) und die Initialen S.W. für Sachsen-Weimar. Über den Darstellungen der Herrschaft des Herzogs sind halbkreisförmig ein buntes Spruchband mit dem dreifachen Hochruf VIVAT aufgestickt und außerdem zwei Schmetterlinge in Richtung der Ecken an der Vorderkante des Deckels. Zum großen Teil wird das Muster der Stickerei aus einfachen Kettenstichlinien gebildet.

(M.H.)

VIVAT · VIVAT · VIVAT
D.
S. W.

Kat. 22 Zum Geburtstag von Ernst August I., 1741

Johann Caspar Langenberg: Als der Durchlauchtigste Fürst und Herr HERR Ernst August … Mein gnaedigst regierender Landes Fuerst u. Herr den 19ten April 1741 Dero Hoch Fuerstlichen Gebuhrts=Tag nach allen Wunsch erlebet wollte seinen Submissesten Glueck=Wunsch in tieffster Devotion vorstellen Johann Caspar Langenberg. Weimar, Mumbach.

Handschrift auf Papier, 2 Blätter
Umschlag aus Brokatpapier
35,5 x 23,3 cm
Huld F 53

Am 19. April 1741 erhielt Ernst August I. zum Geburtstag eine zwei Blätter umfassende Glückwunschschrift, die von Johann Caspar Langenberg in schwarzer Feder sorgfältig ausgeführt wurde. Mit dieser Handschrift überbrachte Langenberg *seinen Submissesten Glueck=Wunsch in tieffster Devotion*. Der *Kammer-Musikus* aus der Hofdienerschaft spricht seinen *gnädigst regierenden* Herzog nicht nur als *commandirenden General der Cavallerie und Obristen über zwey Regimenter zu Roß und Fuß* an, sondern auch als Begründer des *Hausordens vom Weißen Falken*, den Ernst August I. zu Ehren Kaiser Karl VI. im Jahr 1732 ins Leben gerufen und auch als *Hausorden der Wachsamkeit* betitelt hatte: *Preiß würdigster Stiffter des Ritter=Ortens de la Vigilance* (vgl. Kat. 26). Die Titelseite benennt den Anlass der Schrift sowie das Datum und den Verfasser. Das in acht Strophen gegliederte Gedicht würdigt den Landesfürsten, schließt aber auch seine zweite Gattin, Sophia Charlotte Albertina, Markgräfin von Brandenburg-Bayreuth, in die Wünsche ein:

Die theure Hertzogin wird heute hocherFreuet, Die weil Ihr ander Herts mit neuen Kräfften prangt wie das gesamte Herzoghaus:

Ja! Laß das Fuerstenhauß auf diessen Rund der Erden, … Dein gantzen Fürstenthum zu einen Brunnen werden, Der Deinen Lande stets die hellsten Ströhme giebt.

Der aus Brokatpapier bestehende Umschlag zeigt farbige Blüten und korrespondiert mit dem blumengeschmückten Namenschriftzug *Ernst August* auf der Titelseite. Als Vorsatz für die in kunstvollen Buchstaben gestaltete Geburtstagsschrift wurde ein Marmorpapier ausgewählt. Marmor als Sinnbild findet sich auch in der letzten Textstrophe mit einem Wunsch verknüpft:

Und laß IHN diesen Tag unzehlichmal begehen, Dabey sein Fürsten Glück auf Marmor Steinen stehen.

(C.K.)

Als
Der Durchl: Fürst und Herr
HERR
Ernst August
Hertzog zu Sachsen
Jülich, Cleve und Berg, auch Engern und Westphalen, Land-Grafen in
Thüringen, Marg-Grafen zu Meißen, gefürsteten Grafen zu Henne=
berg, Grafen zu der Marck und Ravensberg, Herrn zu
Ravenstein,
Der Römisch-Kayserlichen Majestät commandirenden General der Cavalle,
rie, und Obristen über zwey Regimenter zu Roß und Fuß,
Preißwürdigster Stiffter des Ritter-Ordens de la Vigilance,
Mein gnädigst regierender Landes Fürst u. Herr
den 10ten April 1741
Dero Hoch Fürstlichen Gebuhrts-Tag
nach allen Wunsch erlebet
wolte
seinen submissesten Glück-Wunsch
in tieffster Devotion
vorstellen
Johann Caspar Langenberg

F;53,

Kat. 23 Zum Geburtstag von Ernst August I., 1746

Johann Adam Großbauer: Unterthänigste Freuden=Pflicht Bey dem höchsterfreulichen Geburts=Feste Des Durchlauchtigsten Fürsten und Herrn HERRN Ernst August Herzogen zu Sachsen Welches den 19 Aprilis 1746 ... wolten ... Ihren unterthänigsten Glückwunsch abstatten ... Die saemtlichen Weimarischen Waisen=Kinder.

Handschrift auf Papier, 4 Blätter
Umschlag aus Brokatpapier
45,5 x 29,5 cm
Huld gr G 16

Zum Geburtstag 1746 erhielt Herzog Ernst August I. diese großformatige und auf vier Seiten eng beschriebene Huldigungsgabe, die von Johann Adam Großbauer und *saemtlichen* Waisenkindern aus Weimar übersandt wurde. Die Titelseite der Handschrift ist in kunstvollen Buchstaben angelegt: Die bewohnte Initiale zeigt Motive der Jagd, wie einen springenden Hirsch sowie einen Hund (E) und einen Reiter (A). Die illustrierten Felder der Buchstabenkörper erinnern mit den winzigen Personen, Tieren und Bauwerken an Wappendarstellungen. Die detailreiche Ausführung unterstreicht den Wunsch der Adressaten *aus unterthänigster Ehrfurcht und verpflichtester Danckbarkeit Ihren unterthänigsten Glückwunsch* abstatten zu wollen.

Die Titelseite wurde auch mit einer kleinformatigen Abbildung geschmückt, die einen Innenraum zeigt: Während sich auf der linken Seite Bücher, die von Athene (Göttin der Weisheit) an Engel weitergereicht werden, ein Globus und ein Füllhorn befinden, stehen diesen Symbolen auf der rechten Seite Figuren und ein Schiff gegenüber, die an Neptunus (Poseidon, als Herr des attischen Landes, um das er mit Athena kämpft) denken lassen. Eine Inschrift unterstreicht die allegorische Bildaussage: *Si deus favet / Invidia pavet* (Wenn es Gott gefällt, weicht der Dämon der Mißgunst zurück). Die Seite wird mit Worten, welche den noch jungen Absender kenntlich machen, abgeschlossen:

Schriebs Johann Adam Großbauer, Orphantrophii Vinariensis Alumnus, Anno Aet. XIV (Schriebs ... Schüler des Weimarer Waisenhauses im 14. Lebensjahr).

Das Frontispiz zeigt das Wappen von Sachsen-Weimar mit den 21 Hauptstädten der Landesteile, zu denen auch Apolda, Dornburg, Ilmenau, Jena, Gerstungen und Lobeda gehörten. Der Umschlag aus Brokatpapier ist mit Blüten- und Rankenmotiven besetzt.

(C.K.)

Unterthänigste Freuden-Frucht
Bey dem
Höchsterfreulichen Geburts-Feste
Des
Durchlauchtigsten Fürsten und Herrn
HERRN
Ernst August
Herzogen zu Sachsen.
Ihres Gnädigsten Herzogs Landes-Fürsten Vaters und Herrn,
Welches den 19 Aprilis 1746
In Hochfürstl. Wohlseyn erschienen
wollten
in nachgesetzten geringen Zeilen an den Tag legen
und zugleich
Ihro Regier. Herzogl. Durchlaucht
aus unterthänigster Ehrfurcht und verpflichtester Danckbarkeit
Ihren unterthänigsten Glückwunsch abstatten
Die sämtlichen Weimarischen Waisen-Kinder.

Schriebs Johann Adam Großbauer, Orphanotrophii Vinariensis Alumnus, Anno Aet. XII.

Bildnis des Herzogs Ernst August Constatin von Sachsen-Weimar-Eisenach, um 1757, Johann Friedrich Löber, Öl auf Leinwand, Klassik Stiftung Weimar. Bildnis der Herzogin Anna Amalia von Sachsen-Weimar-Eisenach, Johann Georg Ziesenis, um 1769, Öl auf Leinwand, Klassik Stiftung Weimar (Ausschnitte)

Ernst August Constantin, Herzog von Weimar (1737–1758) und Anna Amalia, Herzogin von Sachsen-Weimar-Eisenach (1739–1807) Katalog 24 bis 34

Anna Amalia, Prinzessin von Braunschweig-Lüneburg, wurde am 24. Oktober 1739 als fünftes von dreizehn Kindern des Herzogspaares Carl I. von Braunschweig-Lüneburg (1713–1780) und Philippine Charlotte von Brandenburg-Preußen (1716–1801) in Wolfenbüttel geboren. Sie erhielt eine für Prinzessinnen standesgemäße Erziehung und wurde auch in Geschichte, Geographie und den schönen Künsten unterrichtet.

Am 16. März 1756 fand ihre Vermählung mit dem Sohn von Ernst August I. (1688–1748), Ernst August Constantin, statt, dem Herzog von Sachsen-Weimar-Eisenach. Nach dem Tod seines Vaters, wurde er 1755 vom Kaiser für volljährig erklärt und begann, die Regierungsgeschäfte selbstständig auszuführen. Den Reichsgrafen, Heinrich von Bünau (1697–1762), seinen Erzieher, hatte Ernst August Constantin zum Kanzler ernannt. Nach dem frühen Tod ihres Gatten, der im Alter von 20 Jahren bereits verstarb, führte Anna Amalia ab 1759 in den Landesteilen Weimar und Eisenach die obervormundschaftliche Regierung für ihren Sohn Carl August, der am 3. September 1757 in Weimar (gest. 1828) zur Welt gekommen war. Sein Bruder Prinz Friedrich Ferdinand Constantin lebte von 1758 bis 1793.

Seit dem Brand des Residenzschlosses im Jahr 1774 diente der Herzogin mehr als dreißig Jahre lang das Wittumspalais als Witwensitz und Stadtwohnung. An diesem Ort fanden sich an Literatur und Kunst interessierte Mitglieder des Herzogshauses sowie Dichter, Künstler und Gelehrte zur legendär gewordenen *Tafelrunde* ein, die Goethe als eine Runde beschrieb, in der *jeder auf seine Weise sich und andere unterhielt*. In den Sommermonaten hielt sich Anna Amalia auch gerne an ihren Sommersitzen in Ettersburg (seit 1776) und in Tiefurt (seit 1781) auf.

In Anna Amalias Regierungszeit wurde das in den 60er Jahren des 16. Jahrhunderts erbaute Grüne Schloss zum Bibliotheksgebäude umgestaltet und dem Zeitgeschmack des Rokoko angepasst. Wegen ihrer Verdienste um die Bibliothek, der sie eine eigene Entwicklung eröffnet hatte und der sie ihre Bücher- und Musikaliensammlung hinterließ, wurde die 1807 in Weimar verstorbene Herzogin 1991 zur Namenspatronin gewählt.

Zum Namenstag 1750 erhielt Ernst August Constantin eine Huldigungsschrift von Ferdinand Christoph Weber (Kat. 24) und ein Huldigungsgedicht von Wilhelm Balthasar Heinrich Bachmann (Kat. 25). Im selben Jahr gedachte seines Geburtstages Heinrich Karl Koenig (Kat. 26) und drei Jahre später Johann Ernst Schneider (Kat. 28). Anlässlich der Hochzeit von Anna Amalia und Ernst August Constantin brachte Johann Christian Wernsdorf aus Helmstedt, Professor der Rhetorik und Poesie, eine Huldigung dar (Kat. 29). Die Geburt ihres erstgeborenen Sohnes veranlasste Carl Gotthelf Müller, Professor aus Jena, zu einem Druck. An die Italienreise von Anna Amalia erinnerte der Abt Vincenzo Rogadei mit einer Huldigungsschrift (Kat. 33).

Kat. 24 Zum Namenstag von Ernst August Constantin, 1750

Ferdinand Christoph Weber: Da heut in dem Calender-Buch der dritte Tag im August stehet, und jetzt Ernst August Constantin Sein Fürstlich Nahmens-Fest begeht; so wagte sich mit frischen Muth auf die beliebte Musen-Bahn, und stimmte auf noch matter Laute ein nie versuchtes Dicht-Lied an Ferdinand Christoph Weber.

Handschrift auf Papier, 1 Blatt
Umschlag aus Brokatpapier
30,5 x 45,4 cm
Huld gr G 29

Von Ferdinand Christoph Weber befinden sich zwölf handschriftliche und sechs gedruckte Huldigungsschriften im Besitz der Herzogin Anna Amalia Bibliothek. Auf einigen ist eine Selbstauskunft vermerkt: *Buerger und Strumpfwuercker alhier in Weimar.*

Der Brokatpapierumschlag ist wegen seiner Größe außen wie innen aus je zwei großen und zwei kleinen Bogenstücken zusammengesetzt. Die patronierten Bogen (vgl. Kat. 4) zeigen in den von Schlagmetall freigebürsteten Anteilen ein Muster von Blüten und Blättern auf der Innen- und eine strenge Anordnung nach Granatapfelart auf der Außenseite des Umschlags.

Auf der Innenseite zeigt das Doppelblatt der Huldigung ein sogenanntes Kreuzwortlabyrinth. Ein kurzer Text:

Großer Fürst dein Nahmenslicht leuchte und verlösche nicht

ist in der ersten Zeile wie gewohnt von links nach rechts zu lesen, in der letzten Zeile aber von rechts nach links. Der Text hat ebenso viele Zeilen, wie auch Buchstaben: Am linken Rand ist er von oben nach unten zu lesen, am rechten Rand hingegen von unten nach oben.

Das gesamte Textfeld ist so aufgebaut, dass der Anfangsbuchstabe der ersten Zeile scheinbar von links oben diagonal nach rechts unten wandert. Alle weiteren Buchstaben folgen. Die Diagonale des Anfangsbuchstabens bildet aber gleichzeitig eine Spiegelachse, das heißt, das obere Textdreieck ist im unteren Feld wiederzufinden.

Der vorrangige visuelle Eindruck, verstärkt durch den Einsatz von farbigen Tinten, ist der der Diagonalen, wobei die Leserichtung allerdings ausschließlich rechtwinklig verläuft. Nur am Rand kann der Text zweimal horizontal und zweimal vertikal in einem Stück gelesen werden. In allen anderen 44 Fällen, so oft erscheint das Anfangs-G, knickt der Text vor der Vollendung rechtwinklig ab. Dafür kann von jedem der 44 *G* ausgehend, in je vier Richtungen gelesen werden! Das macht 176 mal, zusammen mit den oben erwähnten vier sind es 180 und

einen gantz versteckten Reim hundert achtzig mahl zu lesen

versprach Weber auch seinem Fürsten am unteren Blattrand.

(F.S.)

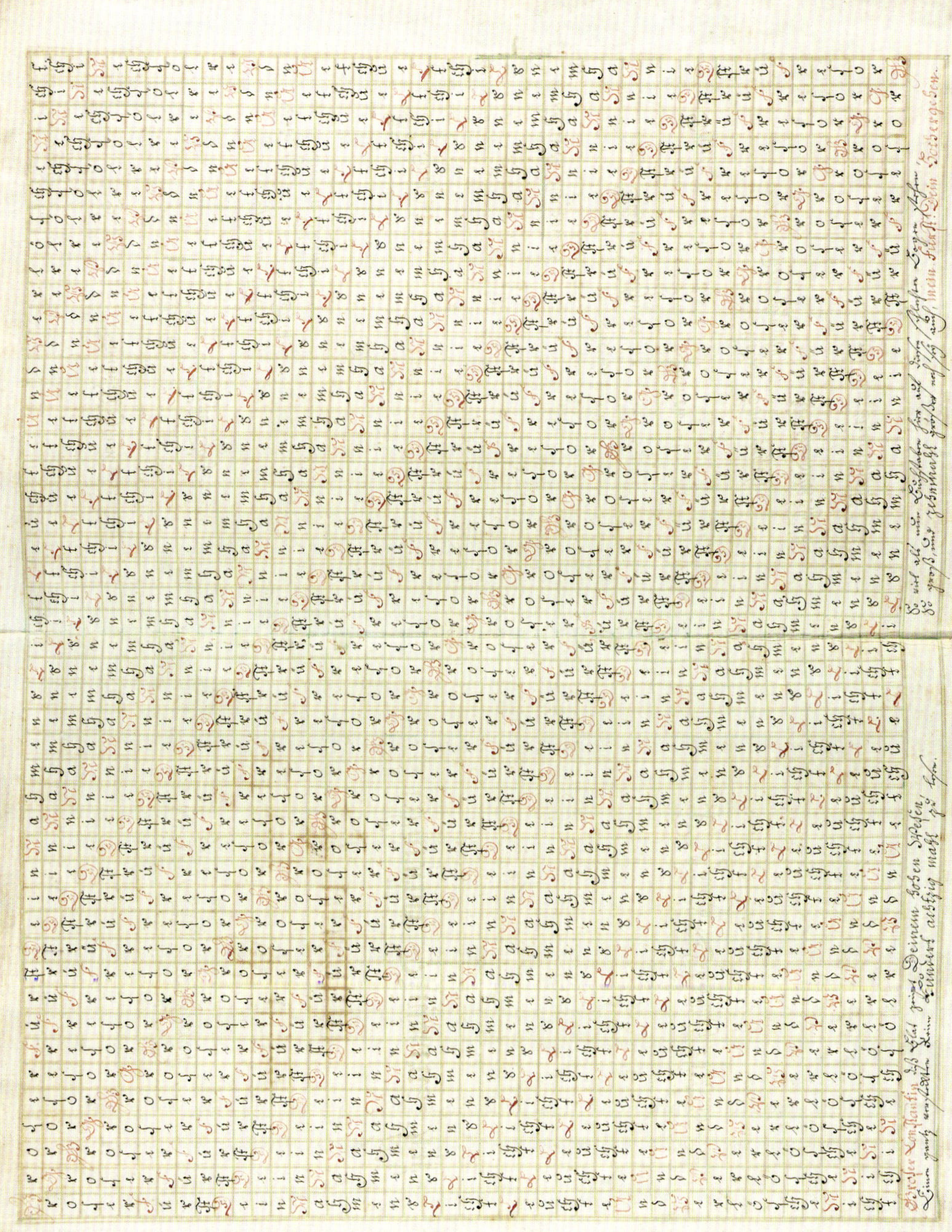

Kat. 25 Huldigungsgedicht für Ernst August Constantin, um 1750[1]
Wilhelm Balthasar Heinrich Bachmann: Ein Merckmahl wahrhafftiger Ehrfurcht wolte dem Durchlauchtigsten Fuersten und Herrn, HERRN Ernst August Constantin, … in nachfolgenden Zeilen Submissest an den Tag legen unterthänigst devotester Knecht.

Handschrift auf Papier, 2 Blätter
Umschlag aus Brokatpapier
47 x 30 cm
Huld gr H 37

Der Sachsen-Weimarische Kammerkalkulator Wilhelm Balthasar Heinrich Bachmann widmete diese großformatige Huldigungsschrift Ernst August Constantin.

Wenn Trieb und Ausbruch seltner Bluethe, Dein Belveder, O Fuerst ! erhoehn, Daß Gottes Macht und Wunder=Guethe, So viele tausend Menschen sehn; So freu ich mich bey Deinem Leben, O Herzog ! Du kanst Hoffnung geben, Da Du im schönsten Wachsthum bluehst, Und so viel Augen auf dich ziehst, Die unter Deinem Fuersten=Schatten, Sich wollen einst mit Ruhe gatten.

Mit dem Vers nimmt der Autor Bezug auf das Lebensalter des Herzogs, der 1648 in noch jungen Jahren als Nachfolger seines Vaters, Ernst August I., in eine Vormundschaftsregierung eingesetzt wurde. Bachmann spricht auch das Besitztum der Familie, die südlich von Weimar gelegene Schloss- und Gartenanlage Belvedere an, die aus einer großzügigen Gartenanlage und dem Schloss als Schnittpunkt für die sich sternförmig ausbreitenden Alleen besteht. Dem Text in sechs Strophen gab er eine Abbildung bei: Ein kleinformatiger Lageplan ist durch einen mit Pflanzen besetzten muschelartigem Dekor gerahmt und bekrönt. Prominent ist das Monogramm des Herzogs angebracht, das die ineinander verschlungenen Großbuchstaben *E A C* zeigt. Schloss Belvedere, das ab 1728 ausgebaut wurde, geht im Kern auf einen von Ernst August I. ab 1724 errichteten Jagdsitz zurück. Ab 1756 nahmen Ernst August Constantin und Anna Amalia als jungvermähltes Paar ihren Sommersitz in Belvedere.[2]

Die Hoffnung von Bachmann

An Dir wird man den Wunsch erreichen. Du tugendhafftes Fuersten-Bild ! Du werdest Land und Volck regieren. Und zum begflueckten Wachsthum fuehren sowie

Wie wird mit weitern Glueckes=Raume Mein Fuerst, der treue Diener liebt, Mich auch dereinsten wohl versorgen?

erfüllte sich nur bis zum 28. Mai 1758: An diesem Tag erlag Ernst August Constantin einer Krankheit und verstarb im Alter von nur 20 Jahren.

(C.K.)

1 Die Entstehung dieser Huldigungsschrift muss zwischen 1748 und 1755 liegen: Nach dem Tod seines Vaters Ernst August I. 1748, wurde für den noch unmündigen Ernst August Constantin eine Vormundschaftsregierung eingesetzt. 1755 übernahm er dann die Regierungsgeschäfte. Auf die Zukunft verweisende Verse wie *Wenn Du wirst Thron und Seepter faßen, Und Deine Huld stets herrschen laßen* deuten darauf hin, dass die Schrift vor dem Regierungsantritt verfasst wurde.

2 Vgl. Ulferts 1998, S. 27–28.

Wenn Trieb und Ausbruch seltner Blüthe
Dein *Belveder*, O Fürst! erhöhn,
Daß Gottes Macht und Wunder-Güthe
So viele tausend Menschen sehn;
So freü ich mich bey Deinem Leben,
O Herzog! Du kanst Hoffnung geben,
Da Du im schönsten Wachsthum blühst,
Und so viel Augen auf Dich ziehst,
Die unter Deinem Fürsten-Schatten
Sich wollen einst mit Ruhe gatten.

Der *Aloë* will ich vergleichen
O Herzog! Deine Wachsthums-Krafft,
Die kan den Stengel-Trieb erreichen,
Die bringt den Ländern Lebens-Safft.
Durchdringt der Balsam Hertz und Sinnen
Wenn iene Blüthen Lufft gewinnen;

Kat. 26 Zum Geburtstag von Ernst August Constantin, 1750

Heinrich Karl Koenig: Durchlauchtigst großer Fürst der Sachsen zartes Reis, Ernst August Constantin des Landes höchster Preis. Da DEJN Geburths Fest naht so laß mein schwaches Lallen, vor DEJN hochfürstlich Wohl in Gnaden DJR gefallen. Heinrich Carl Koenig Fourier du Garde des Corps Fecit. Gotha den 2ten Juny̆ 1750.

Handschrift auf Pergament, 1 Blatt
41,2 x 60 cm
Huld gr H 18

Ein farbig gestaltetes, reich geschmücktes Pergament präsentiert der Furier (ein mit den Verpflegungsgeschäften beauftragter Unteroffizier) Heinrich Carl Koenig zum dreizehnten Geburtstag von Ernst August Constantin 1750. Da dessen Vater Ernst August I. schon zwei Jahre zuvor verstarb, stand das Herzogtum damals unter einer Vormundschaftsregierung. Heinrich von Bünau wirkte als vormundschaftlicher Statthalter des Teilherzogtums Sachsen-Weimar. Erst 1755 übernahm Ernst August Constantin die Regierungsgeschäfte.

Der breite, filigran verzierte Rahmen der Huldigungsschrift enthält Wappen, Monogramme, Putten und Hoheitszeichen sowie links und rechts je einen Baldachin mit der Aufschrift *VIVAT* (Er lebe hoch!). Am unteren Blattrand sind vier Kavalleristen (Reitersoldaten) und die bildliche Umsetzung des Mottos *Vigilando ascendimus* (*Durch Wachsamkeit steigen wir empor*, vgl. Kat. 22) abgebildet. Dabei handelt es sich um die Devise des Weimarer Ordens der Wachsamkeit oder vom Weißen Falken, der am 2. August 1732 zu Ehren Kaiser Karl VI. von Herzog Ernst August von Sachsen-Weimar, wenige Jahre vor der Geburt Ernst August Constantins (1737) gestiftet worden war.[1] In diesen Hausorden durften nur Mitglieder der fürstlichen Familie und deren bevorzugte Diener aufgenommen werden, nicht aber *gekrönte Häupter*, denen der *Große Ritterorden* zugedacht war. Auf maximal zwei Dutzend Personen war die Zahl der Ordensmitglieder begrenzt. Die vorliegende Huldigungsschrift enthält mit dem Bild des zur Sonne aufsteigenden Falken das Symbol der Gemeinschaft, das etwa auch auf dem sogenannten Komturstern, einem goldenen Stern mit Emailleverzierung und Diamanten angebracht war.

(J.M.)

1 Vgl. Weimar Lexikon 1998, S. 114f.

Kat. 27 Zum Neuen Jahr für Ernst August Constantin, 1753

Ernst Carl Konstantin von Schwardt: Als uns das neue Jahr anlachte, und viel Freude mit sich brachte, will zum großen Constantin, auch mein treuer Wunsch und Sinn, ietzt mit frohen Mut und Lachen, sich vor Seine Hoheit machen. Ernst Carl Constantin von Schwart.

Handschrift auf Papier
Umschlag aus Brokatpapier
32,3 x 20,5 cm
Huld J 13

Das Huldigungsgedicht von Ernst Carl Konstantin von Schwardt für Herzog Ernst August Constantin von Sachsen-Weimar ist zu Beginn des Jahres 1753 entstanden, was hinsichtlich des Umschlags aus Brokatpapier von Bedeutung ist: Bei dem Muster handelt es sich um ein Erzeugnis des Brokatpapierverlegers Georg Popp aus Fürth[1], der 1753 bereits seit 15 Jahren verstorben war. Dieser Zeitraum erscheint für eine Lagerhaltung des Buntpapiers zu lang, da sie in der Regel unmittelbar oder spätestens in den ersten Jahren nach ihrem Erwerb verarbeitet wurden. Wahrscheinlicher ist, dass die Druckplatten von Popp nach seinem Tod von einem anderen Verleger übernommen und bis in die Jahre um 1755 weiter verwendet wurden. Gleiches konnte schon anhand einiger Brokatpapiere für Druckplatten des zweiten bedeutenden Fürther Verlegers Johann Köchel nachgewiesen werden, der 1726 verstarb.[2] Der Verleger, der Popps Druckplatte übernahm, hat den Namen des Herstellers nicht, wie üblich, aus der Platte gemeißelt und durch den eigenen ersetzt. Belegt wird die Druckplattenwanderung durch insgesamt drei Verlegerhände, wie an den drei verschiedenen Zählungen an den Rändern des Bogens abzulesen ist.[3]

In der Mitte des Blattes ist links ein Krebs zu sehen, der einen Schlitten zieht, auf dem wiederum ein Seehund sitzt. Unter dem Krebs befindet sich ein Boot mit Anglern, darunter eine Kirche und in der rechten Ecke ein Mann, der auf einem Hahn reitet.[4] Das Brokatpapier ist mit einem negativ in die Druckplatte gestochenen gobelinartigen Muster aus grotesken Chinoiserien versehen, die gruppenweise zwischen Blattwerk und Bäumen eingestreut sind. Es gehört zu den künstlerisch bedeutendsten Blättern dieser Art und ist in vollständiger Erhaltung bisher nur in diesem Exemplar nachgewiesen.

(M.H.)

1 Vgl. Haemmerle 1961, Kat.Nr. 284 sowie S.102, Abb.89.
2 Vgl. Haemmerle 1961, S. 123, dort: Kurz, Georg Ludwig.
3 Unten links: 141, unten rechts: 18, oben rechts: 10.
4 Vgl. Haemmerle 1961, S.102, Abb. 89.

Kat. 28 Zum Geburtstag von Ernst August Constantin, 1753
Johann Ernst Schneider: Als Der Durchlauchtigste Fuerst und Herr HERR Ernst August Constantin ... zum sechzehenden mahle, Ihro Hochfuerstliches hohes Geburths-Fest in hochvergnuegt erblickten. wolte hierzu ... unterthaenigst gratuliren ... devoter Unterthan und Knecht Johann Ernst Schneider aus Weimar.

Handschrift auf Papier, 2 Blätter
Umschlag aus Brokatpapier
32 x 20 cm
Huld G 7

Am 2. Juni 1753[1] feierte Ernst August Constantin seinen 16. Geburtstag und erhielt von Johann Ernst Schneider aus Weimar eine zweiblättrige Huldigungsschrift mit einem gereimten Glückwunsch in zehn Strophen. Die sehr gut erhaltene Handschrift zeugt von der Kenntnis des Autors der Neigungen des Gehuldigten, der als Herzog, als Ritter im *Polnischen Weißen Adlerorden*, als Ritter im *Weimarischen Falkenorden* (vgl. Kat. 22) und als Rektor der Universität Jena angesprochen wird. Die Erziehung des jungen Prinzen lag in den Händen von Heinrich Graf von Bünau, der eine der größten Privatbibliotheken seiner Zeit zusammengetragen hatte.[2]

Das Titelblatt und auch die Innenseiten sind mit kleinen Guaschemalereien verziert: Prominent ist ein Engel im rosafarbenen Kleid gesetzt, dessen Spruchband den Landesherrn feiert: *Vivat le Prince Ernst August Const*[antin] Der mit Tulpen geschmückte Namenszug korrespondiert mit Schneiders sinnlichem Text, an dessen Ausgangspunkt er die Natur stellte:

Angenehmste schönste Zeit! Freudenvollen Anmuths-Stunden! Sommer da man Blumen streut und sich Schönheit eingefunden, Da die Flora Bilder mahlet, Und entzückt das Aug bestrahlet.

Das in Feder und in Eisengallustinte ausgeführte »*Danck-Lied*« stellt die Vorzüge des jungen Herzogs etwa als Beförderer der tiefsten Pflicht heraus, steigert sich in der Anrufung Zebaoths um Schutz und findet seinen Höhepunkt in der Bitte um Segen für Ernst August Constantin. Dabei bemüht der Autor sprachliche Bilder aus der Natur, wie »*Blumen in der Au, Hälmer in den Feldern, Perlen in dem Tau, Tropfen in dem Regen*«, was sich reimt auf Segen und sich im Finale steigert zu:

Schencke HERR ! Constantin Segen.

Das buntfarbene Vorsatz ist aus Kleisterpapier gearbeitet. Der Einband besteht aus Brokatpapier, das bei Johann Michael Reimund in Nürnberg hergestellt wurde.

(C.K.)

1 Die Schrift selbst gibt keine Jahreszahl an; auf dem Titelblatt aber findet sich der Hinweis *zum sechzehenden mahle. Ihro Hochfuerstliches hohes Geburths-Fest in hochvergnuegt erblickten.*

2 Vgl. Ausstellungskatalog »Weimarer Klassik« 1999, Bd.1, S. 36.

VIVAT LE PRINCE ERNST AUGUST CON.

Als
Der Durchlauchtigste Fürst und Herr
H E R R
Ernst August
Constantin
Hertzog zu Sachsen, Jülich, Cleve, Berg, auch
Engern und Westphalen, Landgraf in Thüringen,
Marggraf zu Meissen, gefürsteter Graf zu Henneberg, Graf
zu der Mark und Ravensberg, Herr zu Ravenstein, etc. etc.
Des Königl. Pohlnl. weissen Adler- und des Weimarl.
Falcken- Ordens de la Vigilance Ritter, wie auch
der Weltberühmten Universität Jena
RECTOR MAGNIFICENTISSIMUS,
zum sechzehenden mahle,
Ihro Hochfürstliches hohes Geburths-Festin
hochvergnügt erblickten,
wolte
hierzu von Hertzen unterthänigst gratuliren
Höchstderoselben
devoter Unterthan und Knecht
Johann Ernst Schneider,
aus Weimar.

Kat. 29 Zur Hochzeit von Ernst August Constantin und Anna Amalia, 1756
Johann Christian Wernsdorf: Oratio Panegyrica In Avgvstvm Connvbivm Ernesti Avgvsti Constantini … Et … Annae Amaliae … D(ie) XVI Martii A(nno) R(esurrectionis) S(alvatoris) MDCCLVI Rite Avspicatoqve Celebratvm Pvblico Obseqventissime Dicta Ab Io. Christiano Wernsdorfio P. P. O.

Preisrede auf die erhabene Hochzeit seiner Hoheit, von Ernst August Constantin …, und Frau von Anna Amalia, …, die am 16. März im Jahr der Auferstehung unseres Heilands 1756 mit feierlicher Zeremonie und unter günstigen Umständen gefeiert wurde, … untertänigst gehalten von Johann Christian Wernsdorf.

Druck auf Papier, 34 römisch gezählte Seiten
Umschlag aus Goldpapier
36 x 23,8 cm
Dd 1: 30 [b]

Von dem Helmstedter Professor der Rhetorik und Poesie, Johann Christian Wernsdorf d. Ä., stammt eine umfangreiche Huldigungsschrift zur Hochzeit von Ernst August Constantin und Anna Amalia. Im Bestand der Herzoglichen Bibliothek befanden sich davon mindestens drei Exemplare. Neben den beiden ausgestellten Stücken (Dd 1: 30 [b] und Huld F 17) wurde ein Druck unter der Signatur Aa 3: 128 auf der zweiten Galerie des Rokokosaals aufbewahrt und fiel dem Bibliotheksbrand vom 2. September 2004 zum Opfer. Die erhaltenen Exemplare überliefern neben dem Text von Wernsdorf einen auf vier ungezählten Blättern gedruckten Gruß des Prorectors und Senats der Helmstedter Universität zum selben Anlass. Beide in Helmstedt bei Schnorr gedruckten Texte sind – wie im Kontext gelehrter Akademien üblich – in lateinischer Sprache gehalten.

Der Umschlag des vorliegenden Stücks zeigt durch Oxidation die ursprünglichen Blattgrößen der Schlagmetallfolien, das Vorsatz besteht aus einem dreifarbigen Kattunpapier mit floralen Blatt- und Blütenmotiven vor rot punktiertem Hintergrund.

Die Hochzeitsfeierlichkeiten, in deren Kontext das Exponat gehört, wurden vom 16. bis 19. März im Grauen Hof in Braunschweig ausgerichtet.[1] *Unter Pauken und Trompeten betraten und verließen die Brautleute die Schloßkapelle, auch beim Ringewechseln … erschollen sie. Währenddessen schossen 150 Kanonen vor dem Schloß Salut. Anschließend wurde ein Festessen bei Tafelmusik zelebriert.* Am zweiten Tag der Hochzeitsfeierlichkeiten hörten Brautleute und Gäste eine Rede über die Brautnacht von Herkules und Omphale. Und auch an den folgenden Tagen wurde ein aufwändiges Programm mit Theateraufführungen, Bällen und Operette geboten.

(J.M.)

1 Vgl. Salentin 2001, S. 14–17.

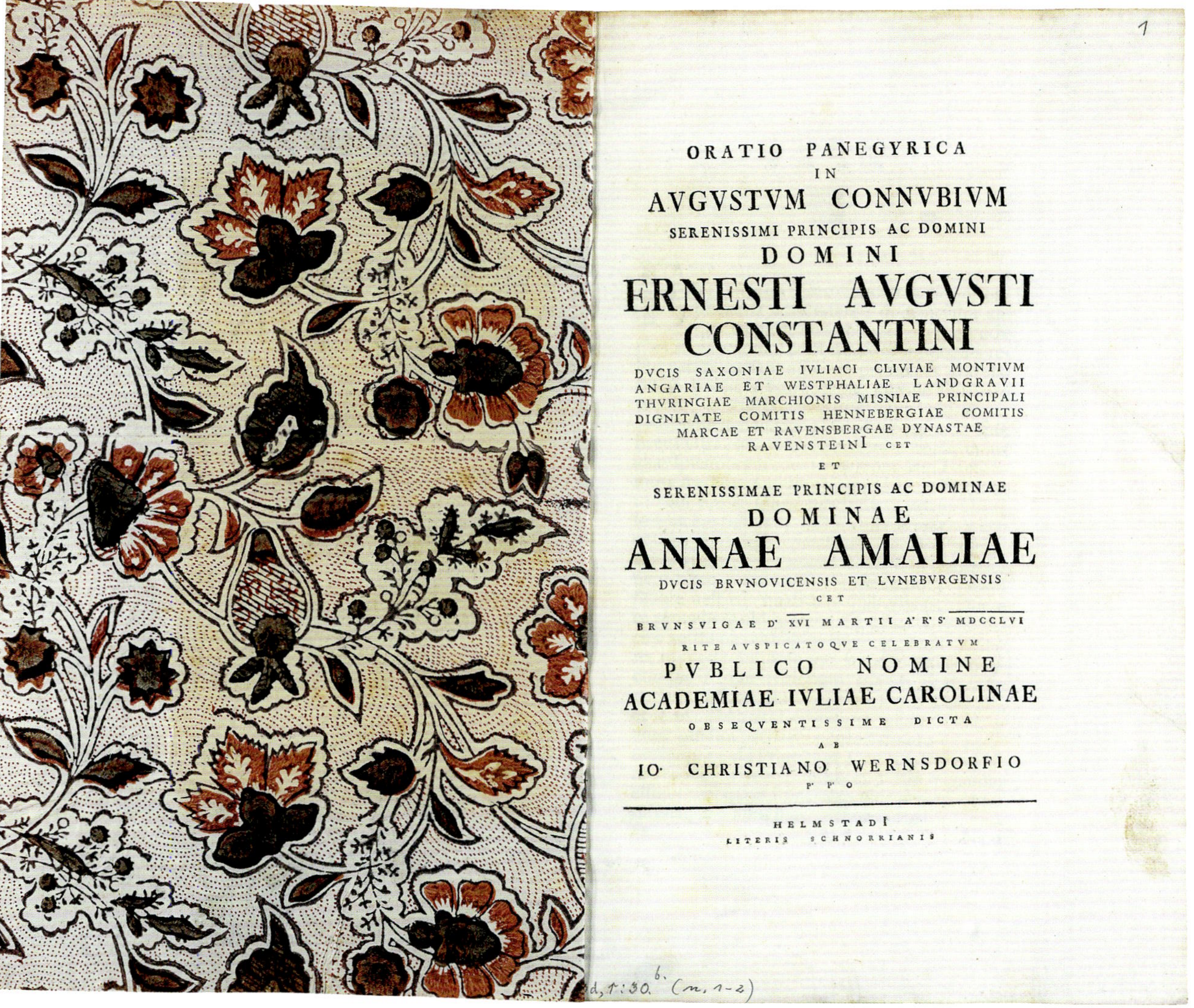

ORATIO PANEGYRICA
IN
AVGVSTVM CONNVBIVM
SERENISSIMI PRINCIPIS AC DOMINI
DOMINI
ERNESTI AVGVSTI
CONSTANTINI
DVCIS SAXONIAE IVLIACI CLIVIAE MONTIVM ANGARIAE ET WESTPHALIAE LANDGRAVII THVRINGIAE MARCHIONIS MISNIAE PRINCIPALI DIGNITATE COMITIS HENNEBERGIAE COMITIS MARCAE ET RAVENSBERGAE DYNASTAE RAVENSTEINI CET
ET
SERENISSIMAE PRINCIPIS AC DOMINAE
DOMINAE
ANNAE AMALIAE
DVCIS BRVNOVICENSIS ET LVNEBVRGENSIS
CET
BRVNSVIGAE D. XVI MARTII A. R. S. MDCCLVI
RITE AVSPICATOQVE CELEBRATVM
PVBLICO NOMINE
ACADEMIAE IVLIAE CAROLINAE
OBSEQVENTISSIME DICTA
AB
IO. CHRISTIANO WERNSDORFIO
P. P. O.

HELMSTADI
LITERIS SCHNORRIANIS

Kat. 30 Zur Geburt von Carl August, 1757

Carl Gotthelf Müller: Dem allererfreulichsten Tage, den Weimars Provinzen sich zur suessesten Wonne, der Zukunft zur holden Beruhigung … gewünscht, gehofft, erlebt haben, dem glorreichen Tage, der in dem neugebohrnen Durchlauchtigsten ErbPrinzen HERRN Herrn Carl August … einen dereinst großen Regenten… verheisset, diesem ewig heiteren Tage zum Preiße wird heute um zwey Uhr in dem Theologischen Hörsale die teutsche Gesellschaft in Jena eine … Versammlung … anstellen …, 1757. Jena, Fickelscherr.

Druck auf Papier, 1 Blatt
In Pappeinband aus Wellenmarmorpapier eingeklebt
32 x 35,2 cm
Huld F 17

Die von dem Jenaer Professor der Beredtsamkeit und Dichtkunst Carl Gotthelf Müller verfasste Einladung zur feierlichen Versammlung der *Teutschen Gesellschaft in Jena* befindet sich zusammen mit einer Huldigungsschrift auf die Hochzeit von Ernst August Constantin und Anna Amalia in einem Band. Auffällig sind die übereinstimmend mitüberlieferten lateinischen Texte mit der Huldigungsschrift, die unter Katalognummer 29 beschrieben wird. Die Deutsche Gesellschaft in Jena war eine Gesellschaft von Studierenden, die ihren Mitgliedern Lernmöglichkeiten sowie Raum für Übungen, Diskussionen und Versammlungen bot.[1] Solche Veranstaltungen – häufig als glanzvolle Feierlichkeiten inszeniert – mit Ihren Reden, Lob- und Huldigungsgedichten trugen zum Ruhm der Gesellschaft und zum Ansehen der Universität bei. Zwischen 1750 und 1760 erlebte die Gesellschaft unter dem aus Weimar stammenden Professor Müller, der außerdem Mitglied der Deutschen Gesellschaften in Greifswald, Göttingen und Königsberg war, eine Blütezeit. Interessant sind die in diesem Exemplar handschriftlich vorgenommenen Korrekturen, die den Termin der Versammlung von *heute um zwey Uhr* auf *heute Vormittags um zehn Uhr* ändern. Außerdem hat die korrigierende Hand einen weiteren Vornamen *(Johann)* des bei dieser Gelegenheit in die Gesellschaft aufgenommenen Grafen von Zinzendorf und Pottendorf ergänzt: Graf Johann Karl Christian Heinrich übergab zum *dankbaren Andenken seiner Aufnahme* einen Münzkatalog an die Bibliothek der Gesellschaft. Dieser befindet sich heute in der Thüringer Universitäts- und Landesbibliothek Jena.

(J.M.)

1 Vgl. Marwinski 2004.

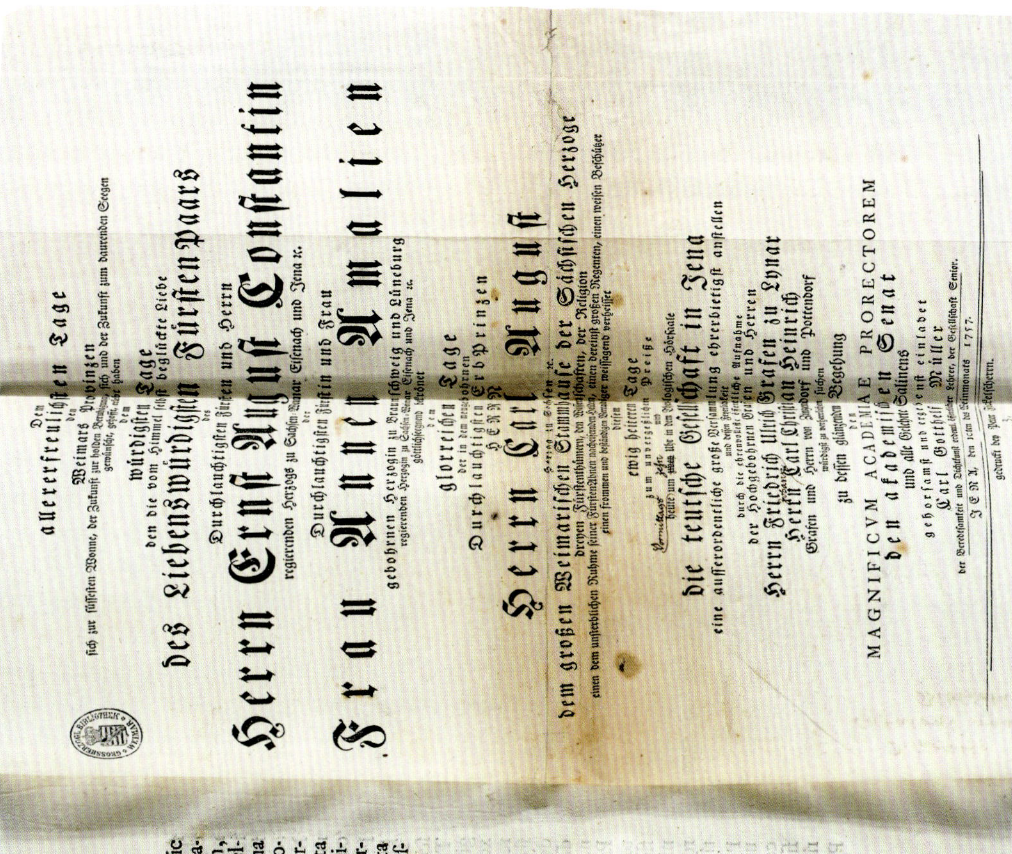

Dem
allererfreulichsten Tage
den
Weimars Provinzen
sich zur süssesten Wonne, der Zukunft zur holden Beruhigung, sich und der Zukunft zum daurenden Seegen
gewünscht, gehofft, erlebt haben
dem
würdigsten Tage
den die vom Himmel selbst beglückte Liebe
des Liebenswürdigsten FürstenPaars
des
Durchlauchtigsten Fürsten und Herrn
Herrn Ernst August Constantin
regierenden Herzogs zu Sachsen-Weimar Eisenach und Jena rc.
der
Durchlauchtigsten Fürstin und Frau
Frau Annen Amalien
gebohrnen Herzogin zu Braunschweig und Lüneburg
regierenden Herzogin zu Sachsen-Weimar Eisenach und Jena rc.
göttlichsegnend bekrönet
dem
glorreichen Tage
der in dem neugebohrnen
Durchlauchtigsten ErbPrinzen
HERRN
Herrn Carl August
Herzog zu Sachsen rc.
dem großen Weimarischen Stammhause der Sächsischen Herzoge
dreyen Fürstenthümern, den Wissenschaften, der Religion
einen dem unsterblichen Ruhme seiner FürstenAhnen nacheifernden Helden, einen dereinst großen Regenten, einen weisen Beschützer
einen frommen und beständigen Vertheidiger weissagend verheisset
diesem
ewig heiteren Tage
zum unvergeßlichen Preiße
Vormittags zehn und
heute um ~~zwey~~ Uhr in dem theologischen Hörsaale
die teutsche Gesellschaft in Jena
eine ausserordentliche große Versammlung ehrerbietigst anstellen
und dessen Feyerlichkeit
durch die ehrenvolleste öffentliche Aufnahme
der Hochgebohrnen Grafen und Herren
Herrn Friedrich Ulrich Grafen zu Lynar
Johann
Herrn Carl Christian Heinrich
Grafen und Herrn von Zinzendorf und Pottendorf
würdigst zu verherrlichen suchen
zu dessen glänzenden Begehung
den
MAGNIFICVM ACADEMIAE PRORECTOREM
den akademischen Senat
und alle Gelehrte Salinens
gehorsamst und ergebenst einladet
Carl Gotthelf Müller
der Beredtsamkeit und Dichtkunst ordentl. öffentlicher Lehrer, der Gesellschaft Senior.
JENA, den 10ten des Weinmonats 1757.

gedruckt bey Peter Fickelscherrn.

3.

XXXIV ✶ ✶ ✶ ✶

Saxonica ornamento splenderet. Deus huic Vestrae laetitiae et fortunae addat perpetuitatem. Seruet et perpetuet Domum Vestram, efficiatque, ut, quantum alias gentes excellissimas suo fulcit sanguine, tantum ipsa sua magnitudine quam diutissime sustentetur. Floreat et inexhausta propagine ad omnem aeternitatem perennet domus Guelfica, amplificata uirtute posterorum, gloria rerum illustris, existimatione gentium felix, et nulla casuum acerbitate, nulla temporum uicissitudine afflicta perpetua capiat incrementa generis splendorisque sui, nouaque adeo semper habeat auspicia perpetuitatis

Kat. 31 Zum Geburtstag von Anna Amalia, 1774
Conrad Jacob Leonhard Glüsing: Abendmusik der Durchlauchtigsten Fürstin und Frauen, Frauen Annen Amalien, ... unserer gnädigsten Herzogin, Obervormünderin und Landesregentin, an HöchstDeroselben hohen Geburtsfeste unterthänigst dargebracht von den Zuhörern der ersten Ordnung des Fürstl. Gymnasii, Den 24sten Octobr. 1774. Weimar, gedruckt bey Conrad Jacob Leonhard Glüsing.

Druck auf Papier, 4 Blätter
Umschlag aus Goldpapier
20,2 x 33 cm
Huld L 11

Zum 35. Geburtstag widmeten fünfzig Angehörige des Fürstlichen Gymnasiums diese *Abendmusik* der damals als Vormünderin für ihren Sohn Carl August regierenden Herzogin. 1712 war die Stadtschule von Herzog Wilhelm Ernst zum Gymnasium erhoben und 1716 im Neubau am Herderplatz untergebracht worden.[1] Als Lehrer wirkten dort im Laufe des 18. Jahrhunderts Persönlichkeiten wie der Philologe Johann Matthias Gesner, Johann Gottfried Herder, der Schriftsteller Johann Karl August Musäus oder der Dichter und Übersetzer Johann Heinrich Voß d. J.

Der vorliegende Druck überliefert nur den Text des Stückes, nicht die Noten – wie es häufig auch in anderen vergleichbaren Fällen vorkommt.[2] Das kleine Heft hat einen Umschlag aus Goldpapier, und das Vorsatz ziert ein goldener Brokatprägedruck auf einfarbig gestrichenem Buntpapier aus dem Verlag des Georg Reimund aus Augsburg.[3] Das für Anna Amalia, das Herzogshaus und ganz Weimar einschneidende Jahr 1774 war unter anderem geprägt von einer starken Teuerungswelle, vom Brand des Residenzschlosses am 6. Mai, außerdem gab die Herzogin am 4. August Teile ihrer privaten Bibliothek an die Herzogliche Bibliothek. Keiner dieser wichtigen Umstände wird im Text erwähnt. Die Huldigungsschrift drückt stattdessen *Lobgesang*, *Glück*, *Jauchzen* und den Wunsch aus, der Himmel möge *der besten Fürstin Wohlergehen* erhalten. Die Abendmusik des unbekannten Komponisten enthält eine Arie, zwei Strophen für Chorgesang und ein zweiteiliges Duett sowie zwei Rezitative (Sprechgesänge). Am Ende werden in kleinerer Drucktype die Namen der Gymnasiasten und ihre Herkunft aufgezählt.

(J.M.)

1 Günther (Hrsg.) und Wallraff (Hrsg.) 1976, S. 222 sowie Günther 1996, S. 42.
2 Vgl. den Beitrag von Karin Sellge und Angelika von Wilamowitz-Moellendorff in diesem Band.
3 Der Verlag ist an der erhaltenen Verlegersignatur am unteren Rand zu erkennen.

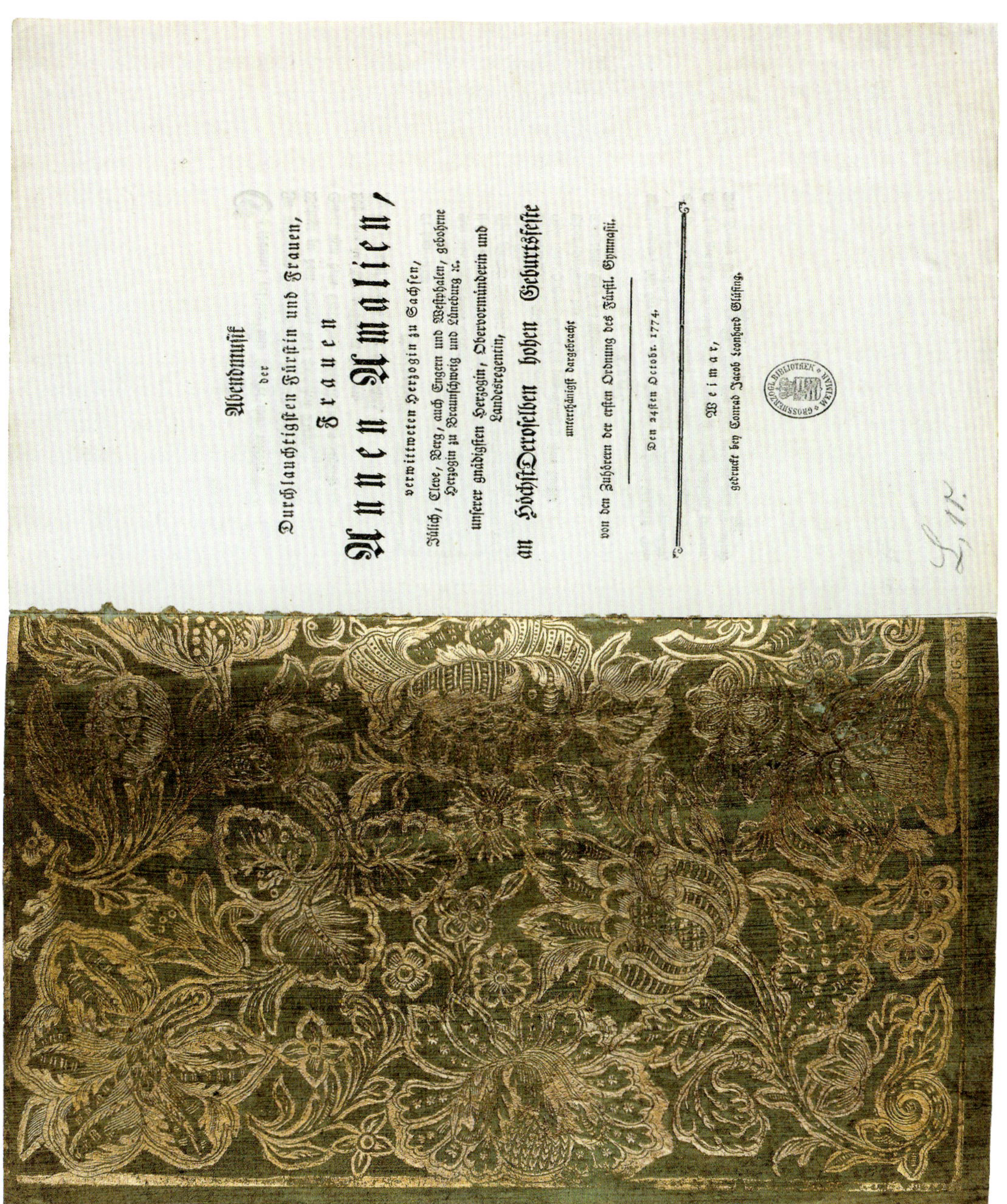

Abendmusik
der
Durchlauchtigsten Fürstin und Frauen,
Frauen
Annen Amalien,
verwittweten Herzogin zu Sachsen,
Jülich, Cleve, Berg, auch Engern und Westphalen, gebohrne
Herzogin zu Braunschweig und Lüneburg rc.
unserer gnädigsten Herzogin, Obervormünderin und
Landesregentin,
an HöchstDeroselben hohen Geburtsfeste
unterthänigst dargebracht
von den Zuhörern der ersten Ordnung des Fürstl. Gymnasii.
Den 24sten Octobr. 1774.
Weimar,
gedruckt bey Conrad Jacob Leonhard Glüsing.

Kat. 32 Zur Genesung von Anna Amalia, 1786

Der Durchlauchtigsten Fürstin und Frau, Annen Amalien, Verwittweter Herzogin zu Sachsen-Weimar und Eisenach, nach erwünschter Genesung, Am 17 April, 1786, unterthaenigst gewidmet.

Druck auf Papier, 2 Blätter
Umschlag aus Goldpapier
27 x 19,8 cm
Huld N 4 [c]

Die anonyme Huldigungsschrift enthält ein deutschsprachiges, achtstrophiges Gedicht aus Anlass der Genesung Anna Amalias am 17. April 1786. Der Verfasser ist anonym. Die Strophen sind in Kreuzreimen gehalten, wie sie gerne im Volkslied und in volkstümlicher Dichtung verwendet werden. Die Strophenanfänge zeichnen vergrößerte Anfangsbuchstaben (Initialen) aus, Erwähnungen der Gehuldigten (*FÜRSTIN*, *AMALIEN* etc.) werden mit Großbuchstaben hervorgehoben. Auffällig ist der Umstand, dass Anna Amalia in dem Gedicht mit der Göttin Minerva in Zusammenhang gebracht wird *(Minervens Vogel)*. Nach dem Wortlaut des Gedichtes handelte es sich um eine lebensbedrohliche Krankheit der Herzogin, die schlimme Befürchtungen geweckt hatte:

> *So bebten, FÜRSTIN, wir, als DIR mit bangen Schmerzen*
> *Der Tod zur Seite stand,*
> *DEIN Auge Nacht umzog, und schon aus unsern Herzen*
> *Die letzte Hoffnung schwand.*

Die Krankheit Anna Amalias wurde von dem Jenaer Medizinprofessor Johann Christian Stark d. Ä., behandelt.[1] Nach ihrer Gesundung dankte sie ihm mit Geschenken und sprach ihn in Briefen vertraut mit *Lieber Starkchen* und *das gute Profeßergen* an. Goethes Mutter erwähnt die überstandene Krankheit in einem Brief an Anna Amalia vom 24. Juli 1786,[2] ebenso Herzog Carl August in einem Brief an seine Mutter vom 20. August 1786.[3] Schon nach der Genesung von einer einer früheren Erkrankung, wegen der Anna Amalia 1765 eine Kur- und Badereise unternahm, wurde sie mit Ehrenpforten, festlicher Beleuchtung, Musik und Huldigungsgedichten empfangen.[4]

(J.M.)

1 Berger 2003, S. 456 und S. 546.
2 Burckhardt 1885, Nr. 48, S. 112f.
3 Bergmann 1938, Nr. 81, S. 62.
4 Berger 2003, S. 540.

Wie, wenn von Wettern ſchwer, mit Finſterniſs begleitet,
Ein Sturm die Flur umſchwebt,
Der Wandrer, der umſonſt mit Sturm und Wetter ſtreitet,
In ſich zurücke bebt:

So bebten, Fürstin, wir, als Dir mit bangen Schmerzen
Der Tod zur Seite ſtand,
Dein Auge Nacht umzog, und ſchon aus unſern Herzen
Die letzte Hofnung ſchwand.

Da, wo ſein einſam Lied bey modernden Gebeinen
Minervens Vogel ſtimmt,
Da knieten ſprachlos wir, das Herz uns auszuweinen,
Das uns im Auge ſchwimmt.

Iezt hören wir nicht mehr den Todesengel rauſchen,
Iezt ſtrömt uns ſeine Ruh,
Die wir um Schätze nicht, um Kronen nicht vertauſchen,
Der Gott der Freude zu:

Der Freude, welche ganz AMALIENS Errettern
Aus iener finſtern Nacht
Wie Sonnenſchein der Flur nach ſchwülen Donnerwettern
Verneut entgegen lacht:

Kat. 33 Zur Italienreise von Anna Amalia, 1789–1790

Vincenzo Rogadei: A Sua Altezza Serenissima ANNA AMALIA Di Brunswich Luneburgo Duchessa di Sassonia Weymar per i di Lei piacevoli avvenimenti nell'intrapreso Viaggio d'Italia, e per il di Lei Soggiorno in Roma,in Napoli, ed in Puglia nel Venerabile Monistero della Madonna d'Andria de' SS. Benedettini Cassinesi Il Revmo Pre S. Vincenzo Rogadei Abbate, ca. 1789.

An Ihre Durchlaucht Anna Amalia von Braunschweig-Lüneburg, Herzogin von Sachsen-Weimar über Ihre erbaulichen Abenteuer während Ihrer Italienreise und über Ihren Aufenthalt in Rom, in Neapel und in Apulien im ehrwürdigen Kloster der Madonna d'Andria der Gemeinde Benedettini Cassinesi in Versen von Abt Vincenzo Rogadei.

Handschrift auf Papier, 10 Blätter
Einband aus Seide mit roséfarbenen Verschlussbändern
25,8 x 18,5 cm
Huld H 32

Am 25. Oktober 1789 reiste Anna Amalia auf Einladung des Erzbischofs von Tarent, Guiseppe Capecelatro, von Neapel weiter nach Apulien. Bis zu dessen Ankunft nimmt sie Abt Vincenzo Rogadei des Benediktiner Klosters La Madonna bei Andria auf, führt sie in umliegende Städte wie Trani und Barletta, und lässt sie abends von Improvisatoren unterhalten. In ihren *Briefen über Italien* (1796/97) bemerkt Anna Amalia, Apulier hätten *eine große leichtigkeit u Neigung zur Poesie, u Improvisieren über jeden vorkomenden Gegenstand.*[1] Am Tag der Abreise erfährt sie mehrere Huldigungen. Morgens überreicht ihr der Erzbischof ein *Sonnet* des Abts[2]; abends präsentieren die Honoratioren von Andria improvisierte Huldigungen.[3] Neben diesen erhält sie ein nicht datiertes handschriftliches Abschiedsgedicht (*propemptikon*) von Rogadei in italienischer Sprache. Die 38 achtzeiligen gereimten Verse verorten Anna Amalia als schöne und abenteuerlustige Hoheit (*Sovrana bella e avventurosa*) in Bezug auf das Haus *Brunswich* und *Weymar* und spielen politisch auf *Europa* und *Allemagna* an. Der Abt nutzt zeitlose Topoi und aktuelle politische Bezüge zur Darstellung, hebt aber besonders hervor, wie sehr die Italien-Reise ein Herzenswunsch der Herzogin ist. Nach der Nennung Roms, des berühmten Sebeto Brunnens in Neapel und der dort regierenden Bourbonen, konzentriert er sich in den letzten Versen auf die in Apulien besuchten Orte. Er endet mit dem Wunsch, Anna Amalia möge sich selbst in zukünftigen Jahren bewahren (*conserva*).

(A.B.)

1 Vgl. Hollmer (Hrsg.) 1999, S. 80.
2 Vgl. Brandsch (Hrsg.) 2008, S. 116.
3 Vgl. Seuffert 1890, S. 562.

A Sua Altezza Serenissima
ANNA AMALIA
Di Brunswich Luneburgo
Duchessa di Sassonia Weymar
per i di Lei piacevoli avvenimenti
nell' intrapreso Viaggio d'Italia,
e
per il di Lei Soggiorno in Roma,
in Napoli, ed in Puglia
nel Venerabile Monistero della
Madonna d'Andria
de' PP. Benedettini Cassinesi
Il Revmo Pre
D. Vincenzo Rogadei Abbate

Kat. 34 Zum Geburtstag von Anna Amalia, 1803
Nella Partenza Da Dresda di Sua Altezza Serenissima Anna Amalia Duchessa Vedova Di Weimar, Alcuni Giorni Prima Del 24. Ottobre Anniverario Della Sua Nascita.

Bei der Abfahrt von Dresden von Ihrer Durchlaucht Anna Amalia Herzoginwitwe von Weimar, einige Tage vor dem 24. Oktober, dem Jahrestag Ihrer Geburt.

Druck auf Papier, 4 Blätter
Umschlag aus Buntpapier
19,7 x 13,1 cm
19 A 5138

Anna Amalia kehrte am 27. Oktober 1803 von ihrer Dresden-Reise nach Weimar zurück. Bei ihrer Abfahrt von Dresden, wenige Tage vor dem 24. Oktober, erhält sie eine kleinformatig gedruckte Huldigung zu ihrem 63. Geburtstag (*genethliakon*).

Der auf der in Versalien gehaltenen Titelseite nicht genannte Autor nutzt die Vorlieben der Herzogin für das Italienische und für den Gesang und verfasst in italienischer Sprache ein Rezitativ. Dieses gesangähnliche Gespräch zweier Figuren, mit den Abkürzungen *A.* und *B.* bezeichnet, bezeugt, dass der Ruhm der Herzogin bereits in Dresden bekannt ist. Der erste Sprecher fordert den zweiten, und damit die Herzogin auf, still zu sein, um an der Elbe das an den Ufern der Ilm zu Ehren des Geburtstags stattfindende außergewöhnliche Konzert belauschen zu können. Das Echo dieser Stimmen findet sich dann auf den Lippen der beiden Sprecher aus Dresden, die zweimal wiederholen, dass mit Anna Amalia Freude und Vergnügen geboren werden. Die Erde verändere sich, wenn man solche Ehre sehe, wenn die Welt von ihrer Bedeutung spreche. In ihrer Abstammung verbinde sie durch ihren Onkel Friedrich II. von Brandenburg-Preußen königliches und durch ihren Vater Carl I. von Braunschweig-Lüneburg-Wolfenbüttel heldenhaftes Blut. Die Stimmen fordern auf, für ein paar Augenblicke, solch schönen Schatz (*si bel Tesor*), zu sehen, da er den Betrachter nicht nur mit Liebe erfülle, sondern auch mit Glück. Dieses Glück bleibe auf Ewig im Herzen und die Erinnerung an das Vergnügen fordere, dass man darüber spreche und es bezeuge. Der schöne Schatz spielt aber auch auf die von Anna Amalia in Dresden besuchten Kunstschätze, wie das Grüne Gewölbe, das Japanische Palais, die Kurfürstliche Bibliothek und die Rüstkammer an.[1]

Der Umschlag ist aus einfarbig grünem Buntpapier gefertigt, den einfache Bordüren am Rand und eine im Zentrum angeordnete Blüte mit Strahlenkranz zieren.

(A.B.)

1 Vgl. Berger 2003, S. 541.

NELLA

PARTENZA DA DRESDA

DI SUA

ALTEZZA SERENISSIMA

ANNA AMALIA

DUCHESSA VEDOVA DI WEIMAR,

ALCUNI GIORNI PRIMA

DEL 24. OTTOBRE

ANNIVERSARIO

DELLA SUA NASCITA.

1803.

Bildnis des Großherzogs Carl August zu Sachsen-Weimar-Eisenach, Ferdinand Jagemann, 1805, Öl auf Leinwand, Klassik Stiftung Weimar

Carl August, Großherzog von Sachsen-Weimar-Eisenach (1757–1828) Katalog 35 bis 45

Carl August war der ersehnte Stammhalter des herzoglichen Hauses, mit dessen Geburt am 3. September 1757 der Fortbestand der Dynastie Sachsen-Weimar-Eisenach gesichert war. Dementsprechend groß war die Freude und Erleichterung. Noch vor seinem ersten Geburtstag starb sein Vater Ernst August II. Constantin (1737–1758). Seine Mutter, Herzogin Anna Amalia (1739–1807), übernahm die Regentschaft. Einer der Lehrer des jungen Prinzen war seit August 1772 der Schriftsteller und Philosoph Christoph Martin Wieland (1733–1813), den Anna Amalia nach Weimar berufen hatte. Am 6. Mai 1774 brannte das Weimarer Stadtschloss.

Besonders ereignisreich war das Jahr 1775 für den jungen Prinzen: Er kehrte von seiner *Kavalierstour* zurück (einer Bildungsreise, die ihn für ein halbes Jahr nach Paris führte) und übernahm an seinem Geburtstag die Regierungsgeschäfte. Am 3. Oktober 1775 heiratete Carl August Prinzessin Luise von Hessen-Darmstadt (1757–1830) in Karlsruhe. Am 7. November traf Johann Wolfgang von Goethe (1749–1832), den er in Frankfurt kennengelernt hatte, als Gast des jungen Herzogs in Weimar ein. Goethe wurde in die Regierung des Herzogtums einbezogen und war Carl August auf mehreren Ebenen eng verbunden.

In den 1780er Jahren bemühte sich Carl August um die Etablierung und Stärkung des Deutschen Fürstenbundes. 1784 verlieh er nach einer Lesung aus dem ersten Akt des *Don Karlos* Friedrich Schiller (1759–1805) den Titel eines sachsen-weimarischen Rats. 1788 trat Carl August als Generalmajor in preußische Dienste und nahm 1792 am Krieg gegen Frankreich teil, von dem er erst im August 1794 zurückkehrte. Nach der Niederlage in der Doppelschlacht bei Jena und Auerstedt 1806 musste er sich Napoleon unterwerfen und dem Rheinbund beitreten. Er nahm an einer der wichtigsten politischen Ereignisse seiner Zeit, dem Wiener Kongress (1814–1815) teil, als dessen wichtigstes Ergebnis die Stabilisierung der Machtverhältnisse in Europa nach der Niederlage Napoleons gilt. Wichtigste Ergebnisse für Sachsen-Weimar-Eisenach waren Landgewinne und die Erhöhung zum Großherzogtum. Mit seiner Frau Luise hatte er vier Kinder: Luise Auguste Amalie (*1779), Carl Friedrich (*1783), Carolina Luise (*1786) und Carl Bernhard (*1792). Carl August starb am 28. Juni 1828 in Graditz bei Torgau.

Zu seinen Geburtstagen erhielt er mehrfach Huldigungsschriften, wie in den Jahren 1770 (Kat. 35), 1773 (Kat. 36) und 1795 (Kat. 42), zum Regierungsantritt (Kat. 37 und 38) sowie zum Beilager (dem offiziellen Vollzug der Ehe) 1775 (Kat. 39). Weitere Schriften sind zur Geburt seines Sohnes Carl Friedrich (Kat. 40 und 41) und zum 50. Regierungsjubiläum (Kat. 44 und 45) erhalten. Eine Besonderheit stellt die Huldigungsschrift zum Erhalt der freien Bürgerjagd aus dem Jahr 1821 dar (Kat. 43).

Kat. 35 Zum Geburtstag von Carl August und Friedrich Ferdinand Constantin, 1770
Ernst Wilhelm Wolf: Denen Durchlauchtigsten Fuersten und Herren, Herrn Carl August, und Herrn Friedrich Ferdinand Constantin, Herzogen zu Sachsen, … suchten bey Dero hocherfreulichen Geburtstagsfeiern welche den 3ten und 8ten September 1770 hoechsterwuenscht eintraten ihre unterthaenigste Schuldigkeit an den Tag zu legen die Gymnasiasten der ersten Ordnung des hochfuerstl[ichen]. Gymnasiums, Weimar.

Druck, 2 Blatt
32 x 19,5 cm
Huld K 32

74 Schülernamen des herzoglichen Gymnasiums Weimar stehen als Überbringer der Glückwünsche dieser Huldigungsschrift am Ende des Textes, der den Söhnen der Herzogin Anna Amalia, Carl August und Friedrich Ferdinand Constantin, gewidmet ist.

Carl August regierte das Herzogtum Sachsen-Weimar 53 Jahre lang bis zu seinem Tod 1828. Friedrich Ferdinand Constantin starb bereits mit 35 Jahren in Ausübung seiner militärischen Dienste. Zur Zeit der Entstehung der Glückwunschkantate waren die jungen Herzöge dreizehn und zwölf Jahre alt.

Das Gymnasium war vorbereitende Anstalt für die Landesuniversität Jena. Die schulische Musikpflege war ein wichtiger Unterrichtsteil im Gymnasium, Chöre, Kantorei und Schulorchester belegen das. Bei kirchlichen Anlässen wie Leichenbegängnissen, Hochzeiten oder anderen Festlichkeiten wurde der Schulchor in die Aufführungen einbezogen[1].

Die Notenhandschrift der Kantate *Fordert den Jubelton* (RISM A/II: 250004014) fand sich neben anderen Kantaten im Pfarrarchiv von Niedertrebra in Thüringen. Wie so oft bei Gelegenheitsmusiken wurden Text und Musik getrennt aufbewahrt.

Ernst Wilhelm Wolf, in Großen-Behringen bei Gotha geboren, später Organist in Kahla, wurde 1772 von Anna Amalia zum Weimarer Hofkapellmeister berufen. Dieses Amt hatte Wolf bis zu seinem Tode inne. Er erteilte ihren beiden Söhnen musikalischen Unterricht. Friedrich Schlichtegroll[2] schreibt in seinem Nekrolog zu Wolf: *Die Herzoginn Amalie … ließ den wackern Wolf auch da nicht sinken, als man seinen musikalischen Geschmack in Weimar altmodisch zu finden anfing …*

Die Geburtstagskantate ist für drei Gesangstimmen, Chor und Orchester komponiert.

(A.v.W.-M.)

1 Neumeyer 1994, S. 2ff.
2 Schlichtegroll 1954, S. 265.

Clarini
Allegro non troppo.

Kat. 36 Zum Geburtstag von Carl August, 1773
Christoph Martin Wieland: Die Wahl des Herkules. Ein lyrisches Drama für das hohe Geburtsfest des ... Herrn Carl August, ... auf dem Schloßtheater zu Weimar aufgeführt. Den 4ten Sept. 1773.

Druck auf Papier, 12 Blätter
Umschlag aus Papier
22,1 x 13,1 cm
115869 – A

Prominenter Verfasser dieser schlichten Huldigungsschrift für Carl August zum sechzehnten Geburtstag im Jahr 1773 ist kein geringerer als der Dichter Christoph Martin Wieland.[1] Wieland war seit 1772 als Erzieher des Prinzen am Weimarer Hof tätig. Darüber hinaus schrieb er mehrere Singspiele für das hiesige Theater und besprach in der von ihm gegründeten Zeitschrift *Der Teutsche Merkur* die neue Gattung der Singspiele grundlegend. Im vorliegenden Werk, dem Singspiel *Die Wahl des Herkules*, vereinen sich seine Tätigkeiten als Erzieher und als Dichter, denn Wieland betrachtete das Theater als wichtigen Teil der Unterweisung des Prinzen. Für sein Stück, angelegt für drei Sänger, wählte Wieland einen mythologischen Stoff, der aus Xenophons *Sokratischen Denkwürdigkeiten* stammt und frei gestaltet wurde. Vorbild ist der Halbgott Herkules, der im Verlaufe des Werkes zum Fürsten wird, der seinem Volk dienen soll:

Sey ein Wohlthäter der Menscheit, Lebe, schwitze, blute zu ihrem Dienst![2]

So wird der einst stumme Herkules zu einer sprechenden Figur, die während eines inneren Konfliktes mit den Personifikationen der Wollust und der Tugend konfrontiert wird. Herkules ist hin- und hergerissen zwischen seiner *Ungeduld nach Thaten* und seiner Liebe zu Dejanira. Im weiteren Verlauf wirken Wollust und Tugend auf auf Herkules ein, der sich nach langem Ringen für den Pfad der Tugend und damit für *Ruhm*, *Unsterblichkeit* und *Tugend* entscheidet. Im abschließenden Epilog wendet sich die Tugend direkt an Carl August:

O Prinz, du bist dazu gebohren, Ein Beyspiel jeder Fürstentugend Und Deines Volkes Lust zu seyn. Verschmäh den Reiz der lockenden Syrenen, An deren Klippen oft der Ruhm der Fürsten strandet!

Der erzieherische Charakter des Singspiels soll sich positiv auf die Entwicklung von Carl August auswirken und ihm den Weg guten Betragens aufzeigen.

(N.R.)

1 Vgl. den Beitrag von Wolfgang Albrecht *Verpflichtendes Fürstenlob – Wielands aufklärerische Huldigungspoesie an den Weimarer Hof* im vorliegenden Band.

2 Vgl. Heinz 2002.

Die

Wahl des Herkules.

Ein lyrisches Drama

für das
hohe Geburtsfest
des
Durchlauchtigsten Fürsten und Herrn,
Herrn
Carl August,
Erbprinzen
zu Sachsen-Weimar und Eisenach,

auf dem Schloßtheater zu Weimar
aufgeführt.

Den 4ten Sept. 1773.

Kat. 37 Zum Regierungsantritt von Carl August, 1775

Johann Christoph Strauß: Als der Durchlauchtigste Fuerst … Carl August, … am 3ten September 1775 die … LandesRegierung uebernahme, wolte … seine unterthaenigste Pflicht und Ehrfurcht glueckwuenschend bezeugen der Stadtrath sammt Buergerschaft zu Stadt Sulza. Jena, Strauß.

Druck auf Papier, 2 Blätter
Einband aus Textil
40,5 x 26,2 cm
Huld L 23

Stadtrat und Bürgerschaft der Stadt Sulza gratulierten Herzog Carl August zu seinem Regierungsantritt im Jahre 1775 mit dieser zweiblättrigen, auf Seide gedruckten und in einen dunkelgrünen Textileinband gefassten Schrift, die ein zwölfstrophiges Huldigungsgedicht enthält. Gelbe Fäden am Rand des Stoffes erinnern an eine heute verlorene Bordüre. Das Vorsatz besteht aus rosaroter Seide, ein Fliegendes Blatt wurde eingebunden. Eine Bordüre aus goldfarbenen Metallfäden fasst die Ränder der Seiten aus Seide ein.

Auf die Titelseite folgt ein Gedicht, das mit einer bildlichen Darstellung beginnt. In einer Rokokovignette, die sich aus floralen Elementen und Rocailleformen zusammensetzt, befinden sich zwei einander zugewandte Putten. Die erste Strophe des Gedichtes wird von einer zwischen Gras- oder Schilfhalmen sitzenden Putte flankiert. Das Gedicht schließt nach der letzten Strophe mit einer aus Rocailleformen gebildeten Vignette.

Das Gedicht huldigt Carl August und dessen Regierungsantritt in schillernden Farben: Die ersten vier Strophen sind dem neuen Landesfürsten als Beschützer und Vater seines über die Maßen glücklichen Volkes gewidmet. Er wird nicht nur als *der beste Fürst*, sondern sogar als *Gott der Götter* bezeichnet. In Strophe fünf bis neun stellt der Autor einen Bezug zwischen Carl August, seiner Frau und Familie her. Thematisiert werden: Die Freude und Rührung der Herzoginmutter, Anna Amalia, die ihrem Sohn die von ihr vormundschaftlich geführte Regierung übergibt, der Antritt des Regierungsamtes und die Huldigung des Volkes für dessen Gattin Luise. In den sich anschließenden Strophen wird die Huldigung des Volkes aufgegriffen und mit den Pflichten mahnend verknüpft, was unter anderem in Zeilen, wie *Dein Fürst wandelt stets des Ruhmes Pfade* oder

Dies ist sein Ruhm: dem Lande wohl zu nüzzen, Verlassne liebreich stets zu unterstüzzen zum Ausdruck kommt.

(N.R.)

Auf güldnen Morgenröthen hergetragen,
Kömmt er — der frölichst'e von unsern Tagen;
Der Tag, der unsre Herzen freudig macht.
Auf! bringt dem Mächtigen Lob, Preiß und Ehre!
Ihr Völker jauchzt! — und singt Gott laute Chöre! —
Ihn, der mit Wohlthun an sein Volk gedacht.

Mit Lust getränktes Volk, nim deine Palmen,
Und singe ihm, dem Höchsten FreudenPsalmen;
Schwing heute frohe Wünsche Himmel an. —
Verherrliche mit dankendem Gemüthe
Den Gott der Götter. — Seine grose Güte
Hat Groses izt an seinem Volk gethan.

Belebt, vom wallenden Gefühl der Freude,
Sei unser Herz, von Lust durchdrungen heute. —
Der beste Fürst, der grose FürstenSohn,
Beherschet Seine Länder, Seine Staaten, —
Sein treues Volk, — durch lobenswürd'ge Thaten,
Und Weisheit, Güte, prangt auf Seinem Thron.

Beglüktes Land, wo Carl August regieret:
Wo Liebe, Sanftmuth Seinen Scepter zieret, —
Und jeden Tag, zum Wohl des Landes nüzt,
Nichts ist, das unserm Wohl und Glükke gleichet;
Wenn Er sich Seinem Volk, als Vater zeiget —
Selbst die Religion und Tugend schüzt.

Die uns Ihr Volk und Länder glüklich machte,
Und jedem Tag zum Wohl des Staats vollbrachte,
Amalia — ist heute selbst bewegt. —
Amalia — weint fromme Thränen heute
Wenn Sie, belebt, von mütterlicher Freude,
Zu Ihres Sohnes Hand, das Scepter legt.

Wie, solten wir wohl ungerühret bleiben?
O! laßt uns diesen Tag in Marmor schreiben!
Den Tag, — den uns der Höchste sehen läßt.
Wünscht Glük dem Carl August, dem FürstenSohne, —
Er glänzt auf Seines grosen Vaters Throne.
Heut ist Er unsre Lust. — Heut unser Fest. —

Die beste Fürstin, — die du dir ersehen,
Louise — lebe stets in Wohlergehn;
Sie, Deine Freundin — Deiner Länder Lust.
Sie, unsre Fürstin, lebe stets im Seegen.
Louise — sei beglückt. — Auf Ihren Wegen
Sei Ihr nur wahres Wohl und Glück bewust. —

O! güt'ge Vorsicht, die du ewig wachest,
Die Deinen schüz'st — belohn'st — und glücklich machest, —
Gieb Leben, Wohl, — dem theuren Carl August.
Laß unsern Fürsten noch in späten Jahren
Die SeegensProben deiner Huld erfahren. —
Bekröne Ihn, — mit Seegen, Heil und Lust.

Kat. 38 Zum Regierungsantritt und Vermählungsfest von Carl August, 1775
I. S. Bohlin: Dem hoechstbeglückten RegierungsAntritt und VermaehlungsFeste des Durchlauchtigsten Fuersten und Herrn, … Carl August, … demuethig gewidmet von I. S. Bohlin, geb. Eberhardtin. Jena, Fickelscherr.

Druck auf Papier, 4 Blätter
Umschlag aus Metallpapier
25,5 x 20,6 cm
Huld L 19

Das siebzehnstrophige Huldigungsgedicht von I. S. Bohlin anlässlich des Regierungsantrittes am 3. September 1775 und des Vermählungsfestes von Herzog Carl August im gleichen Jahr ist in einen bronzefarbenen Metalleinband mit eingetieften Bordüren und einem rechteckigen, leeren Mittelfeld gefasst. Das Vorsatz besteht heute aus stark abgeriebenem Silberpapier, ein Fliegendes Blatt wurde eingebunden.

Auf die Titelseite schließt sich das im Kreuzreim erstellte Huldigungsgedicht an. Es wird von einer Vignette geziert, in der eine mit einem Lorbeerkranz und einem Umhang bekleidete, Harfe spielende Putte auf einer aus Rocailleformen und Zierrat entwickelten Sitzgelegenheit thront. Das Gedicht schließt mit einer graphischen Darstellung, einer aus Wolkenformen gebildeten Vignette, in der zwei Vögel neben- und einander zugewandt sitzen. Auf dem Rücken der Tiere entspringt jeweils ein Band, das sich über ihnen kreuzt und in die Lüfte flattert und somit Assoziationen zum Thema Heirat und Liebe weckt.

Im ersten Teil des Gedichtes wird Herzog Carl August zum Antritt seiner Landesherrschaft gehuldigt. Da die Huldigung von einer Frau ausgesprochen wurde, gesellt sich diese imaginär einer Menge jubelnder und singender Männer hinzu, die dem Fest beiwohnen, und bittet ihren Herzog um Verständnis für ihr eher ungewöhnliches, aber von Begeisterung und Liebe geleitetes Verhalten. Im zweiten Teil wird Bezug auf Carl Augusts Vermählung mit Luise von Hessen-Darmstadt genommen, die am 3. Oktober 1775 in Karlsruhe vollzogen wurde. Viele Glück- und Segenswünsche für das junge Paar und die Familie folgen. Tugendhaftigkeit als Landesvater und eine lange, von Gerechtigkeit und Güte geprägte Regierungszeit werden dem Regenten bereits vorgreifend zugeschrieben und könnten somit auch als Wunsch, Bitte oder Mahnung an ihn verstanden werden, seine Regierung stets vorbildlich zu gestalten.

(N.R.)

Dem

höchstbeglückten Regierungs-Antritt

und

Vermählungs-Feste

des

Durchlauchtigsten Fürsten und Herrn,

Herrn

Carl Augusts,

Herzogs zu Sachsen Weimar und Eisenach rc. rc.

---

demüthigst gewidmet

von

J. S. Bohlin, geb. Eberhardtin.

Jena,

gedruckt bey Felix Fickelscherr, F. S. Hofbuchdrucker 1775.

Kat. 39 Zum Beilager von Carl August und Luise, 1775
A. F. G. C. Batsch; H. W. Beez; J. E. F. Bergmann: Der Feyer des vollzogenen hohen Beilagers, des Durchlauchigsten Fuersten und Herrn … Carl August … und der Fuerstin und Frauen, … Louise …, widmeten bey Dero Rueckkehr dieses Denkmaal ihrer Unterthaenigkeit nachstehende zu Jena studirende Weimar- Eisenach- und Jenaische Landeskinder. Jena, Fickelscherr.

Druck auf Papier, 2 Blätter
34,4 x 20,7 cm
Huld K 81

Der zweiblättrige Druck auf Papier mit einem neunstrophigen Huldigungsgedicht entstand anlässlich des Beilagers[1] von Herzog Carl August und seiner Frau Luise im Jahr 1775. Gewidmet wurde das Gedicht dem Paar von den Studenten zu Jena, die namentlich auf der letzten Seite aufgeführt werden.

Das Gedicht erstreckt sich über zwei Seiten und wird von einer bildlichen Darstellung geschmückt. In einer Vignette aus floralen Motiven und Rocailleformen schwebt eine weibliche Figur auf Wolken, die einen Speer und ein bekröntes Schild mit einer Wappendarstellung mit sich führt. Der ersten Strophe ist eine Putte mit Harfe, die an Mauerwerk lehnt, vorangestellt. Am Ende steht eine bekrönte Wappendarstellung: Vor dem Wappen liegen Harfe und Zepter.

Das Gedicht wurde im Kreuzreim verfasst und hat neun Strophen: Die ersten zwei nehmen Bezug auf den Regierungsantritt Carl Augusts, der mit den Worten

Noch bebten wir, ergriffen vom Entzücken, Und dachten, fühlten's tief und taumelten, Daß Du sie nahmest, Völker zu beglücken, Des Fürstenthrones Müh und Seegnungen

in Dankbarkeit gewürdigt wird. Die folgenden zwei Strophen berichten von Luise, die Carl als seine Frau erwählt hat und nun seinem erfreuten Volk als *holde Mutter … Wie er selbst Vater ist* vorstellt. In den übrigen Strophen wird dem jungen Paar gehuldigt. Mit einem Segenswunsch

Vermag's die Hand nicht, unsre Seelen bitten, Was Erd und Himmel Gutes, Schönes hat, Von Gott, das alles auf Euch herzuschütten, Daß über Euch sei ewig Glück sein Rath.

endet das Gedicht für Carl August und Luise.

(N.R.)

1 Unter *Beilager* versteht man einen Teil der früher üblichen Hochzeitszeremonie zur rechtsgültigen Vollziehung der Ehe. Es handelte sich um eine symbolische feierliche Besteigung des gemeinschaftlichen Lagers (Bettes), wobei sich fürstliche Personen auch durch einen Abgesandten vertreten lassen konnten.

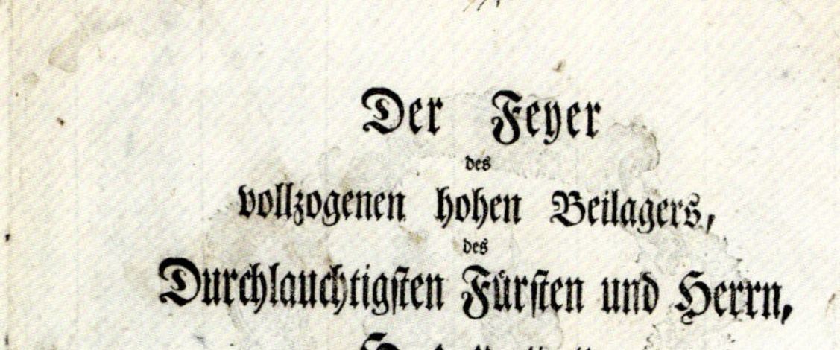

Der Feyer
des
vollzogenen hohen Beilagers,
des
Durchlauchtigsten Fürsten und Herrn,
Herrn
Carl August
Herzogs zu Sachsen, Jülich, Cleve und Berg, auch Engern und Westphalen, Landgrafen in Thüringen, Marggrafen zu Meisen, gefürsteten Grafen zu Henneberg, Grafen zu der Mark und Ravensberg, Herrn zu Ravenstein 2c. 2c.
und der
Durchlauchtigsten Fürstin und Frauen,
Frauen
Louise
Herzogin zu Sachsen, Jülich, Cleve und Berg, auch Engern und Westphalen, gebohrner Landgräfin zu Heßen-Darmstadt. 2c. 2c.
widmeten
bey Dero Rückkehr
dieses Denkmaal ihrer Unterthänigkeit
nachstehende
zu Jena studirende Weimar = Eisenach = und Jenaische Landeskinder.

Jena,
gedruckt bey Felix Fickelscherr, Fürstl. Sächs. Hofbuchdrucker 1775.

A. F. G. C. Batsch, aus Jena, d. R. B.
H. W. Beez, aus den Eisenachischen, d. G. G. B.
E. F. Bergmann, aus W.imar. d. G. G. B.
J. J. F. B. Bergmann, aus Jena, d. A. W. B.
J. F. Böber, aus Jena, d. M. B.
J. C. F. Bohm, aus Weimar, d. G. G. B.
C. A. A. Breyther, aus dem Altstädt. d. R. B.
C. W. Briegleb, aus Eisenach. d. G. G. B.
S. Büchner, aus den Eisenach. d. G. G. B.
E. W. C. Burgmann, aus Weimar, d. G. G. B.
J. C. Cannabich, aus den Weim. d. G. G. B.
B. G. C. Carl, aus Jena, d. R. B.
C. Coutelli, aus Jena, d. R. B.
J. F. S. Damaratius, aus Jena, d. R. B.
C. F. Demelius, aus den Weimar. d. G. G. B.
J. C. F. Dietmar, aus Jena, d. R. B.
J. W. H. Dörr, aus Eisenach, d. R. B.
B. G. Eichmann, aus Jena, d. R. B.
H. W. Fahner, aus den Weimar. d. G. G. B.
C. G. F. Faselius, aus Jena, d. R. B,
J. E. H. Friese, aus Jena, d. R. B.
F. F. Gering, aus den Weim. d. G. G. B.
J. G. Getschmann, aus dem Weim. d. G. G. B.
J. F. J. Göbel, aus dem Weim. d. G. G. B.
J. N. Göck, aus Eisenach, d. G. G. B.
C. H. von Gohren, aus Jena, d. R. B.
C. W. von Gohren, aus Jena, d. G. G. B.
W. C. Günther, aus den Weim. d. G. G. B.
F. W. von Harstall, aus den Eisenach. d. R. B.
J. C. Hartung, aus Weimar, d. G. G. B.
C. Hebestreit, aus den Weimar. d. R. B.
J. C. H. Hendrich, aus Weimar, d. R. B.
F. L. Herold, aus Weimar, d. A. W. B.
J. F. Just, aus den Eisenach. d. G. G. B.
J. N. Kirchner, aus den Eisenach. d. G. G. B.
J. W. C. Krieg, aus den Eisenach. d. G. G. B.
L. G. E. Kromayer, aus den Weimar. d. G. G. B.
F. W. Kühn, aus den Weim. d. G. G. B.
J. E. Ph. Labes, aus den Weim. d. G. G. B.
F. G. W. Lauhn, aus den Weim. d. R. B.
J. C. C. Lauhn, aus den Weim. d. G. G. B.
J. A. Laupert, aus Eisenach, d. G. G. B.
J. C. Liebeskind, aus den Weim. d. G. G. B.
E. A. C. von Lüderiz, aus den Weim. d. R. B.
J. A. S. Lungershausen, aus den W. d. G. G. B.
J. G. D. Michaelis, aus den Weim. d. G. G. B.
C. F. Müller, aus Weimar, d. G. G. B.
J. S. E. Mirus, aus den Weim. d. G. G. B.
F. W. E. Mirus, aus den Weim. d. R. B.
F. A. Nicander, aus Jena, d. R. B.
C. A. W. Nicander, aus Jena, d. M. B.
F. A. G. Osann, aus den Weimar. d. R. B.
J. B. G. Osann, aus den Weim. d. G. G. B.
L. C. A. L. von Rath, aus Eisenach, d. R. B.
J. C. H. Rauch, aus den Eisenach. d. G. G. B.
D. M. P. Rausche, aus Jena, d. R. B.
J. H. Reinhardt, aus den Eisenach. d. G. G. B.
C. W. Rentsch, aus Weimar, d. R. B.
E. A. W. Rost, aus Weimar, B. R. C.
H. F. Rost, aus Weimar, d. G. G. B.
F. G. Rudolph, aus Jena, d. R. B.
J. H. Rudolph, aus Jena, d. A. W. B.
C. W. Sachs, aus den Eisenach. d. G. G. B.
F. A. W. Schall, aus den Weim. d. R. B.
C. F. W. Schall, aus den Weim. d. R. B.
J. G. Scheibe, aus den Weim. d. G. G. B.
J. J. A. Schmid, aus den Jenaischen, d. G. G. B.
G. F. Schorcht, aus den Weim. d. R. B.
F. C. C. Schröter, aus Weimar, d. G. G. B.
G. H. C. Schröter, aus den Eisenach. d. G. G. B.
J. Ch. Seiz, aus den Eisenach. d. G. G. B.
J. J. Siebold, aus den Weimar. d. G. G. B.
J. Ch. H. Staffell, aus den Eisenach. d. R. B.
J. Ch. Starcke, aus den Weim. d. A. W. B.
S. F. Steinbrück, aus Weimar, d. R. B.
J. A. F. Thieme, aus Jena, d. R. B.
C. E. G. Thieme, aus Jena, d. R. B.
W. J. von Thölldnitz, aus Eisenach, d. R. B.
C. A. Thon, aus Lichtenberg, d. R. B.
H. L. Thon, aus Lichtenberg, d. R. B.
J. A. L. Tollie, aus Jena, d. R. B.
F. E. G. Trötsch, aus den Weim. d. G. G. B.
G. W. E. von Uttenrodt, aus den Eisen. d. R. B.
J. C. W. Voigt, aus Allstedt, d. R. B.
J. J. Weber, aus Weimar, d. G. G. B.
A. C. F. Wedel, aus Jena, d. R. B.
G. E. W. Wedel, aus Jena, d. R. B.
J. E. Werner, aus den Weim. d. G. G. C.

Kat. 40 Zur Geburt von Carl Friedrich für Carl August, 1783
Als der Durchlauchtigste Fuerst und Herr Herr Carl August, … und die Durchlauchtigste Fuerstin und Frau Frau Louise … mit dem ersten Prinzen … erfreuet wurden bezeigten ueber die Geburt dieses … Prinzen … Carl Friedrich ihre devoteste Unterthanen-Freude der Stadtrath und saemmtliche Bürgerschaft zu Apolda. Jena, Fickelscherrs Erben und Stranckmann.

Druck auf Seide, 2 Blätter
Einband aus Samt
39,1 x 24,1cm
Huld M 11

Ein dreizehnstrophiges Huldigungsgedicht, gedruckt auf cremefarbener Seide, würdigt im Namen des Stadtrates und der Bürgerschaft von Apolda die Geburt des ersten Sohnes von Herzog Carl August und seiner Frau Luise am 2. Februar 1783.

Eingebunden in einen dunkelblauen Samteinband, bildet das seidene, rosarote Vorsatz einen farblichen Kontrast zum Einband. An die Titelseite schließt sich das Gedicht an und wird von einer Vignette aus floralen Motiven und Rocailleformen, die eine Wappendarstellung umgibt, eingeleitet. Der ersten Strophe ist eine weibliche Figur, die mit Schwert, Zepter, Reichsapfel und Krone ausgestattet an einer Säule lehnt, vorangestellt. Am Ende steht eine Vignette aus floralen Motiven und Rocailleformen, die neben einem Speer und Schild auch einen Globus, einen Zirkel, eine Schriftrolle und ein Buch enthält.

Das im Schweifreim verfasste Gedicht ehrt in blumiger Sprache die Geburt des Prinzen durch die als *»GötterLouise«* bezeichnete Gemahlin von Herzog Carl August. Der Text arbeitet mit vielen, teils antik anmutenden Sprachbildern. So ist die Rede vom *Tempel der Freude*, in dem geopfert wird. *Ach eilet ihr zaubernden Horen, Ach eilet und winket Auroren* wird hier verkündet, während an anderer Stelle der Ausruf

O Flora, bring alles Ergötzen, Das Schönste von blühenden Schätzen, Der holden Gebärerin dar! ertönt.

Die letzte Strophe dient den Huldigenden dazu, sich selbst und ihre außergewöhnliche Treue gegenüber dem Landesvater auszudrücken, wenn es heißt:

Herr! Laß Dir es huldreichst gefallen, Wir eifern um Vorzug vor allen, Die je Deinem Throne genaht, Ach! Laß uns den Stolz noch erheben: Es heiße, weil Menschen nur leben, Apolda die treueste Stadt.

(N.R.)

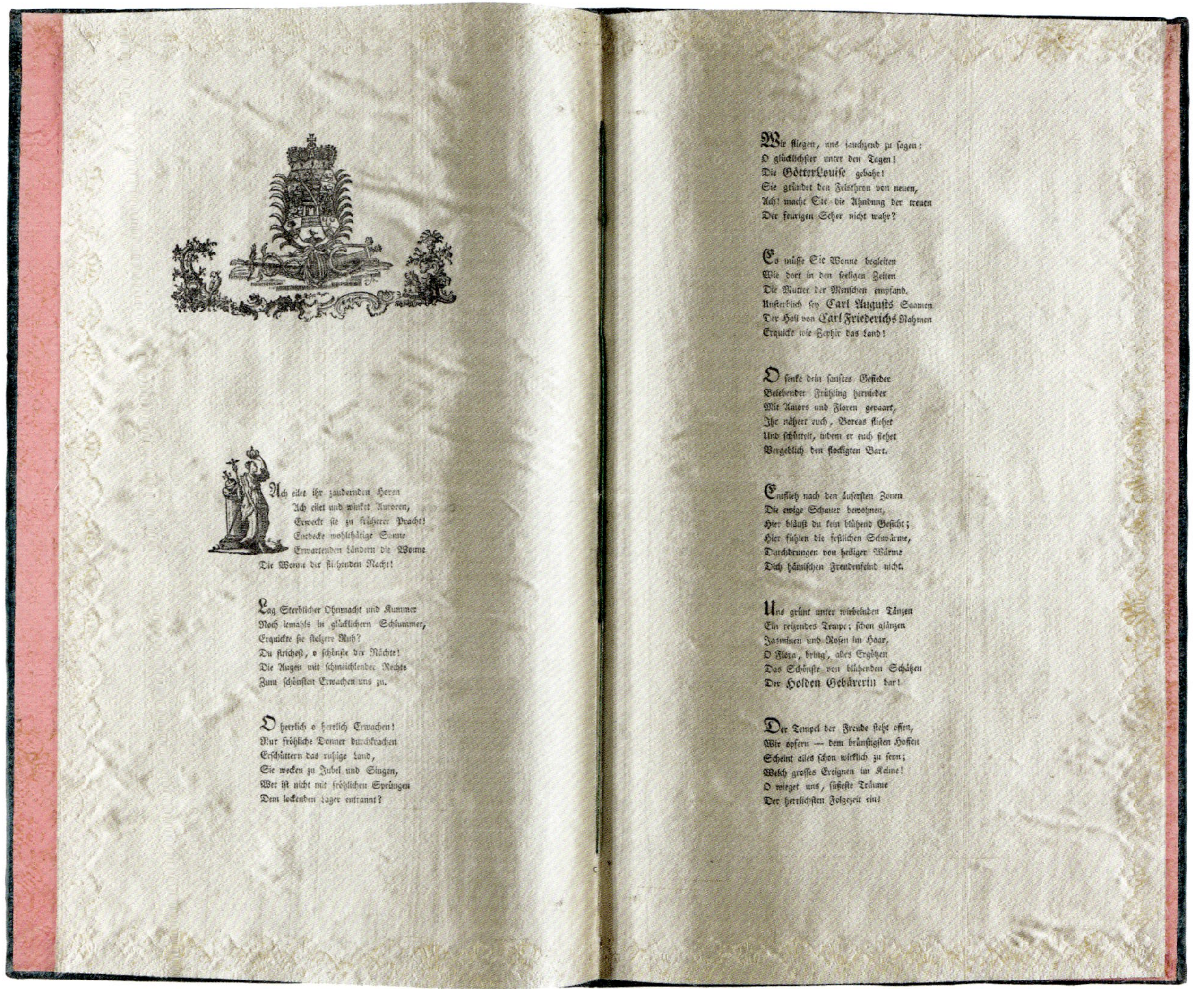

Ach eilet ihr zaudernden Horen
Ach eilet und winket Auroren,
Erweckt sie zu früherer Pracht!
Entdecke wohlthätige Sonne
Erwartenden Ländern die Wonne
Die Wonne der fliehenden Nacht!

Lag Sterblicher Ohnmacht und Kummer
Noch jemahls in glücklichern Schlummer,
Erquickte sie stolzere Ruh?
Du strichest, o schönste der Nächte!
Die Augen mit schmeichlender Rechte
Zum schönsten Erwachen uns zu.

O herrlich o herrlich Erwachen!
Nur fröhliche Donner durchkrachen
Erschüttern das ruhige Land,
Sie wecken zu Jubel und Singen,
Wer ist nicht mit fröhlichen Sprüngen
Dem lockenden Lager entrannt?

Wir fliegen, uns jauchzend zu sagen:
O glücklichster unter den Tagen!
Die GötterLouise gebahr!
Sie gründet den Felsthron von neuen,
Ach! macht Sie die Ahndung der treuen
Der feurigen Seher nicht wahr?

Es müsse Sie Wonne begleiten
Wie dort in den seeligen Zeiten
Die Mutter der Menschen empfand.
Unsterblich sey Carl Augusts Saamen
Der Hall von Carl Friederichs Nahmen
Erquicke wie Zephir das Land!

O senke dein sanftes Gefieder
Belebender Frühling hernieder
Mit Amors und Floren gepaart,
Ihr nähert euch, Boreas fliehet
Und schüttelt, indem er euch siehet
Vergeblich den flockigten Bart.

Entflieh nach den äusersten Zonen
Die ewige Schauer bewohnen,
Hier bläust du kein blühend Gesicht;
Hier fühlen die festlichen Schwärme,
Durchdrungen von heiliger Wärme
Dich hämischen Freudenfeind nicht.

Uns grünt unter wirbelnden Tänzen
Ein reizendes Tempe; schon glänzen
Jasminen und Rosen im Haar,
O Flora, bring', alles Ergötzen
Das Schönste von blühenden Schätzen
Der Holden Gebärerin dar!

Der Tempel der Freude steht offen,
Wir opfern — dem brünstigsten Hoffen
Scheint alles schon wirklich zu seyn;
Welch grosses Ereignen im Keime!
O wieget uns, süßeste Träume
Der herrlichsten Folgezeit ein!

Kat. 41 Zur Geburt von Carl Friedrich für Carl August, 1783
[Bürgerschaft der Stadt Jena]: Empfindungen der geruehrtesten Treue, und tieffsten Ehrfurcht bey der Wiege des neugebornen Durchlauchtigsten Prinzen und Herrn Carl Friedrich Erbprinzen zu Sachsen … in tiefster Unterthänigkeit zu Füssen gelegt von sämtlicher getreuest unterthänigster Bürgerschaft der Stadt Jena. Jena, Maucke.

Druck auf Seide, 4 Blätter
Einband aus Samt mit Stickerei aus Metallfäden
40,5 x 25,6 cm
Huld M 13

Das Huldigungsgedicht zur Geburt des Erbprinzen Carl Friedrich ist auf Seide gedruckt. Zum Schmuck und um das Ausfransen der Seide an den Seitenrändern zu vermeiden, sind diese mit schmückenden Bordüren aus gestickten Metallfäden gerändelt worden.

Die Pappdeckel des Einbandes sind mit dunkelblauem Samt überzogen. Samt als gewebter Stoff wurde seit dem 13. Jahrhundert vor allem für die Herstellung von Gewändern und Wandbezügen verwendet und kommt als Einbandmaterial ab dem 17. Jahrhundert häufiger vor. Kennzeichnend für Samt ist eine kurze Florlänge von maximal zwei Millimetern, während Velours und Plüsch längere Faserenden aufweisen und sich daher etwas weicher anfühlen.

Auf dem Samt wurde entlang der Deckelkanten eine Klöppelspitze aus Metallfäden als breite Bordüre aufgebracht. Beim Klöppeln handelt es sich um eine Flechtarbeit, bei der die Fäden durch Kreuzen und Drehen der Klöppel miteinander und ineinander verflochten werden. Der Ursprung des Klöppelns ist im Bedürfnis zu sehen, die Ränder von Kleidungsstücken schmückend verstärken zu wollen. Aufgrund der gewünscht hohen Reißfestigkeit wird für diese Technik vor allem Leinengarn verwendet, aber auch silberne und goldene Metallfäden, für die es spezielle Klöppel gibt.

Die Klöppelspitze auf dem blauen Samteinband wird aus einem Muster von einzeln nebeneinander stehenden Blüten gebildet. Die Blüten erzeugen nach innen zur Deckelmitte hin die typisch geschwungenen Formen des Spitzenmusterstils, der im Zeitalter des Rokoko auch auf hochwertigen handvergoldeten Ledereinbänden Verwendung fand.

(M.H.)

Kat. 42 Zum Geburtstag von Carl August, 1795
Christian Köhler: Martin Luthers jugendliche Bildung in Eisenach. Eine Schuleinladung zur Feyer des hohen Geburtstages des … Herrn Carl August … von Christian Köhler, Professor am Gymnasium, Eisenach, Meyer.

Druck auf Papier, Stück 52 in Sammelband, 6 Blätter
Umschlag aus Papier
20,6 x 18 cm
4° XXXVII : 209 [c]

Die vorliegende Schrift, bestehend aus sechs Blättern, ist als Stück 52 in einen Sammelband integriert. Sie wurde Herzog Carl August zum Geburtstag am 2. September 1795 von Christian Köhler, Gymnasialprofessor in Eisenach, gewidmet.

Auf die Titelseite folgt eine zehnseitige Abhandlung Köhlers über Martin Luthers *jugendliche Bildung* in Eisenach. Die Entscheidung, seine Huldigungsschrift diesem Thema zu widmen, beschreibt er einleitend wie folgt:

Gelegenheitsschriften geben oft, … die beste Veranlassung, nicht allein Ideen und Gesinnungen unter den Zeitgenossen … in Umlauf zu bringen und zu verbreiten; sondern auch … das Andenken von Männern zu erneuern, die wegen ihrer Verdienste … heilig sein müssen. Dieser … Gedanke veranlasst mich, diese unbedeutende Schulabhandlung … der Jugendjahre … Luthers zu widmen, dessen Beispiel … kräftig auf edle Jünglinge wirken muß, und dessen … Verhalten, … unserer Lehranstalt zur Ehre und zur Zierde gereicht.

Mit der Auswahl des Themas verfolgt Köhler also ein pädagogisches Ziel und gibt zu verstehen, dass Gelegenheits- also Huldigungsschriften auch für eine größere Öffentlichkeit bestimmt sind. Somit möchte er mit seinem Werk weitere Personen erreichen, um ihnen das Wissen über Luther, seine Bildung und seine Verdienste zu vermitteln. Dem Aufsatz schließt sich eine persönliche Ansprache und Huldigung für Carl August an. In dieser wird dem Herzog als Beschützer der Wissenschaft und geliebtem Landesvater zum Geburtstag gratuliert. Des Weiteren wird eine Einladung für Montag, den 7. September um 2 Uhr angefügt. Drei Schüler (*Selectaner*), die namentlich erwähnt werden, halten zu Ehren Carl Augusts an diesem Tage im Gymnasium Reden über die Themen *Das Bild des Menschenfreundes in Lateinischen Werken*, *Vaterlandsliebe* und *von dem Bestreben nach wahrer Ehre.*

(N.R.)

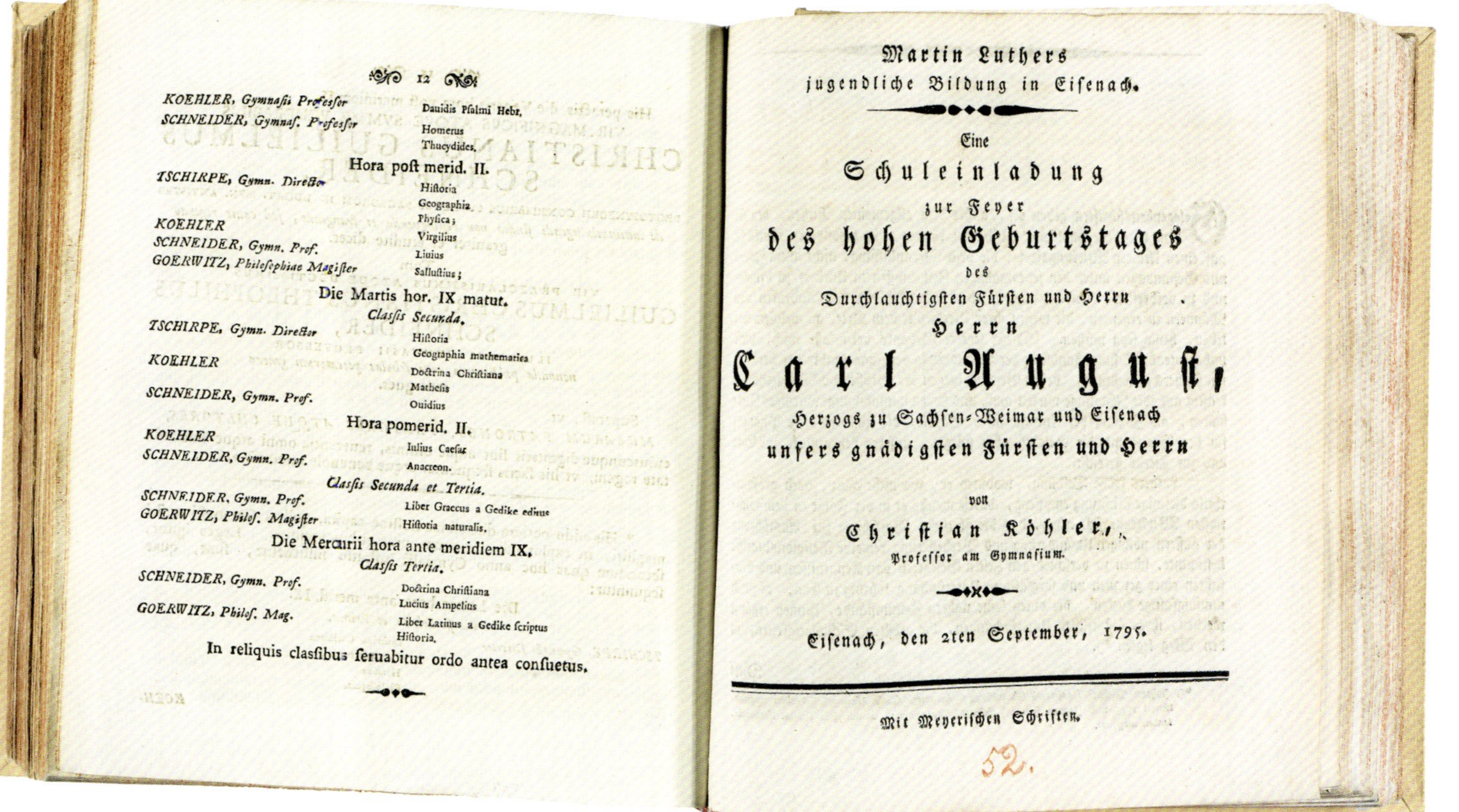

12

KOEHLER, Gymnasii Professor — Dauidis Psalmi Hebr.
SCHNEIDER, Gymnas. Professor — Homerus
Thucydides.

Hora post merid. II.

TSCHIRPE, Gymn. Director — Historia
Geographia
Physica;
KOEHLER — Virgilius
SCHNEIDER, Gymn. Prof. — Liuius
GOERWITZ, Philosophiae Magister — Sallustius;

Die Martis hor. IX matut.

Classis Secunda.

TSCHIRPE, Gymn. Director — Historia
KOEHLER — Geographia mathematica
Doctrina Christiana
SCHNEIDER, Gymn. Prof. — Mathesis
Ouidius

Hora pomerid. II.

KOEHLER — Iulius Caesar
SCHNEIDER, Gymn. Prof. — Anacreon.

Classis Secunda et Tertia.

SCHNEIDER, Gymn. Prof. — Liber Graecus a Gedike editus
GOERWITZ, Philos. Magister — Historia naturalis.

Die Mercurii hora ante meridiem IX.

Classis Tertia.

SCHNEIDER, Gymn. Prof. — Doctrina Christiana
Lucius Ampelius
GOERWITZ, Philos. Mag. — Liber Latinus a Gedike scriptus
Historia.

In reliquis classibus seruabitur ordo antea consuetus.

Martin Luthers
jugendliche Bildung in Eisenach.

Eine
Schuleinladung
zur Feyer
des hohen Geburtstages
des
Durchlauchtigsten Fürsten und Herrn
Herrn
Carl August,
Herzogs zu Sachsen-Weimar und Eisenach
unsers gnädigsten Fürsten und Herrn
von
Christian Köhler,
Professor am Gymnasium.

Eisenach, den 2ten September, 1795.

Mit Meyerischen Schriften.

52.

Kat. 43 Zum Erhalt der freien Bürgerjagd für die Stadt Auma an Carl August, 1821
Dem Durchlauchtigsten Fürsten und Herrn, Herrn Carl August, ... wollten, für die höchste Huld und Gnade der wieder erhaltenen freyen Bürger-Jagd, hierdurch ihren unterthänigsten Dank in tiefster Demuth zu Füssen legen der Stadtrath und die Bürgerschaft zu Auma.

Druck auf Papier, 2 Blätter
Einband aus Samt
25 x 20,5 cm
Huld W 23

Ein moosgrüner Samteinband mit einer eingetieften, goldfarbenen Bordüre und Stempelmotiven in der Mitte und den Ecken umgibt einen zweiblättrigen Druck auf Papier, der ein vierundzwanzigstrophiges Huldigungsgedicht enthält. Die Farbe des Einbandes scheint passend gewählt zum Inhalt der Schrift, denn diese sticht durch einen eher ungewöhnlichen Anlass hervor: Bürger und Stadtrat von Auma bedanken sich bei Herzog Carl August für die Rückerstattung der freien Bürgerjagd im Jahr 1821.

Das Moosgrün des Einbands weckt Assoziationen zu Wald und Waidmannschaft. Aufschluss über die Ereignisse, die sich in Auma zugetragen haben, gibt das enthaltene Gedicht. Die Stadt, die anfänglich das Recht der Bürgerjagd innehatte, verlor es wieder, da Herzog Carl August durch eine zu starke Bejagung Grund zur Annahme hatte, die Bürger würden nicht nur ihre Feldfrüchte vor Wild schützen, sondern vielmehr der reinen Jagdleidenschaft frönen. Deshalb erkannte er der Stadt Auma das Jagdrecht ab und verpachtete es anderweitig. Die Bürger aus Auma beteuern in ihrem Gedicht, dass es nur einige wenige waren, die ihr Recht missbraucht und über das gewünschte Maß hinaus gejagt hätten. Nach mehrfachen Bitten wurde ihnen das Recht schließlich im Jahr 1821 wieder zuerkannt, was die Bürgerschaft zur Anfertigung dieser Huldigungsschrift bewog.

(N.R.)

Kat. 44 Zum fünfzigjährigen Regierungsjubiläum von Carl August, 1825
Das Jubiläums-Fest S[eine]r Koenigl[ichen] Hoheit des Herrn Großherzogs Carl August zu Sachsen-Weimar-Eisenach [et]c. gefeiert von der Stahl- und Armbrust-Schützengesellschaft zu Weimar, Weimar, den 8. September 1825.

Druck auf Papier, 5 Blätter
Umschlag aus Papier
22,1 x 13,1cm
Huld Y 6

Die Huldigungsschrift der Stahl- und Armbrust-Schützengesellschaft zu Weimar ist in einen mit rotem Prägepapier überzogenen Pappband mit handvergoldeten Bordüren eingebunden. In der Deckelmitte befindet sich ein kleiner Blütenstempel, der von einem aus Punkten gebildeten Vierpass umgeben ist. Ährenförmige Stempel verzieren die Ecken. Die Innenseiten sind mit dunkelblauem Vorsatzpapier ausgekleidet, die Blätter mit einem Goldschnitt versehen.

Der Druck besteht aus drei Teilen, die neben der Huldigung auch Hinweise auf die Stationen der Feierlichkeit enthalten, bei der ein Denkmal für Carl August im Garten der Stahl- und Armbrust-Schützengesellschaft[1] eingeweiht wurde. Es handelt sich hierbei um die Bronzebüste von Carl August, die sich heute im Goethe-Nationalmuseum befindet.

Die Schrift besteht aus drei Teilen: Auf das Titelblatt folgt der erste Teil mit einem vierstrophigen Gedicht

Zur Weihe des Denkmals an den dritten September 1825 im Garten der Armbrustschützen-Gesellschaft.

Dort wird Carl August als Gast der Stahl- und Armbrust-Schützengesellschaft herzlich und voller Jubel willkommen geheißen. Daran schließt sich eine *Musikalische Entrata*, also das Eröffnungsstück an, das ein Schützenlied einleitet. Die *Entrata* ist mit Anweisungen versehen, die den Ablauf der Darbietung regeln. Ein Chor, unterbrochen von *Feierlichkeitsscenen* und *festlichen Vorbereitungen* stimmt huldigende Gesänge an, während ein sechsstrophiges Schützenlied den Abschluss des Werkes bildet.

(N.R.)

1 Zur Stahl- und Armbrust-Schützengesellschaft vgl. auch den Beitrag von Angelika von Wilamowitz-Moellendorff und Karin Sellge *Zur Sammlung und Erschließung der Weimarer Huldigungsschriften* in diesem Band.

Zur
Weihe des Denkmals
an den
dritten September 1825
im
Garten der Armbrustschützen-Gesellschaft.

Der heil'ge Tag, der seine gold'nen Schwingen
Gebreitet über unser Vaterland,
Der Berg' und Thale jubelnd ließ erklingen,
Als Hochfest Blüthentempel allwärts fand,
Um dessen Haupt sich ew'ge Kränze schlingen,
Geflochten von Thaliens treuer Hand:
Er kehrt heut ein bei unserm Bruderbunde,
Auch hier zu geben von sich frohe Kunde!

Ruft ihm Willkommen! zu mit Herz und Munde,
Genossen dieses heiteren Vereins,
Stellt euch um ihn in enggeschloss'ner Runde,
Erfreut euch seines milden Sonnenscheins,
Weiht ihm des Lebens allerschönste Stunde,
Bringt Lieder ihm und Spenden edlen Weins;
Doch jetzt laßt Jubel fördersamst erschallen,
Da seinem Denkmal ab die Hüllen fallen!

Kat. 45 Zum fünfzigjährigen Regierungsjubiläum von Carl August, 1825
Christian Heinrich Ludwig Wilhelm Spiller von Mitterberg: Empfindungen und Seegenswünsche am funfzigjährigen Regierungs-Jubiläo Seiner Königlichen Hoheit Carl August, ... geweihet und dargebracht von Christian Heinrich Ludwig Wilhelm Spiller von Mitterberg ... Am 3ten September 1825. Rudolstadt, Froebelsche Hofbuchdruckerei.

Druck auf Papier, 2 Blätter
Umschlag aus Papier
40,5 x 26,2 cm
Huld Y 1

Der Schriftsteller und Geschichtsforscher Christian Heinrich Ludwig Wilhelm Spiller von Mitterberg bringt diese zweiblättrige Huldigungsschrift, die ein Gedicht und mehrere lateinische Zitate und Sinnsprüche enthält, am 3. September 1825 zu Herzog Carl Augusts fünfzigstem Regierungsjubiläum dar. Sie ist in einen roten Papiereinband mit eingeprägten, goldfarbenen Bordüren aus Weinlaub sowie Harfen in den Ecken eingelegt.

Der Namenszug des Herzogs auf der Titelseite ist in Gold gehalten. Der Einleitung durch *Festa dies agitur! Quis gaudia nostra moretur?* folgen weitere lateinische Sätze und Zitate, die dem Huldigungsgedicht vorangestellt wurden, worunter sich auch das Zitat Horaz' (Hor.c.1,2: An den Friedensbringer Octavianus) *Serus in coelum redeas, diuque Laetus intersis populo!* findet. Hier bringt der Autor seinen Wunsch zum Ausdruck, Carl August solle ein langes Leben beschert sein und er möge noch lange unter seinem Volke wandeln und spät in den Himmel zurückkehren. Am Ende des Gedichts schließt sich ein lateinisches Zitat von Virgil an.

Das aus siebzehn Zeilen bestehende Huldigungsgedicht ist als Paarreim, der von einem Umarmenden Reim eingeschlossen wird, angelegt und nimmt Bezug auf Carl Augusts fünfzigjährige Regierungszeit. Rückblickend wird der stets von Vaterlandsliebe, Großmut und Hilfsbereitschaft geprägte Charakter lobend hervorgehoben:

Dem Heldenmuth und Vaterland geweiht, Trieb Dich Dein Herz zu allen Zeiten, Bedrängten Schutz, Verlassnen Hülfe zu bereiten. Durch diesen Herrschaftsstil

Zu lindern huldvoll, stets von allen Seiten, Zu sichern Ziel des Rechts mit Weisheit hinzuleiten zieht der Schreiber am Ende ein durch und durch wohlwollendes Fazit für die bisherige Regierungszeit Carl Augusts, das da lautet:

Dein Lohn ist Ruhm – Unsterblichkeit.

(N.R.)

Empfindungen und Seegenswünsche

am

funfzigjährigen Regierungs-Jubiläo

Seiner Königlichen Hoheit

CARL AUGUST,

Großherzogs zu Sachsen-Weimar-Eisenach, Landgrafens in Thüringen, Markgrafens zu Meißen, gefürsteten Grafens zu Henneberg, Herrn zu Blankenhayn, Neustadt und Tautenburg etc.

des

weisen, allverehrten Regenten und Vaters SEINES VOLKS, wie auch großmüthigen Beschützers und Beförderers der Wissenschaften und Künste, —

in

stiller Bewunderung, Ehrfurcht und tiefster Verehrung

geweihet und dargebracht

von

Christian Heinrich Ludwig Wilhelm Spiller von Mitterberg,

Herzogl. Sachsen-Gothaischem Ober-Amts-Hauptmann, Mitgliede des Thüringisch-Sächsischen Vereins für Erforschung des vaterländischen Alterthums und der Gesellschaft für ältere teutsche Geschichtskunde.

Am 3ten September 1825.

Rudolstadt,
gedruckt in der Froebelschen Hofbuchdruckerei.

Y, 1.

Bildnis der Großherzogin Maria Pawlowna zu Sachsen-Weimar-Eisenach, Johann Friedrich August Tischbein, 1805, Öl auf Leinwand, Klassik Stiftung Weimar

Maria Pawlowna, Großherzogin von Sachsen-Weimar-Eisenach (1786–1859)
Katalog 46 bis 54

Maria Pawlowna wurde am 16. Februar 1786 als Tochter des späteren Zaren Paul I. (1754–1801) und seiner Frau Maria Fjodorowna, der Prinzessin Sophie Dorothea von Württemberg (1759–1828), in St. Petersburg geboren. Maria Pawlowna hatte neun Geschwister, vier Brüder und fünf Schwestern. Am 3. August 1804 heiratete sie in St. Petersburg den Erbgroßherzog Carl Friedrich von Sachsen-Weimar-Eisenach (1783–1853). Sie brachte einen reichen Brautschatz nach Weimar und war auch während ihres späteren Lebens sehr vermögend und einflussreich. Unter anderem engagierte sie sich im Musikleben Weimars und wirkte bei den Anstellungen des Mozartschülers Johann Nepomuk Hummel und des Komponisten Franz Liszt mit. Auch förderte sie Künstler und Künstlerinnen wie z. B. Louise Seidler, von der sie 1811 mehrere Bilder erwarb und die 1835 zur Hofmalerin berufen wurde. Maria Pawlowna verfügte über eine reichhaltige Privatbibliothek, die in der Zeit nach ihrer Ankunft in Weimar in einem Raum neben dem *Zedernzimmer* aufbewahrt wurde. 1831 benötigte sie nach einem Umzug in den Westflügel des Schlosses dafür bereits zwei Räume, die mehrmals neu möbliert und dekoriert wurden.

Nach der Niederlage von Jena und Auerstedt 1806 floh Maria Pawlowna aus Weimar und kehrte erst 1807 zurück. Auch während Napoleons Russlandfeldzug 1812 verließ sie Weimar und stellte sich in Böhmen unter den Schutz österreichischer Truppen. Nach der Leipziger Völkerschlacht im Oktober 1813 kehrte sie nach Weimar zurück. Sie nahm wie auch Großherzog Carl August (1757–1828) am Wiener Kongress (1814/1815) teil. Nach dem Tod ihres Schwiegervaters im Jahr 1828 übernahm Carl Friedrich die Regierung des Großherzogtums. Das Paar hatte vier Kinder: Den früh verstorbenen Sohn Paul (*1805), die Tochter Marie Luise (*1808), die Prinz Carl von Preußen heiratete sowie Tochter Augusta Marie Luise Katharina (*1811), die spätere Gattin Kaiser Wilhelms I. (1797–1888). Der Sohn Carl Alexander August Johann (*1818) folgte seinem Vater im Großherzogtum nach. Wegen ihres karitativen Engagements war Maria Pawlowna im Volk besonders beliebt. Sie starb am 23. Juni 1859 im Schloss Belvedere in Weimar.

Maria Pawlowna erhielt Huldigungsschriften unter anderem aus Anlass ihres Einzugs in Weimar 1804 (Kat. 46) und fünfzig Jahre später zum Jubiläum desselben (Kat. 54) sowie zu ihrer Hochzeit mit Erbgroßherzog Carl Friedrich 1804 (Kat. 47, 48 und 49). Weitere Personen huldigten ihr zu den Geburtstagen in den Jahren 1810 und 1836 (Kat. 50 und 53). Außerdem ist im Jahr 1833 eine Huldigungsschrift als Dank an sie gerichtet (Kat. 52). Zum Regierungsantritt im Jahr 1828 ist Carl Friedrich und Maria Pawlowna eine weitere Huldigungsschrift gewidmet (Kat. 51).

Kat. 46 Zum Einzug von Maria Pawlowna in Weimar, 1805
Friedrich Schiller: Die Huldigung der Künste. Ein lyrisches Spiel Ihrer Kaiserlichen Hoheit, der Frau Erbprinzessin von Weimar, Maria Paulowna, Großfürstin von Rußland, in Ehrfurcht gewiedmet von Friedrich von Schiller und vorgestellt auf dem Hoftheater zu Weimar am 12ten November 1804. 1805.

Druck auf Papier, 16 Seiten
Umschlag aus Marmorpapier
17,5 x 10,5 cm
N 18923

Die unscheinbare Ausgabe, von der noch ein weiteres Exemplar im Weimarer Bestand erhalten ist,[1] enthält ein in vielerlei Hinsicht bedeutendes Werk Schillers: Zum einen handelt es sich um seine letzte dramatische Arbeit, zum anderen kann der Text als Paradebeispiel für einen Typ von Huldigungsschriften gelten, wie er in ähnlicher Form in der Ausstellung mit Wielands *Wahl des Herkules* (vgl. Kat. 36) vertreten ist: Kurz gefasste Theaterstücke, Dramen oder Schauspiele waren häufig Bestandteil der Huldigungszeremonien. Schillers Stück ist ein Festspiel für Maria Pawlowna, seine künftige Mäzenatin, das an die Literaturgattung der Fürstenspiegel erinnert.[2]

Einen interessanten Bericht von der Zeremonie beim Einzug Maria Pawlownas in Weimar liefert Luise von Göchhausen, eine Gesellschafterin und Hofdame von Herzogin Anna Amalia, in ihrem Brief vom 14. November 1804 an Böttiger. Göchhausen war Augenzeugin der Feierlichkeiten und berichtet nicht zuletzt auch von der Aufführung der *Huldigung der Künste*:

Ein Vorspiel von Schiller wurde gegeben. Die Musenkünste begrüßen die Gekommene. Das Stück begann mit Landleuten, die einen seltenen Baum verpflanzen. … Das Ganze fand gerechten Beifall. Es war wirklich schön und herzlich. Die Reden der Landleute eigneten sich oft zu Chören; dies allein hat einzeln misfallen, da Sie Einiger Misfallen an dieser Art zu reden, kennen …

Auch für die zur Zeremonie gehörenden weiteren Elemente und Bauten zeigt sie Interesse:

Man hatte mir den Umriß, die outlines des Triumphbogens, zu geben versprochen, selbst der gute Fernow hatte sich Mühe darum gegeben, leider habe ich aber nichts erhalten, ich werde bis über acht Tage vertröstet.[3]

(J.M.)

1 HAAB, Signatur N 28052. Eine weitere frühe und sehr schlichte Ausgabe ist ebenfalls 1805 in Tübingen bei Cotta erschienen, HAAB, Signatur Sch 1056.
2 Vgl. dazu den Beitrag von Jan Andres in diesem Band.
3 Vgl. Deetjen (Hrsg.) 1923, Nr. 61, S. 137ff.

Die

Huldigung der Künste.

Ein lyrisches Spiel,
Ihrer Kaiserlichen Hoheit,
der Frau Erbprinzessin von Weimar,
Maria Paulowna,
Großfürstin von Rußland,
in Ehrfurcht gewiedmet
von
Friedrich von Schiller,
und vorgestellt auf dem Hoftheater zu Weimar
am 12ten November 1804.

1805.

Kat. 47 Zur Hochzeit von Carl Friedrich und Maria Pawlowna, 1804
Franz Seraph Destouches: Harmonie-Music. Zur Glücklichen Ankunft Seiner Herzoglichen Durchlaucht des Herrn Erbprinzen zu Sachs. Weimar Und Eisenach Carl Friedrich Mit Jhro Kaiserlichen Hoheit Der Frau Erbprincessin Maria Paulowna Gebornen Grossfürstin Von Russland Komponirt Vom Konzertmeister Des Touches, Weimar.

Handschrift auf Papier, 4 Blätter
34 x 20,5 cm
Huld P 4

Nach der Vermählung der Prinzessin Maria Pawlowna mit Herzog Carl Friedrich von Sachsen-Weimar-Eisenach in der Großen Kirche des Winterpalais in Sankt Petersburg am 3. August 1804 kam das hochfürstliche Paar am 9. November desselben Jahres in Weimar an. Zahlreiche Vorbereitungen wurden zu ihrem Empfang getroffen. Ein Triumphbogen mit acht korinthischen Säulen und der Inschrift: »Carl Friedrichen und Marien Pawlownen, Der Rath und die Bürger« war auf dem Kegelplatz in Weimar errichtet worden.

Neben Friedrich Schillers Gedicht *Huldigung der Künste* schuf Franz Seraph Destouches seine *»Harmonie-Music«* zu diesem Anlass. Der Violinist, Cellist und Komponist Destouches wurde am 21. Januar 1772 in München geboren. Er lebte in Wien und Esterhaza, wo er Schüler von Joseph Haydn war. Von 1799 bis 1809 war er als Konzertmeister und Lehrer am herzoglichen Gymnasium in Weimar tätig, von 1803 bis 1810 als Hofkapellmeister. Er pflegte zu Goethe, Schiller und Herder freundschaftliche Beziehungen. Zu Schillers Dramen schrieb er Schauspielmusiken. 1844 verstarb er an seinem Geburtsort.

Die Partitur und 21 Stimmen zur *»Harmonie Music«* waren in der Musikaliensammlung von Herzogin Anna Amalia von Sachsen-Weimar-Eisenach aufbewahrt. Das zugehörige Gedicht beginnt mit der Verszeile

Als sich jüngst auf unsre Fluren senkte, Die verhängnisvolle stille Nacht, Und der hohe Geist das Schicksal lenkte … über

Freude tön' in Weimars Hallen … Weil der Fürsten bester heut' … Rußlands schönste Tochter freit und

Auf der Erde festem Runde Einet Tonkunst den erhabnen Sinn, um dann zu enden

Heil uns, denn Maria ehrt die Kunst!

(A.v.W.-M.)

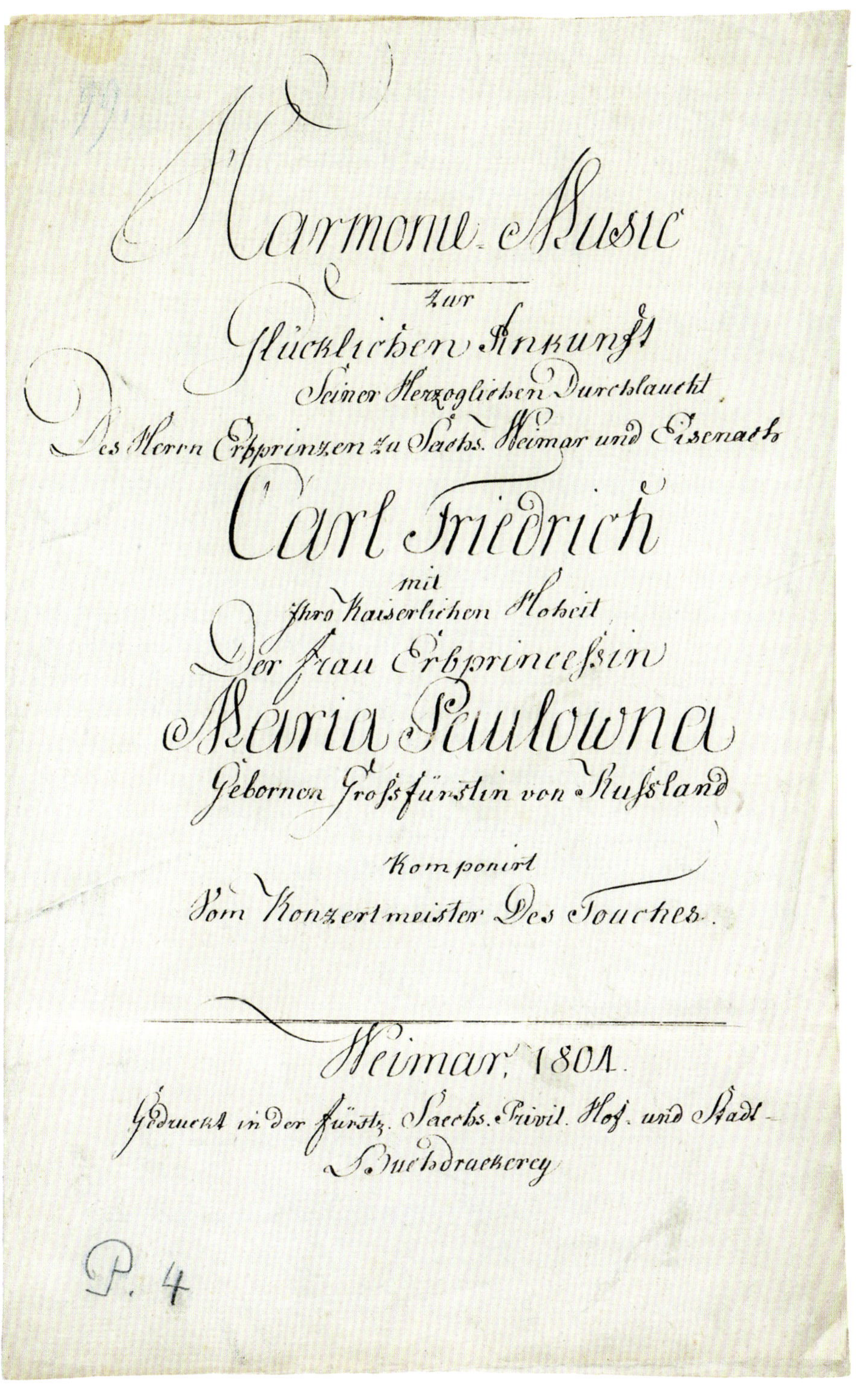

Harmonie-Music
zur
glücklichen Ankunft
Seiner Herzoglichen Durchlaucht
Des Herrn Erbprinzen zu Sachs. Weimar und Eisenach
Carl Friedrich
mit
Ihro Kaiserlichen Hoheit
Der Frau Erbprincessin
Maria Paulowna
Gebornen Grossfürstin von Russland
Komponirt
Vom Konzertmeister Des Touches.

Weimar, 1801.
Gedruckt in der fürstl. Saechs. Privil. Hof- und Stadt-
Buchdruckerey

Kat. 48 Zur Hochzeit von Carl Friedrich und Maria Pawlowna, 1804
Christian Friedrich Segelbach: Die Vermählungsfeier an der Ilm. Eine dramatische Idylle mit Musik, verfasst, componirt und am Tage der festlichen Vermählung Seiner Herzoglichen Durchlaucht Carl Friedrich Erbprinzen von Sachsen-Weimar und Ihro Kaiserlichen Hoheit Maria Paulowna Grossfürstin von Russland den Hohen Vermählten unterthänigst geweiht von Christian Friedrich Segelbach der Philosophie Doctor und Professor, St. Petersburg.

Druck, 19 Seiten Text, 9 Seiten Partitur
Umschlag aus Buntpapier
29 x 23 cm
Huld P 5

Aus Anlass der Trauung von Maria Pawlowna und Carl Friedrich in St. Petersburg hat Christian Friedrich Segelbach dem Paar diese *dramatische Idylle geweiht.*

Herzog Carl Friedrich vermerkt in seinem Reisetagebuch: *Die Trauungs Ceremonie die nach der in der griechischen Kirche gebräuchlichen Sitte gehalten wurde, dauerte sehr lang.* Am 24. Juli begab sich der Hof nach Peterhof, wo sich vier Tage lang Schauspiele und Bälle abwechselten, wie die Hofberichte überliefern. Am 9. November 1804 hielt das Brautpaar dann unter größter Anteilnahme der Bevölkerung Einzug in Weimar.

Die von Segelbach verfasste und vertonte Idylle, die in St. Petersburg gedruckt und aufgeführt wurde, spielt an der Ilm unweit der herzoglichen neuerbauten Residenz Weimar. Die Protagonisten sind Wilhelm und Rös'chen »sie tanzen deutsch und russisch«.

Die Musik der dramatischen Idylle, die als Druck *fürs Porte-Piano* vorliegt, besteht aus sechs Nummern: *Nummer 1 u. 2* sind die Tanzmelodien *Allemande* und *Andante*, *Nummer 3* das Chorlied *Andantino*, *Nummer 4* die Romance *Largo*, *Nummer 5* das Duettino *Adagio* und *Nummer 6* ein *Andante con moto*.

Christian Friedrich Segelbach, aus Erfurt gebürtig und an der dortigen Universität zum Dr. phil. promoviert, ging 1797 als Lehrer an die deutsche Hauptschule nach St. Petersburg. Im Jahr 1810 wurde er Professor für Kirchengeschichte und theologische Literatur in Dorpat, 1823 kehrte er nach St. Petersburg zurück. Zu seinen Werken zählen theologische Schriften, Gedichte und kleine Kompositionen.

(A.v.W.-M.)

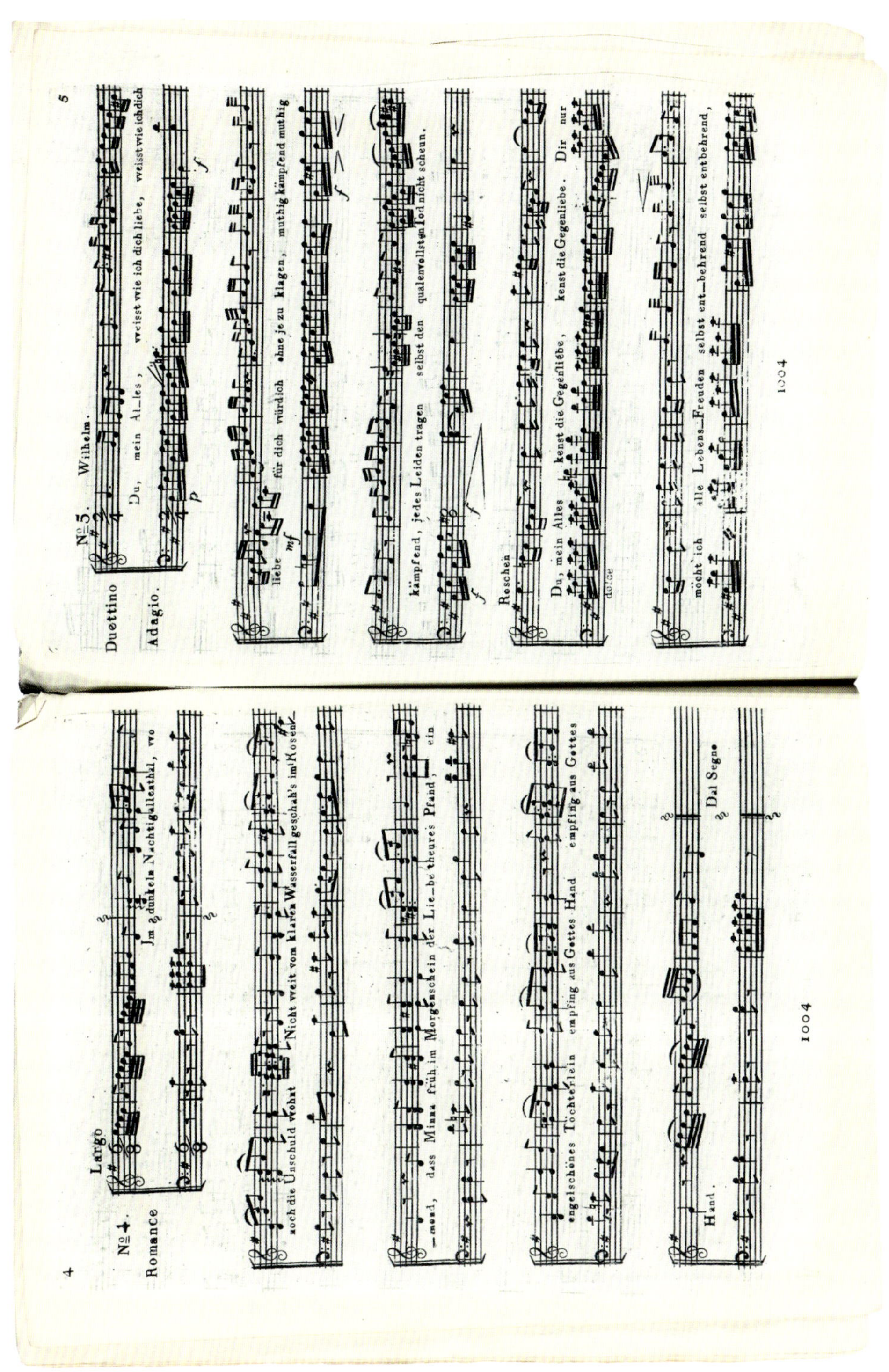
5
Duettino
No 5.
Adagio.
Wilhelm.
Roschen
1004
4
No 4.
Romance
Largo
Dal Segno
1004

Kat. 49 Zur Hochzeit von Carl Friedrich und Maria Pawlowna, 1804

Johann Michael Weiland: Zu dem Hohen Vermählungs-Feste, des Durchlauchtigsten Herrn Erbprinzen von Weimar, Carl, Friedrich, mit Jhro Kayserlichen Hoheit, der Großfürstin von Rußland Maria Pawlona widme diese Zeilen als ungekünstelten Ausdruck eines dankbaren, frohen und treu ergebenen Gemüthes, ... Pfiffelbach Datum d[en]. 9ten Novemb[e}r Anno, 1804. Johann Michael Weiland.

Handschrift auf Papier, 2 ungezählte Blätter
Gefalteter Bogen
34 x 20,3 cm
Huld N 13 [a]

In brauner Tinte ist die Huldigungsschrift von Johann Michael Weiland aus Pfiffelbach (bei Weimar) geschrieben, mit der er zur Hochzeit von Herzog Carl Friedrich und Großfürstin Maria Pawlowna anlässlich ihres Einzugs in Weimar gratuliert. Die Titelseite ist von einem naiv gestalteten Rahmen eingefasst. Die Innenseiten sind vom Gruß *Durchlauchtigster Erbprinz! Gnädigster zukünftiger Fürst und HERR!* überschrieben, darunter folgen in schlichten Paar- und Wechselreimen Ausführungen zur Reise Carl Friedrichs nach Rußland, zur Wahl Maria Pawlownas und zur Ankunft in Weimar. Weiter wird die Anteilnahme der Angehörigen des Fürstenhauses beschrieben: Die Freude Carl Augusts, des Vaters, das Entzücken der Mutter Louisa, die Freude und Fröhlichkeit der Großmutter Anna Amalia, die Freuden-Küsse und das Entgegenreiten des Bruders Carl Bernhard und die Ehrerbietung der Prinzessin Carolina. Mit dem Ausdruck guter Wünsche (Gesundheit, Leibes- und Seelen-Vergnügen, hohes Alter) schließt der Text. Unter den in zwei Schleifenrahmen gefassten Versen finden sich Datierung und Ortsangabe sowie der Name des Verfassers. Tatsächlich war der Heirat außer einer fünfjährigen Verhandlung des Vertrauten Wilhelm von Wolzogen der einjährige Aufenthalt Carl Friedrichs in Petersburg zum Kennenlernen der Brautleute vorausgegangen. Die Hochzeit wurde mit glänzenden Feierlichkeiten im Winterpalast an der Newa gehalten. Zwei Monate später der Aufbruch in Richtung Weimar: Wie von Weiland angedeutet, reisten ihnen Bruder, Schwester und Mutter des Bräutigams entgegen und empfingen sie in Naumburg.

Der festliche Zug des Brautpaars passiert die Ilmbrücke in Weimar und wurde am Kegelplatz vor einem Triumphbogen begrüßt. Dieser war von der Bürgerschaft für die Ankunft des Brautpaars errichtet worden. Er ging auf Entwürfe Johann Heinrich Meyers zurück. Nach der Ankunft zeigt sich das Brautpaar auf dem Balkon des Schlosses und nahm die Huldigungen der Bürger, Reiterzüge und Chöre entgegen.[1]

(J.M.)

1 Ausstellungskatalog »Ihre kaiserliche Hoheit« 2004, S. 47–51.

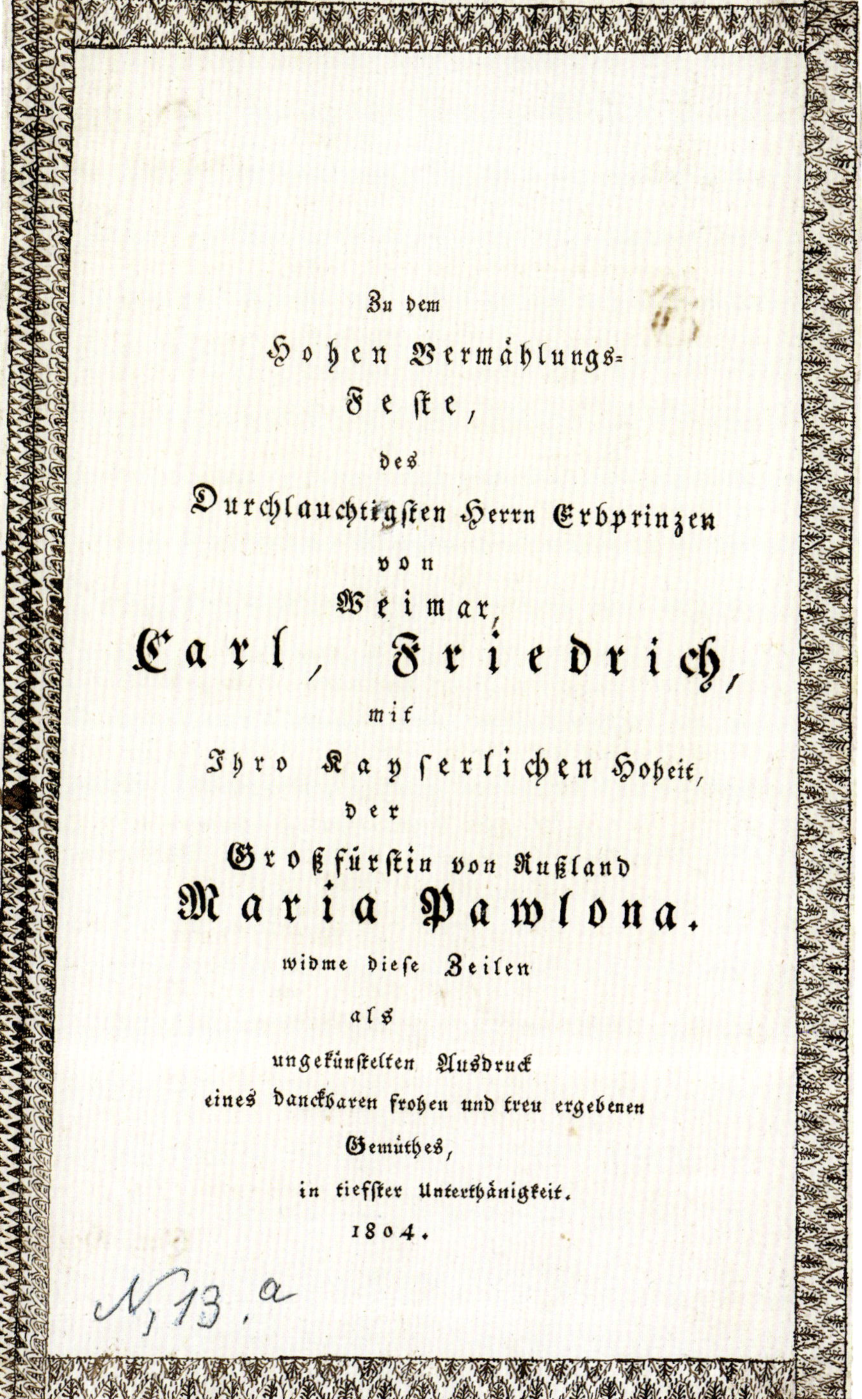

Zu dem
Hohen Vermählungs-
Feste,
des
Durchlauchtigsten Herrn Erbprinzen
von
Weimar,
Carl, Friedrich,
mit
Ihro Kayserlichen Hoheit,
der
Großfürstin von Rußland
Maria Pawlona.
widme diese Zeilen
als
ungekünstelten Ausdruck
eines danckbaren frohen und treu ergebenen
Gemüthes,
in tiefster Unterthänigkeit.
1804.

N, 13. a

Kat. 50 Zum Geburtstag von Maria Pawlowna, 1810

Johann Wolfgang von Goethe: Die Völkerwanderung und andere Maskenzüge aufgeführt zum Geburtsfeste von … Maria Paulowna … am 16ten Februar 1818. In: Journal des Luxus und der Moden, April 1810, Weimar.

Druck auf Papier, 10 Seiten,
19,8 x 12,5 cm, Tafel mit koloriertem Kupferstich 19,8 x 20,5 cm
Ku 8° III R 292 (25)

Eine kolorierte Kupferstichtafel illustriert einen Bericht im Journal des Luxus und der Moden vom April 1810, in dem ein von Johann Wolfgang von Goethe und Frau von Fritsch veranstalteter Maskenzug für Maria Pawlowna beschrieben wird.[1] Dieser fand anlässlich Maria Pawlownas Geburtstag am 16. Februar 1810 in Weimar statt und war aufwendig inszeniert.

Der Text informiert über den Ablauf der Zeremonie und gibt an, dass angesehene Familien der Stadt und Dichter wie Wieland, Thümmel, Falk, Einsiedel und Knebel geladen waren[2]. Der Maskenzug *Die Völkerwanderung* wurde mit sechzig Personen umgesetzt und zeigte die Trachten verschiedener russischer Volksstämme. Untermalt war der Zug von russischer Musik mit Texten von Goethe.[3] Eröffnet wurde er mit einem Fest-Lied; eine Anrede von Frau von Fritsch an Maria Pawlowna folgte, in der es heißt:

An deinem Tag erscheint aus allen Zonen, Die bunte Schaar, im fremden Festgewande, Und legt der Liebe, der Ergebung Pfande Voll Erfurcht hin zu Deinen Doppel-Thronen. Betrachte Sie mit Huld! Und im Gefühle Des süßen Vaterlandes und der Deinen, Verzeih der Wohlgekannten Masken-Spiele! Ihr Aeußres soll dem Innern gleich erscheinen, Das wie Dein Volk Dich feiert – und so fühle Dich doppelt heut bei uns und bei den Deinen.[4]

Danach folgte die feierliche Überreichung von Gedichten verschiedener Autoren an Maria Pawlowna. Ein Gast- und ein Braut-Lied schlossen sich an. Der im Journal enthaltene kolorierte Kupferstich zeigt Maria Pawlowna und Prinzessin Caroline von Sachsen-Weimar während der Zeremonie in prunkvollen Kostümen als mittelalterliche Kaiserinnen. (N.R.)

1 Vgl. Kuhles 2003, Bd. 2, S. 830–832. Vgl. als weiteres Beispiel für Maskenzüge im Kontext von Huldigungen Kat. 53.

2 Journal des Luxus und der Moden, Bd. 25, Jg. 1810, S. 202.

3 Vgl. ebd., S. 203.

4 Vgl. ebd., S. 205.

F. 8.
Fürsten-Trachten aus dem Mittel-Alter
auf dem Hof-Masken-Ball in Weimar am 16 Februar 1810.

Kat. 51 Zum Regierungsantritt von Carl Friedrich und Maria Pawlowna, 1828
Friedrich Wagener: Huldigung S[eine]r. Königlichen Hoheit Carl Friedrich, … und Ihrer Kaiserlich-Königlichen Hoheit Maria Pawlowna …, Grossfürstin von Rußland. Zum 12. August 1828. [Dr. Friedrich Wagener], Weimar.

Druck auf Seide, 2 Blätter
Umschlag aus Papier
22,9 x 13,2 cm
Huld I 22

Die kleinformatige, zweiblättrige Huldigungsschrift für Großherzog Carl Friedrich und seine Frau Maria Pawlowna wurde am 12. August 1828 vom Schriftsteller Friedrich Wagener überbracht.

Die Schrift enthält ein fünfstrophiges Huldigungsgedicht, in dem sich jede Strophe aus drei Kreuzreimen und einem Paarreim zusammensetzt. Sie ist in einen roten Papiereinband mit goldfarbenen Bordüren, einem rautenförmigen Mittelfeld und harfenförmigen Stempeln in den Ecken eingebunden. Die Innenseiten wurden mit einem dunkelblauen Vorsatzpapier ausgekleidet, und so entsteht ein edles Zusammenspiel der Farben Rot, Gold und Blau.

Es fällt auf, dass die Titelseite der Schrift nur die Gehuldigten, jedoch nicht den genauen Anlass ausweist. Der Überbringer wird erst unter der letzten Zeile des Gedichtes benannt, und die Entstehung lässt sich nur über die Datumsangabe und den Inhalt ermitteln.

Das Gedicht bezieht sich auf den Regierungsantritt Großherzog Carl Friedrichs und seiner Frau Maria Pawlowna am 12. August 1828, dem der Tod Großherzog Carl Augusts am 14. Juni 1828 vorausging. Es ist nicht nur Carl Friedrich, sondern beiden Eheleuten gleichermaßen gewidmet und thematisiert im ersten Teil die Ablösung der Trauer um Carl August durch den erneuten Jubel für den Regierungswechsel:

Zur Huldigung eilt froh des Volkes Menge, … Der Trauerflor entschwindet dem Gedränge, Rings regt sich wieder Sang und Saitenspiel, Zum Fürstensaal will sich das Volk bewegen, Am Throne sprechen seinen stillen Segen. Die gleichwertige Huldigung beider Ehepartner weist sich besonders durch Textzeilen aus, wie: *Aus reiner Quelle wollen Wünsche schallen, Und Keiner will bei'm Wunsch der Letzte seyn; Das Hohe Paar, Es lauschet gütig Allen* oder *Der Nachwelt Stimme rühmet Ihre Taten, Und Eintracht schlingt um Sie ihr Himmelsband.*

(N.R.)

Huldigung

Sr. Königlichen Hoheit,

CARL FRIEDRICH,

Grofsherzog von Sachsen-Weimar etc. etc.

und

Ihrer Kaiserlich-Königlichen Hoheit,

MARIA PAWLOWNA,

Grofsherzogin von Sachsen-Weimar,
Grofsfürstin von Rufsland.

Zum 12. August 1828.

Weimar.

Kat. 52 Danksagung an Maria Pawlowna, 1833

[Zentraler Frauenverein Ilmenau]: Ihrer Kaiserlichen Hoheit der Frau Grossherzogin zu Sachsen-Weimar-Eisenach Maria Pawlowna, unserer erhabensten Wohlthaeterin, von der Industrieschule des Central-Frauenvereins zu Ilmenau. Im August 1833.

Druck auf Papier, 1 Blatt
Karte
34 x 11 cm
Huld Y 1 [i]

Die schmale, hochformatige Karte wurde Maria Pawlowna im August des Jahres 1833 von der Industrieschule des Central-Frauenvereins zu Ilmenau gewidmet. Die Vorderseite ist mit einer feinen, goldfarbenen Bordüre versehen, während die Rückseite mit roséfarbenem Papier kaschiert wurde. Im oberen Teil werden Empfängerin und Absender benannt.

In der Huldigung wird Maria Pawlowna als *unserer erhabensten Wohlthäterin* bezeichnet. Die Großherzogin hat sich in den Frauenvereinen und der Wohlfahrtsarbeit betätigt. Aufgrund ihrer Initiative, und als Folge der Auswirkungen der Befreiungskriege, wurde am 2. März 1814 das *Weimarische Patriotische Fraueninstitut* gegründet. Nachdem im März 1814 Prinzessin Wilhelmine von Preußen sowie acht weitere Prinzessinnen einen *Aufruf an die Frauen im preußischen Staate* verfasst hatten, um einen *Frauenverein zum Wohle des Vaterlandes* zu schaffen, rief Maria Pawlowna auf dem Territorium von Sachsen-Weimar-Eisenach am 3. Juni 1817 das *Patriotische Institut der Frauenvereine im Großherzogtum Sachsen-Weimar-Eisenach* ins Leben, dem sich die Bildung eines Zentraldirektoriums unter ihrer Leitung anschloss.[1]

Das fünfstrophige Huldigungsgedicht im Schweifreim beschreibt sie als Wohltäterin und sozial engagierte Frau, die die Industrieschule des *Central-Frauenvereins* zu Ilmenau unterstützt hat. Zunächst wenden sich die *armen Kindelein* an sie, die kraftlos und schwach waren, bis sich ihnen in der zweiten Strophe *ein strahlend Bild, Sich … lieb und mild, In holdem Schein* zugeneigt hat *Und dessen Schöpferin, Segnend mit Engelsinn, Schauen wir heut.*

Jauchze in voller Lust, Auf, meine Kinderbrust! und *Dank Ihm, der Sie uns sandt'! Heil unsrem Vaterland* sind nur einige der vielen Lobrufe und Segenswünsche, die Maria Pawlowna für ihr Engagement und ihre Hilfsbereitschaft entgegengebracht werden.

(N.R.)

1 DRK, Landesverband Thüringen (Hrsg.) 2007, S. 8.

Ihrer Kaiserlichen Hoheit
der
Frau Großherzogin zu Sachsen-Weimar-Eisenach,
Maria Paulowna,
unserer
erhabensten Wohlthäterin,
von
der Industrieschule des Central-Frauenvereins
zu Ilmenau.

Im August 1833.

Wir armen Kindelein
Heut' uns von Herzen freu'n
Ob unsers Glücks.
Einst war die Hand so schwach,
Lässig im Ungemach.
Ihr es an Kraft gebrach
Jedes Geschicks.

Da neigt' ein stralend Bild
Sich zu uns lieb und mild
In holdem Schein.
Wie flammet' unser Muth!
Ward uns so wohl, so gut
In weiser, sanfter Hut
Vom Frau'nverein.

Und dessen Schöpferin,
Segnend mit Engelsinn,
Schauen wir heut'.
Jauchze in voller Lust
Auf, meine Kindesbrust!
Nie war sie sich bewußt
So hoher Freud'.

Dank Ihm, der Sie uns sandt'!
Heil unserm Vaterland!
Heil unserm Kreis!
Verehrung stamm'le Herz
Im Ernste wie im Scherz
Und flehe himmelwärts
Ihr stets zum Preis!

Weile, zum Hochgenuß,
Lang', holder Genius,
In uns'rer Au'!
Sitte und Emsigkeit
Sei unser Feierkleid.
Wie athmet Seligkeit
Ganz Ilmenau!

Y, 1

Kat. 53 Zum Geburtstag von Maria Pawlowna, 1836
Carl Ludwig Bernhard von Arnswald: Russischer Maskenzug. Zur Feier Des Sechzehnten Februar. Weimar 1836.

Druck auf Papier, 2 Blätter
27 x 22,6 cm
Huld XII 6 [a]

Druck und Handzeichungen auf Papier, 11 Blätter
Einband aus Papier mit Goldprägungen
25,1 x 23,8 cm
Th J, 2 : 33 [a] [1]
Th J, 2 : 33 [a] [1] [a]

Ein vierstrophiges Huldigungsgedicht begleitet den *Russischen Maskenzug*[1], der Großherzogin Maria Pawlowna anlässlich ihres Geburtstages am 16. Februar 1836 überreicht wurde. Zwei Exemplare dieses Werkes von dem Maler und Wartburgkommandanten Bernhard von Arnswald sind überliefert.[2] Diese wurden jeweils in einen roten Papiereinband mit eingeprägten, goldfarbenen Bordüren eingebunden, den ein ornamentales Mittelfeld aus Ranken und Stempeln in den Ecken schmückt.

Der Maskenzug besteht aus zehn handkolorierten Lithographien, denen vermutlich Originalzeichnungen von Arnswalds zu Grunde lagen. Sie zeigen Weimarer Bürger in den Trachten verschiedener russischer Volksgruppen, die jeweils mit ihrem Namen unter den Abbildungen genannt sind. Im begleitenden Huldigungsgedicht gibt der Autor an, dieser Maskenzug solle Maria Pawlowna an ihre Heimat erinnern. Dazu beteuert er *Denn freudig schweift der Geist nach jenen Auen, Die unser Kindheit frühstes Glück enthalten* und führt weiter fort *Dort fühlt er sich unlösbar festgehalten, Dort zieht ihn Neigung hin, sowie Vertrauen.*

Die Aufführung des Maskenzuges wurde zwar mit nur zweiundzwanzig Personen umgesetzt, sollte aber an die Tradition der prunkvollen Maskenzüge am Hofe anknüpfen und diese wiederbeleben (vgl. Kat. 50). Wer ihn inszeniert hat, ist unbekannt. Von Arnswald hielt das Spektakel zeichnerisch in seinem Werk fest und brachte Maria Pawlowna das Ergebnis in Form eines Albums als Huldigung dar.

(N.R.)

1 Vgl. als weiteres Beispiel für Maskenzüge im Kontext von Huldigungen Kat. 50.
2 Vgl. Schuchardt (Hrsg.) 2002, S. 53–56.

Nogois: Tataren.
Emilie Koch.
Alphons Pucer.

Kat. 54 Zum fünfzigjährigen Jubiläum des Einzugs von Maria Pawlowna in Weimar, 1854
Anonym: Prolog und Epilog zum Festspiel. Die Huldigung der Künste. Am Funfzigjährigen Erinnerungsfeste des feierlichen Einzugs Ihrer Kaiserlichen Hoheit, der Frau Grossherzogin- Grossfürstin Maria Paulowna. Weimar, Neunten November 1854.

Druck auf Papier, 4 ungezählte Blätter
Goldgeprägter Einband aus Leder mit Vorsatz aus Moiré-Papier
27,5 x 22,5 cm
Sch Qu 78

Der Druck enthält ohne Angabe des Verfassers zwei Zusätze (Prolog und Epilog) zu Friedrich Schillers Werk *Die Huldigung der Künste*, das dieser fünfzig Jahre zuvor anlässlich des Einzugs von Carl Friedrich und Maria Pawlowna in Weimar geschrieben hatte (vgl. Kat. 46). Die lange nach Schillers Tod verfassten Textzusätze stammen vermutlich aus der Feder des Bibliothekars, Philologen, Archäologen und Literarhistorikers Adolf Schöll, der 1843 die Leitung des Weimarer Kunstinstituts übernahm, von 1861 bis 1881 Oberbibliothekar der Großherzoglichen Bibliothek und häufiger Gast bei den literarischen Abenden der Großherzogin war.[1] In einem der beiden Weimarer Exemplare[2] wird er auf dem Titelblatt handschriftlich als Verfasser genannt. Den Text des Prologs legt der späte Fortsetzer dem Morgenstern in den Mund. Im Epilog kommen – wie in Schillers Werk – Personifikationen des Genius', der Musik, des Tanzes, der Poesie, Architektur, Malerei, Skulptur und Schauspielkunst zu Wort. Anlass der vorliegenden Dichtung waren die Jubiläumsfeiern nach der Jahrhundertmitte, die sich zum Teil auf Carl Friedrichs 25jähriges Regierungsjubiläum 1853, zum Teil wie hier auf den fünfzigsten Jahrestag des Einzugs in Weimar beziehen. In allgemeinerer Form wurde 1854 außerdem das *50jährige Wirken Maria Pawlownas zum Wohle des Landes* gewürdigt, wobei die Feierlichkeiten und Zeremonien Gelegenheit zur Huldigung der Untertanen bot.[3]

Das dünne Heft ist in einen schlichten Umschlag aus Moiré-Papier eingebunden. Bei Moiré-Papier handelt es sich um sogenanntes *unechtes Moiré*, bei dem das Muster mittels entsprechend gemusterter Walzen und weichen Gegenwalzen auf das Papier geprägt wird. Moiré-Papier wurde unter anderem häufig als Vorsatz verwendet.

(J.M.)

1 ADB 1891, Bd. 32, S. 218f.
2 HAAB, Signatur Sch Qu 78 mit Ledereinband und Verfasserangabe, weiteres Exemplar ohne Ledereinband und Verfasserangabe, Signatur Huld II 59 [d].
3 Vgl. Ausstellungskatalog »Ihre kaiserliche Hoheit« 2004, S. 190f.

Literaturverzeichnis

ADB: Allgemeine Deutsche Biographie. Hrsg. durch die Historische Commission bei der Königlichen Akademie der Wissenschaften. 56 Bände. Leipzig 1875–1912.

Albrecht 1988: Albrecht, Wolfgang: Wielands Vorstellungen von Aufklärung und seine Beiträge zur Aufklärungsdebatte am Ende des 18. Jahrhunderts. In: Impulse 11 (1988), S. 25–60.

Alt 2000: Alt, Peter-André: Schiller. Leben – Werk – Zeit. 2 Bände. München 2000.

Andres 2005: Andres, Jan: ›Auf Poesie ist die Sicherheit der Throne gegründet‹. Huldigungsrituale und Gelegenheitslyrik im 19. Jahrhundert. Frankfurt a. M. 2005.

Ausstellungskatalog »Ereignis Weimar« 2007: Maatsch, Jonas (Hrsg.): Ereignis Weimar. Anna Amalia, Carl August und das Entstehen der Klassik 1757–1807. Hrsg. von der Klassik Stiftung Weimar und dem Sonderforschungsbereich 482 »Ereignis Weimar-Jena. Kultur um 1800« der Friedrich-Schiller-Universität Jena. Lektorat/Red.: Jonas Maatsch u. a. Leipzig 2007.

Ausstellungskatalog »Ihre kaiserliche Hoheit« 2004: »Ihre kaiserliche Hoheit«. Maria Pawlowna – Zarentochter am Weimarer Hof. Eine Ausstellung der Stiftung Weimarer Klassik und Kunstsammlungen im Schloßmuseum Weimar, 20. Juni bis 26. September 2004. München u.a. 2004.

Ausstellungskatalog »Literatur Kann Man Sehen« 2006: Krass, Stephan (Hrsg.): WortSpielZeug. Zur Ausstellung »Literatur kann man sehen: Hans Magnus Enzensberger. Günter Grass. Hermann Hesse«, Kunsthalle Würth, Schwäbisch Hall, 14. Oktober 2006 bis 18. März 2007. Marbach 2006.

Ausstellungskatalog »Neu entdeckt« 2004: Neu entdeckt: Thüringen-Land der Residenzen 1485–1918. 2. Thüringer Landesausstellung Schloss Sondershausen, 15. Mai–3. Oktober 2004. Hrsg. von Konrad Scheurmann und Jördis Frank. 3 Bände. Mainz 2004.

Ausstellungskatalog »Text als Figur« 1987: Adler, Jeremy und Ernst, Ulrich: Text als Figur. Visuelle Poesie von der Antike bis zur Moderne. Ausstellung im Zeughaus der Herzog-August-Bibliothek vom 1. September 1987–17. April 1988. Wolfenbüttel 1987.

Ausstellungskatalog »Weimarer Klassik« 1999: Weimarer Klassik. Wiederholte Spiegelungen 1759–1832. Ständige Ausstellung des Goethe-Nationalmuseums. Hrsg. von Gerhard Schuster u. a. 2 Bände. München u. a. 1999.

Bach 1713 (2005): Bach, Johann Sebastian: Aria Alles mit Gott und nichts ohn' ihn. Arie für Solo-Sopran, Streicher und Basso continuo. BWV 1127. Urtext der Neuen Bach-Ausgabe. Translation: Howard Weiner. Continuo-Aussetzung: Andreas Köhs. Partitur, [Stimmen], Erstausgabe nach dem Exemplar der Herzogin Anna Amalia Bibliothek Weimar von 1713. Hrsg. von Michael Maul. Kassel 2005.

Berger 2003: Berger, Joachim: Anna Amalia von Sachsen-Weimar-Eisenach (1739–1807). Denk- und Handlungsräume einer ›aufgeklärten‹ Herzogin. Heidelberg 2003.

Bergmann 1938: Bergmann, Alfred: Briefe des Herzogs Carl August von Sachsen-Weimar an seine Mutter die Herzogin Anna Amalia. Oktober 1774 bis Januar 1807. Jena 1938.

Bergmann 1994: Bergmann, Gerd: Ältere Geschichte Eisenachs von den Anfängen bis zum Beginn des 19. Jahrhunderts. Hrsg. vom Eisenacher Geschichtsverein e. V. Eisenach 1994.

Berliner und Egger 1981: Berliner, Rudolf und Egger, Gerhart: Ornamentale Vorlageblätter des 15. bis 19. Jahrhunderts. 3 Bände. München 1981.

Berns 1997: Berns, Jörg Jochen; Fischer, Miriam: Casualgedichte für einige Landgrafen von Hessen-Kassel. In: Berns, Jörg Jochen (Hrsg.): Erdengötter. Fürst und Hofstaat in der Frühen Neuzeit im Spiegel von Marburger Bibliotheks- und Archivbeständen. Marburg 1997, S. 500–541.

Biedrzynski 1995: Biedrzynski, Effi: Goethes Weimar. Das Lexikon der Personen und Schauplätze. Zürich 1995.

Blaha 1999: Blaha, Dagmar: ›… in civitate nostra Wimare…‹. Die Entwicklung Weimars zum Residenzort. In:

Jacobsen, Roswitha (Hrsg.): Residenzkultur in Thüringen vom 16. bis zum 19. Jahrhundert. Bucha 1999, S. 43–59.

Bode 1909: Bode, Wilhelm: Das vorgoethische Weimar. 3. Aufl. Berlin 1909.

Börne, Schriften: Börne, Ludwig: Sämtliche Schriften. Neu bearbeitet und hrsg. von Inge und Peter Rippmann. Düsseldorf 1964ff.

Bohrer 2007: Bohrer, Karl-Heinz: Die Kunst des Rühmens. In: Ders.: Großer Stil. Form und Formlosigkeit in der Moderne. München 2007.

Borchert 2002: Borchert, Angela C.: Gelegenheitsdichtung und Geselligkeitsdichtung an Herzogin Anna Amalias Hof in Weimar und Tiefurt (1754–1807). Phil. Diss. Princeton 2002.

Borchert 2010: Borchert, Angela: Poetische Praxis: Gelegenheitsdichtung und Geselligkeitsdichtung an Herzogin Anna Amalias Hof in Weimar, Ettersburg und Tiefurt (1759–1807). Würzburg 2010.

Brademann 2006: Brademann, Jan: Autonomie und Herrscherkult. Adventus und Huldigung in Halle (Saale) in Spätmittelalter und Früher Neuzeit. Halle 2006.

Brademann 2007: Brademann, Jan: Integration einer Residenzstadt? Politische Ordnung und Kultur der Stadt Halle a.d. Saale im 16. und 17. Jahrhundert. In: Zeitschrift für historische Forschung 34 (2007), S. 569–608.

Brandsch (Hrsg.) 2008: Brandsch, Juliane (Hrsg.): Louise Ernestine Christiane Juliane von Göchhausen: »Es sind vortreffliche italienische Sachen daselbst«. Louise von Göchhausens Tagebuch ihrer Reise mit Herzogin Anna Amalia nach Italien vom 15. August 1788 bis 18. Juni 1790. Göttingen 2008.

Burckhardt 1883–1885: Burkhardt, Carl August Hugo: Regesten zur Geschichte der Stadt Weimar. 3 Theile. Halle 1883–1885.

Burckhardt 1885: Burckhardt, Carl August Hugo (Hrsg.): Briefe von Goethes Mutter an die Herzogin Anna Amalia. Weimar 1885.

Büschel 2006: Büschel, Hubertus: Untertanenliebe. Der Kult um deutsche Monarchen 1770–1830. Göttingen 2006.

Busch-Salmen (Hrsg.) 2008: Goethe-Handbuch. Supplement Band 1: Musik und Tanz in den Bühnenwerken. Hrsg. von Gabriele Busch-Salmen unter Mitarbeit von Benedikt Jeßing. Stuttgart 2008.

Cockx-Indestege 1994: Cockx-Indestege, Elly: Sierpapier & marmering. Een terminologie voor het beschrijven van sierpapier en marmering als boekbandversiering. Den Haag 1994.

Deetjen (Hrsg.) 1923: Deetjen, Werner (Hrsg.): Die Göchhausen. Briefe einer Hofdame aus dem klassischen Weimar. Berlin, 1923.

Deile (Hrsg.) 2005: Deile, Lars u.a. (Hrsg.): Spannungsreich und freudevoll. Jenaer Festkultur um 1800. Köln 2005.

DRK, Landesverband Thüringen (Hrsg.) 2007: Deutsches Rotes Kreuz, Landesverband Thüringen e. V. (Hrsg.): Das Rote Kreuz in Thüringen 1804 bis 1990. Eine Dokumentation des DRK Landesverbandes Thüringen e. V., Arbeitsgruppe Geschichte. Erfurt 2007.: http://www.lv-thueringen.drk.de/aktuell/aktuellmtlg/LV%20-%20Geschichte%20II.pdf (zuletzt besucht 20. 10. 2009).

Dicke (Hrsg) und Dreyer (Hrsg.) 2006: Dicke, Klaus (Hrsg), Dreyer, Michael (Hrsg.): Weimar als politische Kulturstadt. Ein historisch-politischer Stadtführer. Jena 2006.

Dreise-Beckmann 2004: Dreise-Beckmann, Sandra: Herzogin Anna Amalia von Sachsen-Weimar-Eisenach (1739–1807). Musikliebhaberin und Mäzenin. Schneverdingen 2004.

Drux 1998: Drux, Rudolf: Gelegenheitsdichtung. In: Goethe-Handbuch. Hrsg. von Bernd Witte u.a. Bd. 4/1. Stuttgart und Weimar 1998.

Dünnhaupt 1990–1993: Dünnhaupt, Gerhard: Personalbibliographien zu den Drucken des Barock. 2., verbesserte und wesentlich vermehrte Auflage. 6 Bände. Stuttgart 1990–1993.

Eberhardt 1976: Eberhardt, Hans: Die Anfänge und die ersten Jahrhunderte der Stadtentwicklung. In: Günther, Gitta u.a. (Hrsg.): Geschichte der Stadt Weimar. 2. Aufl. Weimar 1976, S. 65–138.

Ehrlich (Hrsg.) und Schmidt (Hrsg.) 2008: Ehrlich, Lothar (Hrsg.), Schmidt, Georg (Hrsg.): Ereignis Weimar-Jena. Gesellschaft und Kultur um 1800 im internationalen Kontext. Köln u.a. 2008.

Enzensberger 1984: Enzensberger, Hans Magnus: Poesie und Politik (1962). In: Ders.: Einzelheiten II. Frankfurt am Main 1984.

Flach 1956: Flach, Willy: Grundzüge einer Verfassungsgeschichte der Stadt Weimar. Die Entwicklungsgeschichte einer deutschen Residenzstadt. In: Kretzschmar, Hellmut (Hrsg.): Vom Mittelalter zur Neuzeit. Berlin 1956, S. 144–239.

Freitag (Hrsg.) und Minner (Hrsg.) 2004: Freitag, Werner (Hrsg.): Minner, Katrin (Hrsg.): Vergnügen und Inszenierung. Stationen städtischer Festkultur in Halle (Saale). Halle 2004.

Fussenegger 1992: Fussenegger, Gertrud: Vibrationen [Zu: Der Kaiserin Becher]. In: Johann Wolfgang Goethe. Verweile doch. 111 Gedichte mit Interpretationen. Hrsg. von Marcel-Reich-Ranicki. Frankfurt am Main 1992.

Geiringer 1958: Geiringer, Karl: Die Musikerfamilie Bach. Leben und Wirken in drei Jahrhunderten. München 1958.

Glökler o. J.: Glökler, Barbara: Figurengedichte. Catharina Regina von Greiffenberg ›Kreuzgedicht‹.: André Thomkins ›lunds wandlungen‹. http://www.erlangerliste.de/barock/greiffen.html (zuletzt besucht 20. 10. 2009).

Goethe, FA: Johann Wolfgang Goethe. Sämtliche Werke, Briefe, Tagebücher und Gespräche. Hrsg. von Hendrik Birus u.a. 40 Bände. Frankfurt am Main 1985–1999.

Goethe, MA: Johann Wolfgang Goethe. Sämtliche Werke nach Epochen seines Schaffens. Münchner Ausgabe. Hrsg. von Karl Richter u.a. 26 Bände. München 1985–1998.

Goethe, WA: Goethes Werke. Hrsg. im Auftrage der Großherzogin Sophie von Sachsen. 146 Bände. Weimar und München 1887–1990.

Grub 1992: Grub, Jutta: Mons Resplendens. »Poesis artificiosa« in einer Kölner Gratulationsschrift des 18. Jahrhunderts. Heidelberg 1992.

Grümmer 1988: Grümmer, Gerhard: Spielformen der Poesie. Leipzig 1988.

Günther (Hrsg.) und Wallraff (Hrsg.) 1976: Günther, Gitta (Hrsg.) und Wallraf, Lothar (Hrsg.): Geschichte der Stadt Weimar. 2. durchgesehene Auflage. Weimar 1976.

Günther 1996: Günther, Gitta-Maria: Weimar. Eine Chronik. Leipzig 1996.

Haemmerle 1961: Haemmerle, Albert: Buntpapier. Herkommen, Geschichte, Techniken, Beziehungen zur Kunst. München 1961.

Hageböck 2000: Hageböck, Matthias: Die Buntpapiere der Herzogin Anna Amalia Bibliothek (HAAB) Weimar. In: Einbandforschung. Heft 7, Oktober 2000, S. 13–19.

Hageböck 2001: Hageböck, Matthias: Neue Erkenntnisse zur frühen Herstellung von Brokatpapier. In: Einbandforschung. Heft 9, Oktober 2001, S. 5–12.

Harsdörffer 1651 (1990): Harsdörffer, Georg Philipp: Der Mathematischen und Pilosophischen Erquickstunden Zweyter Theil. Neudruck der Ausgabe Nürnberg 1651. Frankfurt a. M. 1990.

Hecht 1968: Hecht, Wolfgang: Goethes Maskenzüge. In: Studien zur Goethezeit. Festschrift Lieselotte Blumenthal. Hrsg. von Helmut Holtzhauer und Bernhard Zeller. Weimar 1968, S. 127–142.

Heinz 2002: Heinz, Andrea: Wieland und das Weimarer Theater (1772–1774). Prinzenerziehung durch das Theater als politisch-moralisches Institut. In: Ventzke, Marcus (Hrsg.): Hofkultur und aufklärerische Reformen in Thüringen. Die Bedeutung des Hofes im späten 18. Jahrhundert. Köln [u.a.] 2002, S. 82–97.

Heldt 1997: Heldt, Kerstin: Der vollkommene Regent: Studien zur panegyrischen Kasuallyrik am Beispiel des Dresdner Hofes Augusts des Starken. Tübingen 1997.

Henning 1976: Henning, Hans: Die Entwicklung Weimars in der Zeit der Emanzipation des Bürgertums und im Jahrhundert Goethes. In: Günther, Gitta und Wallraf, Lothar (Hrsg.): Geschichte der Stadt Weimar. 2. durchgesehene Auflage Weimar 1976, S. 230–337.

Herbert 2002: Herbert, George: The Temple. Münster 2002.

Hoffmann-Erbrecht 1950: Hoffmann-Erbrecht, Lothar: Bachs Weimarer Textdichter Salomo Franck. In: Johann Sebastian Bach in Thüringen. Festgabe zum Gedenkjahr 1950. Hrsg. von Heinrich Besseler u.a. Weimar 1950.

Holenstein 1991: Holenstein, André: Die Huldigung der Untertanen. Rechtskultur und Herrschaftsordnung (800–1800). Stuttgart und New York 1991.

Holenstein 1992: Holenstein, André: Huldigung und Herrschaftszeremoniell im Zeitalter des Absolutismus und der Aufklärung. In: Gerteis, Klaus (Hrsg.): Zum Wandel von Zeremoniell und Gesellschaftsritualen in der Zeit der Aufklärung. Hamburg 1992, S. 21–46.

Holenstein 2001: Holenstein, André: Seelenheil und Untertanenpflicht. Zur gesellschaftlichen Funktion und theoretischen Begründung des Eides in der ständischen Gesellschaft. In: Blickle, Peter (Hrsg.): Der Fluch und der Eid. Die metaphysische Begründung gesellschaftlichen Zusammenlebens und politischer Ordnung in der ständischen Gesellschaft. Berlin 2001, S. 11–63.

Hollmer (Hrsg.) 1999: Hollmer, Heide (Hrsg.): Anna Amalia von Sachsen-Weimar-Eisenach: Briefe über Italien. St. Ingbert 1999.

Huschke 1958: Huschke, Wolfgang: Forschungen zur Geschichte der führenden Gesellschaftsschicht im klassischen Weimar. In: Forschungen zur thüringischen Landesgeschichte. Friedrich Schneider zum 70. Geburtstag am 14. Oktober 1957. Weimar 1958, S. 55–117.

Huschke 1973: Huschke, Wolfgang: Zur Geschichte der Weimarer Stadtverfassung in der Goethezeit. In: Beumann, Helmut (Hrsg.): Festschrift für Walter Schlesinger, Bd. 1. Köln und Wien 1973, S. 554–607.

Huschke 1986: Huschke, Wolfgang: Geschichtliche Einleitung. In: Ders.: Die Ratslisten der Stadt Weimar von 1348 bis 1810. Neustadt a.d. Aisch 1986, S. 6–25.

Huschke 2002: Huschke, Wolfram: … von jener Glut beseelt. Geschichte der Staatskapelle Weimar. Mit Essays von Detlef Altenburg und Nina Noeske. Jena 2002.

Jakobi-Mirwald 2008: Jakobi-Mirwald, Christine: Buchmalerei. Terminologie in der Kunstgeschichte. 3., überarbeitete und erweiterte Auflage unter Mitarb. von Martin Roland. Berlin 2008.

Journal des Luxus und der Moden : Journal des Luxus und der Moden. Weimar 1786–1827.

Kästner 1936: Kästner, Erich: Lyrische Hausapotheke. Zürich 1936.

Kayser 1987: Kayser, Wolfgang: Kleine deutsche Versschule. Bern und Stuttgart 1987.

Kiesow 1997: Kiesow, Gottfried: Zahlenspiele des Barock. Chronogramme und andere Mehrdeutigkeiten. In: Ders.: Kulturgeschichte sehen lernen. Band 1. Bonn 1997

Klinger und Ventzke 2004: Klinger, Andreas und Ventzke, Marcus: Hof, Regierung und Untertanen. In: Scheurmann, Konrad (Hrsg.) und Frank, Jördis (Hrsg.): Neu entdeckt. Thüringen – Land der Residenzen. Essays. Mainz 2004, S. 123–133.

Knoche 1999: Knoche, Michael: »Ein ganz anderer Geist war über Hof und Stadt gekommen«. In: Wiederholte Spiegelungen. Weimarer Klassik 1759–1832. Ständige Ausstellung des Goethe-Nationalmuseums. Hrsg. von Gerhard Schuster u.a. Band 1. München u.a. 1999, S. 35–44.

Knoche 2001: Knoche, Michael: Die Weimarer Bibliothek und ihre Leser. Ein Streifzug durch die Geschichte der Herzogin Anna Amalia Bibliothek. In: Imprimatur. Ein Jahrbuch für Bücherfreunde. Neue Folge 16 (2001), S. 18–33.

Kord 2000: Kord, Susanne. The Hunchback of Weimar: Louise von Göchhausen and the Weimar Grotesque. In: Henke, Burkhard (Hrsg.), Kord, Susanne (Hrsg.), Richter, Simon (Hrsg.): Unwrapping Goethe's Weimar: Essays in Cultural Studies and Local Knowledge. Rochester 2000, S. 233–272.

Kranz 1973: Kranz, Gisbert: Das Bildgedicht in Europa. Paderborn 1973.

Krause 2002: Krause, Susanne: Paste Paper / Kleisterpapier. Marcham 2002.

Krause 2008: Krause, Reinhold: Einige Bemerkungen zu den Liedern und Bildern der Lebensuhr des Wilhelm Ernst, Herzog zu Sachsen-Weimar. Ein Bild- und Ton-Dokument der Bachzeit. Weimar 2008.

Kretschmer 1977: Kretschmer, Georg: Georg Neumark, ein Weimarer Bibliothekar und Dichter des 17. Jahrhunderts. In: Zentralblatt für Bibliothekswesen 91 (1977), 2, S. 93f.

Kuhles 2003: Journal des Luxus und der Moden 1786–1827. Analytische Bibliographie mit sämtlichen 517 schwarzweißen und 976 farbigen Abbildungen der Originalzeitschrift von Doris Kuhles. Unter Mitarb. von Ulrike Standke. 3 Bände. München 2003.

Liede 1992: Liede, Alfred: Dichtung als Spiel. Studien zur Unsinnspoesie an den Grenzen der Sprache. Berlin 1992.

Lohmeier 1996: Lohmeier, Anke-Marie: Auftragskunst und Kunstautonomie – Blumen auf den Weg Ihro Majestät der Kaiserin von Frankreich. In: Goethe-Gedichte. Zweiunddreißig Interpretationen. Festschrift Karl Richter zum 60. Geburtstag. Hrsg. von Gerhard Sauder. München 1996, S. 200–209.

Luserke-Jaqui 2005: Luserke-Jaqui, Matthias: Artikel ›Die Huldigung der Künste. Ein lyrisches Spiel‹ (1805). In: Ders. (Hrsg.): Schiller-Handbuch. Leben – Werk – Wirkung. Stuttgart und Weimar 2005, S. 236–239.

Lyncker 1997: Lyncker, Carl Wilhelm Heinrich Freiherr von: Ich diente am Weimarer Hof. Aufzeichnungen aus der Goethezeit. Hrsg. von Jürgen Lauchner. Köln u.a. 1997.

Marigold 1990: Marigold, Gordon W.: Überlegungen zu einigen Jesuitenhuldigungen. In: Grenzgänge. Literatur und Kultur im Kontext. Hrsg. von Guilaume van Gemert und Hans Ester. Amsterdam 1990, S. 33–50.

Marschall 1997: Marschall, Veronika: Das Chronogramm. Eine Studie zu Formen und Funktionen einer literarischen Kunstform. Frankfurt a. M. 1997.

Marwinski 1999: Marwinski, Felicitas: Der Deutschen Gesellschaft zu Jena ansehnlicher Bücherschatz. Bestandsverzeichnis mit Chronologie zur Gesellschaftsgeschichte und Mitgliederübersicht. Jena 1999.

Marwinski 2004: Marwinski, Felicitas: Die Teutsche Gesellschaft zu Jena – eine »Akademie der höheren Wissenschaften«? In: Zeitschrift des Vereins für Thüringische Geschichte 58 (2004), S. 83–122.

Meinhardt 2006: Meinhardt, Matthias: Chancengewinn durch Autonomieverlust. Sächsische und anhaltische Residenzstädte im Spannungsfeld zwischen fürstlichem Gestaltungswillen und politischer Selbstbestimmung. In: Paravicini, Werner (Hrsg.), Wettlaufer, Jörg (Hrsg.): Der Hof und die Stadt. Konfrontation, Koexistenz und Integration in Spätmittelalter und Früher Neuzeit. Ostfildern 2006, S. 37–62.

Mentz 1936: Mentz, Georg: Weimarische Staats- und Regentengeschichte vom Westfälischen Frieden bis zum Regierungsantritt Carl Augusts. Jena 1936.

MGG 2: Die Musik in Geschichte und Gegenwart. Allgemeine Enzyklopädie der Musik. 20 Bände in zwei Teilen, Sachteil in acht Bänden, Personenteil in zwölf Bänden. 2., neubearb. Aufl. Hrsg. von Ludwig Finscher. Kassel, 1994ff.

Miura 1991: Miura, Einen: Die Kunst des Marmorierens. Eine Anleitung zur Herstellung marmorierter Papiere. Bern 1991.

Morgenstern 1990: Morgenstern, Christian: Werke und Briefe. Kommentierte Ausgabe. Band 3. Stuttgart 1990.

Müller 1976: Müller, Ernst: Von der frühbürgerlichen Revolution bis zum Dreißigjährigen Krieg. In: Günther, Gitta und Wallraf, Lothar (Hrsg.): Geschichte der Stadt Weimar. 2. durchgesehene Auflage Weimar 1976, S. 139–195.

Müller 1997: Müller, Gerhard: Landtagsfeste und -zeremonien in Sachsen-Weimar-Eisenach 1750–1866. In: Zeitschrift des Vereins für Thüringische Geschichte 51 (1997), S. 133–143.

Müller 2008: Müller, Gerhard: Die Landstände in den ernestinischen Staaten. Zu Varianz und Entwicklung der ständischen Vertretungen im politischen System von Sachsen-Weimar-Eisenach und Sachsen-Gotha-Altenburg 1572–1848. In: Thüringer Landtag (Hrsg.): Landstände in Thüringen. Vorparlamentarische Strukturen und politische Kultur im alten Reich. Weimar 2008, S. 51–138.

Mylius und Bach 1713 (2005): Mylius, Johann Anton und Bach, Johann Sebastian: Des Durchlauchtigsten Fürsten und Herrn HERRN Wilhelm Ernsts Herzogs zu Sachsen, Jülich, Cleve und Berg … Wahl-Spruch Oder SYMBOLUM, Omnia cum DEO, & nihil sine eo. Alles mit GOTT und nichts ohn Jhn. Aus … Schuldigkeit erwogen und … An Jhr. … Durchl. den XXX. Octobr. MDCCXIII. … Geburths-Tage überreicht von Johann Anthon Mylio, Sup. in Buttstadt. Faksimile-Ausgabe nach dem Exemplar der Herzogin Anna Amalia Bibliothek Weimar, Weimar 1713. Hrsg. von der Klassik Stiftung Weimar. Vorwort von Michael Knoche. Geleitwort von Christoph Wolff. Einleitung von Michael Maul. Kassel 2005.

Naake 1976: Naake, Erhard: Die Entwicklung der fürstlichen Residenzstadt. In: Günther, Gitta und Wallraf, Lothar (Hrsg.): Geschichte der Stadt Weimar. 2. durchgesehene Auflage Weimar 1976, S. 196–229.

Neuhaus 2007: Neuhaus, Volker: Andre verschlafen ihren Rausch, meiner steht auf dem Papiere. Goethes Leben in seiner Lyrik. Köln 2007.

Neumeyer 1994: Neumeyer, Eberhard: Vom Töpfermarkt zur Amalienstraße. Beiträge zur Schulgeschichte von Wilhelm-Ernst-Gymnasium und Goethe-Oberschule in Weimar. Bad Berka 1994.

Petersdorff 2008: Petersdorff, Dirk von: Geschichte der deutschen Lyrik. München 2008.

Plotke 2009: Plotke, Seraina: Gereimte Bilder. Visuelle Poesie im 17. Jahrhundert. München u.a. 2009.

Ries 2007: Ries, Klaus: Kultur als Politik. Das ›Ereignis Weimar–Jena‹ und die Möglichkeiten und Grenzen einer ›Kulturgeschichte des Politischen‹. In: Historische Zeitschrift 285 (2007), S. 305–354.

Ries (Hrsg.) 2007: Ries, Klaus (Hrsg.): Zwischen Hof und Stadt. Aspekte der kultur- und sozialgeschichtlichen Entwicklung der Residenzstadt Weimar um 1800. Weimar u. a. 2007.

Rohr 1733 (1989): Rohr, Julius Bernhard von: Einleitung zur Ceremoniel-Wissenschafft der grossen Herren. Neudruck der Ausgabe Berlin, Rüdiger 1733. Hrsg. und kommentiert von Monika Schlechte. Leipzig 1989.

Sachs, Badstübner und Neumann 1996: Sachs, Hannelore, Badstübner, Ernst und Neumann, Helga. Christliche Ikonographie in Stichworten. 6. Auflage. München und Berlin 1996.

Salentin 2001: Ursula Salentin: Anna Amalia. Wegbereiterin der Weimarer Klassik. 3. Auflage. Weimar u.a. 2001.

Schiller, NA: Schillers Werke. Nationalausgabe. Begründet von Julius Petersen. Hrsg. von Norbert Oellers. Weimar 1943ff.

Schlichtegroll 1954: Schlichtegroll, Friedrich von: Musiker-Nekrologe. Joh. Chr. Friedrich Bach, G. Benda, J. J. Ch. Bode, M. Gerbert, W. A. Mozart, F. Ch. Neubaur, E. W. Wolf, J. R. Zumsteeg. Neu hrsg. von Richard Schaal. Kassel u. a. 1954.

Schubert 1993: Schubert, Werner: »Ein edles Beispiel macht die schweren Taten leicht«. Huldigungsschriften auf die Weimarer Herzogin Anna Amalia. In: »… einen Stein für den großen Bau behauen«. Studien zur deutschen Literatur. Red. tomu: Eugeniusz Klin. Wrocław 1993, S. 51–61.

Schubert 1999: Schubert, Werner: Huldigungsschriften auf die Weimarer Herzogin Anna Amalia. In: Ders. (Hrsg.): Weimar – Einblicke in die Geschichte einer europäischen Kulturstadt. Leipzig 1999.

Schuchardt (Hrsg.) 2002: Schuchardt, Günter (Hrsg.): Romantik ist überall, wenn wir sie in uns tragen. Aus Leben und Werk des Wartburgkommandanten Bernhard von Arnswald. Regensburg, 2002.

Schulz 1983: Schulz, Gerhard: Die deutsche Literatur zwischen Französischer Revolution und Restauration. Erster Teil. München 1983.

Schwengelbeck 2007: Schwengelbeck, Matthias: Die Politik des Zeremoniells. Huldigungsfeiern im langen 19. Jahrhundert. Frankfurt am Main 2007.

Seifert 2004: Seifert, Rita: Die Huldigung der Künste im Großherzogtum Sachsen-Weimar-Eisenach. Großfürstin Maria Pawlowna und der Dichter Friedrich Schiller. Weimar 2004

Seuffert 1890: Seuffert, Berhard: Der Herzogin Ann Amalia Reise nach Italien. In: Preußische Jahrbücher 65 (1890), 5, S. 535–565.

Stockhorst 2002: Stockhorst, Stefanie: Fürstenpreis und Kunstprogramm. Sozial- und gattungsgeschichtliche Studien zu Goethes Gelegenheitsdichtungen für den Weimarer Hof. Tübingen 2002.

Stockhorst 2004/2005: Stockhorst, Stefanie: Goethe als Weimarer Hofpoet. Programmatische Neubestimmungen der Gelegenheitsdicht im Spannungsfeld von höfischer Repräsentation und künstlerischer selbstdarstellung. In: Jahrbuch der Rückert-Gesellschaft 16 (2004/2005), S. 173–195.

Storch 1837 : Storch, Johann Wilhelm: Topographisch=historische Beschreibung der Stadt Eisenach, so wie der sie umgebenden Berge und Lustschlösser, insbesondere der Wartburg und Wilhelmsthal. nebst Regenten=Geschichte. Eisenach 1837.

Streich 1989: Streich, Brigitte: Zwischen Reiseherrschaft und Residenzbildung. Der Wettinische Hof im späten Mittelalter. Köln u.a. 1989.

Tammet 2009: Tammet, Daniel: Wolkenspringer. Von einem genialen Autisten lernen. Düsseldorf 2009.

Thalmayr (Hrsg.) 1985: Thalmayr, Andreas (Hrsg.): Das Wasserzeichen der Poesie oder die Kunst und das Vergnügen, Gedichte zu lesen. Nördlingen 1985.

Thalmayr (Hrsg.) 2004: Thalmayr, Andreas (Hrsg.): Lyrik nervt! Erste Hilfe für gestresste Leser. München 2004.

Theile (Hrsg.) 2003: Theile, Gert (Hrsg.): Das Schöne und das Triviale. München 2003.

Tiefurter Journal (1892): Das Journal von Tiefurt. Mit einer Einleitung von Bernhard Suphan hrsg. von Eduard von der Hellen. Weimar 1892.

Ulferts 1998: Ulferts, Gert-Dieter u.a.: Schloß Belvedere. Schloß, Park und Sammlung. München und Berlin 1998.

Ulferts 2007: Ulferts, Gert-Dieter: Bibliothek als Museum. Reminiszenzen des vorklassischen Weimar. In: Die Herzogin Anna Amalia Bibliothek. Nach dem Brand in neuem Glanz. Im Auftrag der Klassik-Stiftung Weimar hrsg. von Walther Grunwald u.a. Berlin 2007, S. 157–162.

Ventzke 2002: Ventzke, Marcus (Hrsg.): Hofkultur und aufklärerische Reformen in Thüringen. Die Bedeutung des Hofes im späten 18. Jahrhundert. Köln u.a. 2002.

Ventzke 2004: Ventzke, Markus: Das Herzogtum Sachsen-Weimar-Eisenach 1775–1783. Ein Modellfall aufgeklärter Herrschaft? Jena 2004.

Ventzke 2005: Ventzke, Marcus: Die Regierungsstrukturen in Sachsen-Gotha Altenburg und Sachsen-Weimar-Eisenach am Ende des 18. Jahrhunderts. In: Greiling, Werner u.a. (Hrsg.): Ernst II. von Sachsen-Gotha-Altenburg. Ein Herrscher im Zeitalter der Aufklärung. Köln u.a. 2005.

Vom Hofe 1990: Vom Hofe, Gerhard: Die Verkündigung des ›ästhetischen Staats‹ im höfischen Theater. Zu Schillers lyrischem Spiel *Die Huldigung der Künste*. In: Schiller und die höfische Welt. Hrsg. von Achim Aurnhammer, Klaus Manger und Friedrich Strack. Tübingen 1990, S. 168–183.

Weber 1999: Weber, Jürgen: Konturen. Die Herzogliche Bibliothek 1691–1758. In: Herzogin Anna Amalia Bibliothek. Kulturgeschichte einer Sammlung. Hrsg. von Michael Knoche. München. Wien 1999, S. 39–61.

Weimar Lexikon 1998: Weimar. Lexikon zur Stadtgeschichte. Hrsg. von Gitta Günther u.a. 2., verbesserte Auflage. Weimar 1998.

Weinhold 2008: Weinhold, Bianca: Gelegenheitsdichtung. Gebrauchslyrik in Jena und Weimar um 1800. Saarbrücken 2008.

Wielands Briefwechsel: Wielands Briefwechsel. Hrsg. von der Berlin-Brandenburgischen Akademie der Wissenschaften durch Siegfried Scheibe. Berlin 1963–2007.

Wielands gesammelte Schriften: Wielands gesammelte Schriften. Hrsg. von der Deutschen Kommission der Königlich Preussischen Akademie der Wissenschaften. Berlin 1909–1976.

Wörterbuch der Kunst 1995: Jahn, Johannes und Haubenreißer, Wolfgang: Wörterbuch der Kunst. Begründet von Johannes Jahn. Fortgeführt von Wolfgang Haubenreißer. Zwölfte, durchgesehene und erweiterte Auflage. Stuttgart 1995.

Autorenverzeichnis

Wolfgang Albrecht, Wissenschaftlicher Mitarbeiter, Abteilung Editionen, Goethe- und Schiller-Archiv, Weimar

Jan Andres, Wissenschaftlicher Mitarbeiter, Fakultät Linguistik und Literaturwissenschaft, Universität Bielefeld sowie im Sonderforschungsbereich 584

Angela Borchert, Assistant Professor of German and Comparative Literature, University of Western Ontario in London, Canada (A.B.)

Jan Brademann, Wissenschaftlicher Mitarbeiter, Sonderforschungsbereich 496, Westfälische Wilhelms-Universität Münster

Matthias Hageböck, Leiter des Referats Bestandserhaltung, Herzogin Anna Amalia Bibliothek, Weimar (M.H.)

Claudia Kleinbub, Wissenschaftliche Mitarbeiterin, Herzogin Anna Amalia Bibliothek, Weimar (C.K.)

Michael Knoche, Direktor, Herzogin Anna Amalia Bibliothek, Weimar

Johannes Mangei, Leiter der Abteilung Medienbearbeitung, Herzogin Anna Amalia Bibliothek, Weimar (J.M.)

Tobias Nanz, Wissenschaftlicher Mitarbeiter an der Gerd-Bucerius-Stiftungsprofessur für Geschichte und Theorie der Kulturtechniken der Bauhaus-Universität Weimar

Nadine Ratz, Wissenschaftliche Volontärin, Herzogin Anna Amalia Bibliothek, Weimar (N.R.)

Karin Sellge, Diplom-Bibliothekarin, Abteilung Medienbearbeitung, Herzogin Anna Amalia Bibliothek, Weimar (K.S.)

Frank Sellinat, Buchrestaurator, Referat Bestandserhaltung, Herzogin Anna Amalia Bibliothek, Weimar (F.S.)

Gert Theile Wissenschaftlicher Mitarbeiter, Abteilung Editionen, Goethe- und Schiller-Archivs, Weimar

André Wendler, Wissenschaftlicher Mitarbeiter am Internationalen Kolleg für Kulturtechnikforschung und Medienphilosophie der Bauhaus-Universität Weimar

Angelika von Wilamowitz-Moellendorff, Diplom-Bibliothekarin, Abteilung Medienbearbeitung, Herzogin Anna Amalia Bibliothek, Weimar (A.v.W.-M.)

Abbildungsnachweis

Klassik Stiftung Weimar, Goethe- und Schiller-Archiv: Tafeln 6 und 7. Tobias Nanz, André Wendler (Zitate nach UrhG § 51,1): Tafel 12. Evangelisch-lutherische Kirchgemeinde Niedertrebra, Pfarrarchiv: Vorlage zur Abbildung S. 171 (Kat. 35). Alle weiteren Abbildungen: Klassik Stiftung Weimar, Herzogin Anna Amalia Bibliothek und Museen, Fotografien: Olaf Mokansky.

Personenregister

bearbeitet von Katharina Otto

Anna Amalia, Sachsen-Weimar-Eisenach, Herzogin (1737–1807) 14, 16, 26, 30f., 46ff., 73, 76, 79ff., 91, 112, 127, 136, 145ff., 156ff., 174, 194ff., 200
Arnswald, Karl August Bernhard von (1807–1877) 208
Aßmann, Johann (1666–1730) 54
August, Sachsen-Gotha-Altenburg, Prinz (1771–1806) 48
Augusta Marie Luise Katharina, Deutsches Reich, Kaiserin (1811–1890) 193

Bach, Johann Sebastian (1685–1750) 9, 72, 74, 76f., 95, 108, 114, 127f.
Bachmann, Wilhelm Balthasar Heinrich (ca. 1703–1753) 145, 148
Batsch, A. F. G. C. 178
Becher, Johann Joachim (1635–1682) 72
Beer, Johann (1655–1700) 79f.
Beez, H. W. 178
Benda, Georg (1722–1795) 79
Bergmann, J. E. F. 178
Bernhard, Sachsen-Jena, Herzog (1638–1678) 79, 95
Bernhard, Sachsen-Weimar-Eisenach, Herzog (1792–1862) 114, 169, 200
Bertuch, Friedrich Justin (1747–1822) 81
Binder(n), Elias 51, 55, 100
Birken, Sigmund von (1626–1681) 72
Bischoff, Augustinus (–1727) 92, 112
Boas, Ulrich (um 1644–1710) 62, 110
Börne, Ludwig (1786–1837) 33
Bohlin, J. S. 176
Buddeus, Johann Franz (1667–1729) 130
Bünau, Heinrich von (1697–1762) 145, 150, 154

Capecelatro, Giuseppe (1744–1836) 164
Carl, Braunschweig-Lüneburg, Herzog, I. (1713–1780) 145, 166
Carl, Preußen, Prinz (1801–1883) 193
Carl, Römisch-Deutsches Reich, Kaiser, VI. (1685–1740) 140, 150
Carl Alexander, Sachsen-Weimar-Eisenach, Großherzog (1818–1901) 73, 75, 193
Carl August, Sachsen-Weimar-Eisenach, Großherzog (1757–1828) 14, 16, 22, 24ff., 29, 31, 34f., 46, 51, 73ff., 77, 92, 136, 145, 158ff., 168ff., 200, 204
Carl August Eugen, Sachsen-Weimar, Herzog (1735–1736) 127, 136
Carl Eugen, Württemberg, Herzog (1728–1793) 33
Carl Friedrich, Sachsen-Weimar-Eisenach, Großherzog (1783–1853) 12, 40, 73, 76f., 80, 169, 180ff., 193, 196ff., 204, 210
Caroline Louise, Mecklenburg-Schwerin, Erbprinzessin (1786–1816) 169, 200f.
Castelli, Nicolo di (1661–) 80, 116
Charlotte Marie, Sachsen-Weimar, Herzogin (1669–1703) 95
Christian, Sachsen, Kurfürst, II. (1583–1611) 19
Christina Elisabeth, Schleswig-Holstein-Sonderburg, Prinzessin (1638–1679) 95
Cotta, Johann Friedrich von (1764–1832) 40f.
Coudray, Clemens Wenzeslaus (1775–1845) 75

Dandos, Walter 85
Destouches, Franz Seraph (1772–1844) 79, 196
Dickson, William 85
Drese, Johann Samuel (1644–1716) 73, 114

Eckermann, Johann Peter (1792–1854) 38
Edward, Großbritannien, König, VII. (1841–1910) 85
Einsiedel, Friedrich Hildebrand von (1750–1828) 48, 202
Eleonora Dorothea, Sachsen-Weimar, Herzogin (1602–1664) 19
Eleonora Wilhelmina, Sachsen-Weimar, Herzogin (1696–1726) 73f., 127ff.
Elisabeth, Österreich-Ungarn, Kaiserin (1837–1898) 16, 82ff.
Enderlin, Jakob 59
Engel, Erich (1891–1966) 86
Ernst Adolph Felix, Sachsen-Weimar-Eisenach, Herzog (1741–1743) 127, 138
Ernst August, Sachsen-Weimar-Eisenach, Herzog, I. (1688–1748) 8, 16f., 51, 55ff., 73f., 79f., 91, 95, 127ff.

Ernst August Constantin, Sachsen-Weimar-Eisenach, Herzog, II. (1737–1758) 56f., 73f., 80, 91, 127, 136ff., 145ff.

Falckenhagen, Johanna Emilia 79
Falk, Johann Daniel (1768–1826) 202
Fernow, Carl Ludwig (1763–1808) 194
Fickelscherr, Felix (1686–) 158, 176ff.
Forst, Willi (1903–1980) 86
Franck, Salomo (1659–1725) 73f., 80, 95, 114
Franz, Österreich, Kaiser, I. (1768–1835) 35
Franz Joseph, Österreich-Ungarn, Kaiser, I. (1830–1916) 86f.
Franz Josias, Sachsen-Coburg-Saalfeld, Herzog (1697–1764) 74
Freud, Sigmund (1856–1939) 85
Friedrich, Brandenburg, Kurfürst, III. (1657–1713) 116
Friedrich, Preußen, König, II. (1712–1786) 166
Friedrich, Sachsen-Gotha-Altenburg, Herzog, III. (1699–1772) 66
Friedrich Erdmann, Sachsen-Merseburg, Herzog (1691–1714) 130
Friedrich Ferdinand Constantin, Sachsen-Weimar-Eisenach, Herzog (1758–1793) 145, 170
Friedrich Wilhelm, Sachsen-Weimar-Altenburg, Herzog, I. (1562–1602) 19
Fritsch, Henriette von (1776–1859) 202
Fröbel, Karl Popo (1786–1824) 190

Gesner, Johann Matthias (1691–1761) 160
Gerstung, Matthias 120ff.
Glüsing, Conrad Jacob Leonhard 160
Göchhausen, Louise von (1752–1807) 14, 50, 194
Goethe, Johann Wolfgang von (1749–1832) 14, 16, 26, 31ff., 44, 47, 49, 74f., 77, 145, 169, 196, 202
Goethe, Katharina Elisabeth (1731–1808) 162
Greiffenberg, Katharina von (1633–1694) 70
Großbauer, Johann Adam 8, 142
Gruber, Johann Georg 95, 110
Guepner, Johann Christian 127, 136

Haemmerle, Albert (1899–1976) 60ff.
Harras, August Wilhelm von 128
Harsdörffer, Georg Philipp (1607–1658) 69f., 72
Haydn, Joseph (1732–1809) 86, 196
Hecht, Wolfgang (1928–1984) 36
Hemeling, Johann (–1684) 72
Herbert, George (1593–1632) 70
Herder, Caroline von (1750–1809) 48
Herder, Johann Gottfried von (1744–1803) 31, 48, 79, 160, 196
Heustreu, Philipp Christian 79
Hoffmann von Fallersleben, August Heinrich (1798–1874) 87
Hummel, Johann Nepomuk (1778–1837) 76f., 193

Johann, Sachsen-Weimar, Herzog (1570–1605) 19
Johann Adolph, Sachsen-Weißenfels, Herzog, I. (1649–1697) 79
Johann Ernst, Sachsen-Weimar, Herzog, II. (1627–1683) 95
Johann Ernst, Sachsen-Weimar, Herzog, III. (1664–1707) 95, 98, 127
Johann Wilhelm, Sachsen-Eisenach, Herzog (1666–1729) 55
Johann Wilhelm, Sachsen-Weimar, Erbprinz (1719–1732) 138
Johann Wilhelm, Sachsen-Weimar, Herzog (1675–1690) 79

Kayser, Christoph Phillip (1755–1823) 77, 81
Kayser, Wolfgang (1906–1960) 64
Klessen, Johann (1669–1720) 80
Knebel, Karl Ludwig von (1744–1834) 34, 202
Köchel, Johann (um 1682–1726) 62, 118, 124, 128, 152
Köhler, Christian 184
König, Heinrich Karl 145, 150
Körner, Christian Gottfried (1756–1831) 41f.
Krüger, Johann Philipp (1649–1725) 79

Lairiz, Johann Christoph (1654–1731) 67
Langbein, August Friedrich Ernst (1757–1835) 79
Langenberg, Johann Caspar 127, 140
Lavater, Johann Caspar (1741–1801) 77
Leopold, Anhalt-Köthen, Fürst (1694–1728) 127f.
Leopold, Joseph Friedrich (1668–1726) 59
Lessing, Gotthold Ephraim (1729–1781) 31
Liszt, Franz (1811–1886) 76, 193
Löscher, Christian Wilhelm (1675–1746) 127, 130
Lünig, Johann Christian (1662–1740) 24
Ludwig, Bayern, König, I. (1786–1868) 39
Luise, Sachsen-Weimar-Eisenach, Großherzogin (1757–1830) 73, 77, 169, 174ff., 178ff.
Luise Auguste Amalie, Sachsen-Weimar-Eisenach, Prinzessin (1779–1784) 169
Luise Dorothea, Sachsen-Gotha-Altenburg, Herzogin (1710–1767) 79
Luther, Martin (1483–1546) 77, 184

Mandoly, Wolff-Dietrich 98
Mankiewicz, Jospeh Leo (1909–1993) 86
Maria, Sachsen-Weimar-Eisenach, Großherzogin (1786–1859) 12, 14, 16, 37f., 40ff., 51, 77ff., 92, 192ff.
Maria, Russland, Zarin (1759–1828) 193
Maria Ludovika, Österreich, Kaiserin (1787–1816) 35f.

Marie Charlotte, Sachsen-Jena, Herzogin (1630–1678) 95
Marie Luise, Frankreich, Kaiserin (1791–1847) 35
Marie Luise, Preußen, Prinzessin (1808–1877) 193
Marischka, Ernst (1893–1963) 83f., 86
Meyer, Johann Heinrich (1760–1832) 200
Mieser, Abraham (um 1676–1742) 59, 62
Morgenstern, Christian (1871–1914) 65
Moser, Hans (1880–1964) 86
Moßdorf, Christoph 106
Mozart, Wolfgang Amadeus (1756–1791) 87
Müller, Carl Gotthelf (1717–1760) 145, 158
Müller, Friedrich von (1779–1849) 75
Müller, Johann Andreas 51, 55, 64, 95, 100ff.
Münsterberg, Hugo (1863–1916) 85
Mumbach, Johann Leonhard (1679–1759) 64, 74, 106ff., 112, 116ff., 130, 138ff.
Musäus, Johann Karl August (1735–1787) 160
Mylius, Johann Anton (1657–1724) 78, 95, 108

Napoleon, Frankreich, Kaiser, I. (1769–1821) 169, 193
Neumark, Georg (1621–1681) 79

Opitz, Martin (1597–1639) 69

Paul, Russland, Zar, I. (1754–1801) 193
Paul, Sachsen-Weimar-Eisenach, Prinz (1805–1806) 193
Philippine Charlotte, Braunschweig-Wolfenbüttel, Herzogin (1716–1801) 145
Pindarus (ca. 522–ca. 445) 35
Popp, Georg (um 1670–1735) 62, 118, 128, 152

Racine, Jean Baptiste (1639–1699) 41
Ranis, Gerhard Gottfried 74
Reimund, Georg 160
Reimund, Johann Michael 154
Rentsch, Johann Ernst d.Ä. (–1723) 51, 54, 95, 100
Rogadei, Vincenzo (1742–1816) 145, 164
Rohr, Julius Bernhard von (1688–1742) 82f., 85

Scaliger, Julius Caesar (1484–1558) 72
Schiller, Friedrich von (1759–1805) 14, 16, 31ff., 37ff., 51, 77, 169, 194ff., 210
Schlichtegroll, Friedrich (1765–1822) 170
Schnauß, Christian Friedrich (1722–1797) 55, 127, 134
Schneider, Johann Ernst 145, 154
Schneider, Magda (1909–1996) 86
Schneider, Romy (1938–1982) 83
Schnorr, Maria Elisabeth (1714–1795) 156
Schöll, Adolf (1805–1882) 210
Schwardt, Ernst Karl Konstantin von 152
Schweitzer, Anton (1735–1787) 26, 76f.
Sckell, L. (1833–1912) 75
Seckendorff, Karl Sigismund von (1744–1785) 34, 48
Segelbach, Christian Friedrich (1763–1842) 198
Seidel, Friedrich Ludwig (1765–1831) 79
Seidler, Louise (1786–1866) 193
Seyler, Abel (1730–1800) 76
Sophia Augusta, Sachsen-Weimar, Herzogin (1663–1694) 127
Sophie, Sachsen-Weimar-Eisenach, Großherzogin (1824–1897) 73
Sophie Charlotte Albertine, Sachsen-Weimar-Eisenach, Herzogin (1713–1747) 127, 136ff., 140
Spiller von Mitterberg, Christian Heinrich Ludwig Wilhelm (1762–1831) 190
Stark, Johann Christian (1753–1811) 162
Stoy, Georg Christoph (1670–1750) 59, 62, 104ff.
Stranckmann, 180
Strauß, Johann Christoph 174

Telemann, Georg Philipp (1681–1767) 114
Temler, August Karl Bernhard (1739–1791) 56
Thümmel, Moritz August von (1738–1817) 202

Verdi, Guiseppe (1813–1901) 86f.
Voß, Johann Heinrich d.J. (1751–1826) 160

Wagener, Gerhard Ludwig Friedrich (1794–1833) 204
Walther, Johann (1496–1517) 77
Walther, Johann Gottfried (1684–1748) 76, 79
Weber, Ferdinand Christoph 74, 145f.
Weiland, Johann Michael 200
Wernsdorf, Johann Christian (1723–1793) 145, 156
Werther, Johann David (–1731) 64, 110
Wessely, Paula (1907–2000) 86
Westphal, Johann Andreas 102
Wieland, Christoph Martin (1733–1813) 14, 16, 26ff., 47f., 51, 81, 169, 172, 194, 202
Wilhelm, Deutsches Reich, Kaiser, I. (1797–1888) 77, 193
Wilhelm, Sachsen-Weimar, Herzog, IV. (1598–1662) 19, 79, 114
Wilhelm Ernst, Sachsen-Weimar, Herzog (1662–1728) 9, 16, 51ff., 65ff., 73ff., 77ff., 91, 94ff., 127, 160
Wilhelm Heinrich, Sachsen-Eisenach, Herzog (1691–1741) 57
Wilhelmine, Niederlande, Königin (1774–1837) 206
Wolf, Ernst Wilhelm (1735–1792) 79ff., 170
Wolf, Jeremias (um 1663–1724) 59
Wolzogen, Wilhelm von (1762–1809) 40, 200

Zinzendorf und Pottendorf, Johann Karl Christian Heinrich von (1739–1813) 158